中公クラシックス W90

ヴォルテール

ヴォルテール回想録

福鎌忠恕 訳

中央公論新社

目次

波乱の人生が鍛えあげた実践的哲学

中条省平

本書『ヴォルテール回想録』は、彼の厖大な書簡集を除けば、この18世紀フランス最大の著作家が自分の人生についてまとめて語ったほとんど唯一の書物です。ヴォルテール自身の肉声で語られる、彼の波瀾万丈の人生の記録。まずはその点に、この本のもっとも大きな価値があるといえます。

そして、その人生の記録をとおして、ヴォルテールの思想のエッセンスが浮かびあがってきます。何よりも精神の自由を求めて活動した彼の思想の骨格。ロックの感覚論をひき継いで霊魂と物質のぎりぎりの境界まで迫った彼の哲学。カトリック、プロテスタントを問わず宗教的不寛容と徹底して戦った倫理的信条。理想の国家と社会のあり方を追求しつづけた政治的姿勢。それらが本書の行間からつねに滲みだしています。

また、戯曲、叙事詩、小説、評論・エッセー、書簡とあらゆるジャンルにおいて向かうところ敵なしの文学の王だったヴォルテールは、本書でも、その自由闊達、縦横無尽の筆力を発揮しています。彼の生き生きと躍動する文体が本書の魅力の源泉になっています。

そのユーモアとエスプリ、風刺と皮肉の効いた文体で、18世紀ヨーロッパの有名人たちの姿が次々に描きだされます。なんと生彩に富んだポートレイトの連続でしょう。プロシア（プロイセン）の大王フリードリッヒを筆頭に、フリードリッヒの父王や姉、ヴォルテールの愛したシャトレ夫人や親しい友人だったポンパドゥール夫人、そしてもちろんルイ15世とその側近たち、さらにはちらりと姿を現して忘れがたい印象を残す『人間機械論』の過激な藪医者ラ・メトリー等々。

しかも舞台は、オーストリア継承戦争と七年戦争でフランス、プロシア、オーストリア、イギリスが激しくしのぎを削る動乱の時代です。ヴォルテールはそのさなかで政治的役割さえ果たした当事者のひとりです。本書は18世紀ヨーロッパ政治史の資料としても、面白い裏話が満載されています。

ただし、本書はヴォルテールの生涯全体を回想したものではありません。

年代でいうと、1733年から1760年、ヴォルテールの年齢でいうと、38歳から66歳までのできごとを記しています。ヴォルテールは1778年に83歳で亡くなりますから、この『回想録』は、彼の人生の中盤の記録ということになります。

したがって、本書は、弱冠23歳にして悲劇『エディプ』の大成功で劇作家として華々しいデビューを飾り、叙事詩『ラ・アンリアード（アンリ四世頌）』（1728年）で18世紀フランスを代表する詩人となった人生前期のハイライトには触れていませんし、『百科全書』の出版を擁護して啓蒙哲学者たちの先頭に立ち、「カラス事件」の真相究明を求め、宗教的不寛容を批判して、現代的な意味におけるジャーナリストとして活躍した晩年のヴォルテールの業績についても語ってはいません。

本書が巻頭いちばんに語っているのは、エミリー・デュ・シャトレ侯爵夫人との交友関係です。

1725年、ヴォルテールは名門貴族のローアンと争いになり、平民（ブルジョワジー）に対する身分差別からバスティーユ牢獄に投ぜられたのち、イギリスに亡命することになります。帰国後、滞英中の見聞をもとに『哲学書簡』（1734年）を書いてフランス社会、とくにカトリック教会を批判したため、出版者は投獄され、ヴォルテールにも逮捕の危機が迫りました。そこでヴォルテールが逃げこんだのが、ロレーヌ地方のシレーにあるエミリー・デュ・シャトレ夫人の館でした。ここでヴォルテールとシャトレ夫人は、彼女の夫であるシャトレ侯爵の公認のもとに同居生活をおこなうようになります。

シャトレ夫人は18世紀フランスで1、2を争う知的な女性でした。ラテン語と古典文化に通暁し、ホラティウス、ウェルギリウス、ルクレティウス、キケロといった文学的・哲学的著作家の文章を暗記し、いっぽう、数学・物理学者としても早熟の才能を見せ、ニュートンの『自然哲学の数学的諸原理（プリンキピア）』をフランス語に翻訳して、今日まで通用する唯一の仏訳書に仕上げました。そのうえ、自著の『物理学概説』でアインシュタインの先駆というべき成果を上げた人物なのです。

吉田健一の『ヨオロッパの人間』は、シャトレ夫人とヴォルテールの交情を取りあげて、そこに18世紀的な優雅と社交の粋が結晶していることを論じました。なかでも、彼女とヴォルテールが馬車の事故のために一夜を野外で過ごさねばならなくなり、夜空の星を眺めながら、夜を徹して頭上の天体の運行について語りあったエピソードが強烈な印象を残します。まるで知的な喜びが全宇宙に拡大する汎神論的エクスタシーとでもいうべき特権的な時間を描きだしているのです。

たしかにここには、「啓蒙（enlightenment）」というより、「光明（lumières）」の世紀というにふさわしい、官能的ともいえるような、生命力にみちた、美しい知のかたちが表れています。

名著『ヴォルテールの世紀』のなかで著者の保苅瑞穂も、『ヨオロッパの人間』のこの件を引用し、「散文が詩の域に迫る」と絶賛しています。

しかし、このシャトレ夫人とヴォルテールの知と愛のユートピアに割って入ろうとした人物がいます。のちにプロシア皇帝となる皇太子フリードリッヒでした。

プロシア皇帝として「フリードリッヒ大王」と呼ばれるこの啓蒙的専制君主の代表者こそ、『ヴォルテール回想録』の最大の登場人物です。本書は、フリードリッヒの言行をその間近から巨細に記すドキュメントであり、ここに描かれる啓蒙的専制君主の複雑な人間性と、彼をめぐるヨーロッパ状勢のスリリングな転変は、第一級の歴史的資料としてじつに読み応えがあります。

ヴォルテールが描くフリードリッヒの肖像のなかで、とくに生彩を放っているのは、彼の父親フリードリッヒ・ヴィルヘルムとの関係です。

ヴォルテールが「北方野蛮人」と呼ぶこの父親は、この上なく我儘で、吝嗇で、乱暴で、それゆえ学問と詩と音楽を愛した軟弱な息子を虐待しました。そのため、息子はイギリスへの逃亡を計画するのですが、これが発覚するや、父王は、この陰謀に加担したと見なした息子の姉を窓から外へ蹴り飛ばそうとして重傷を負わせ、息子の逃亡に同行しようとした若い側近を、息子の目の前で斬首しました。息子も斬首するつもりだったのですが、ドイツ皇帝カール6世の介入で、息子は命を救われ、城塞への監禁でことなきを得ました。

フリードリッヒ大王の、洗練された芸術や学問を好む理想家の面と、戦争と流血に酔いしれる暴君という分裂した性格は、野蛮な父親に対するアンビヴァレンスが反映したものかもしれません。

父王の暴虐からなんとか生き延びた皇太子は、父王が死んで自分が皇帝となると、かねてから師と仰いで心酔し、熱烈な文通をおこなっていたヴォルテールに会いたい一心でブリュッセルまで来ようとして、病気になってしまいます。仕方なくヴォルテールは皇帝を見舞いにドイツのモイラント城まで出かけ、初めて彼と面会します。その後も、フリードリッヒはヴォルテールをプロシアの宮廷に迎えようとして、手紙でせっつきます。

フリードリッヒ大王はお気に入りの小姓や兵隊たちを身辺にはべらせて喜ぶホモセクシュアル

的な資質の持ち主でした。いっぽう、シャトレ夫人の大王に対する嫉妬も相当なもので、あいだに入ったヴォルテールの心は揺れうごきました。結局、ヴォルテールはシャトレ夫人との愛と知の生活を優先して、皇帝の誘いを断ってしまいます。かくして、この稀代の三角関係はシャトレ夫人の勝利に終わるのですが、この『ヴォルテール回想録』には、吉田健一が理想化したシャトレ夫人とは異なる、彼女の生々しい人間性がかいま見られて、そのあたりも本書の文学的価値を高めています。

先ほど、シャトレ夫人がフランスにおけるニュートンの翻訳者であることに触れましたが、ヴォルテール自身も『ニュートン哲学入門』(1738年)を著して重要な紹介者となりました。しかし、ヴォルテールにとってニュートン以上に大きな影響をあたえた哲学者はジョン・ロックで、本書でも自分は「ロックの大崇拝者」であると述べています。

『哲学書簡』がヴォルテールを投獄の危機に導いたことはすでに述べましたが、彼はそのなかでロックの言葉をこう引用しています。

「われわれはある純粋に物質的な存在が思考するものか否かを、おそらくけっして知ることはできないであろう」(中川信訳、中公クラシックス版より)

この控えめな言葉が当時のカトリック神学者たちの憤激を誘ったということは、いまではちょっと想像しがたいのですが、このロックの言葉を引用することで、ヴォルテールは、自分(人間)は物質である、その物質が思考するのだ、と仄めかしているわけです。これはまったく哲学的な問題で、信仰とは無関係だともヴォルテールは弁明していますが、思考は霊魂の働きであり、物質は死滅するものだと考えるカトリックの立場からすれば、ヴォルテールは霊魂の死滅を説いているという理屈になります。

ヴォルテールは神を否定するような無神論者ではありませんでしたが、純粋に哲学的な立場としては、ロックの感覚論を介して「物質が思考する」という唯物論を主張していたのです。この点で、ヴォルテールはまぎれもなく近代哲学の陣営に属しています。

ヴォルテールが文学者、哲学者、ジャーナリストとして不滅の仕事をしたことはいうまでもありませんが、彼が果たした政治的役割についても『ヴォルテール回想録』は語っています。それは密使、つまり現代の言葉でいえばスパイということです。

フリードリッヒ大王は相変わらずヴォルテールに私淑し、プロシア宮廷に招きたがっていました。当時は(1743年)、オーストリア継承戦争でヨーロッパは絶えざる緊張状態にあり、オーストリアとイギリスの脅威のもとで、フランスはプロシアとの協約を模索していました。そこでフランス王ルイ15世は、プロシア王と個人的に親しいヴォルテールに白羽の矢を立て、フリードリッヒの思惑を探るスパイとしてプロシア宮廷に送りこむことに決めたのです。

ヴォルテールは、別れて暮らすことを嫌うシャトレ夫人の反対を抑えこむのに苦労しましたが、どんな秘密事項も手紙でうち明けると約束して、なんとか説得します。そして、フランス国内でのカトリック狂信派による迫害を口実として、プロシアへの亡命をフリードリッヒに願いでて、了承されたのです。

　こうしてプロシアに向かったヴォルテールはベルリンの宮廷でかなり楽しい日々を過ごしたのち、フリードリッヒからフランスとの同盟への言質を引きだして帰国しました。ヴォルテールのスパイ大作戦大成功、といいたいところですが、ヴォルテールの奮闘とは無関係に、プロシアとフランスは国際的な軍事力学の必然性によって防御同盟を締結した、というのが後世の史家たちによる客観的な評価です。とはいえ、ヴォルテールがリアル・ポリティクスの世界でも一定の役割を果たしたという事実を明らかにする点で、本書はヨーロッパ政治史の内幕を語る資料として大きな価値があります。

　ルイ15世とヴォルテールの関係もまた、興味深いものがあります。本書にはヴォルテールと、ルイ15世の寵姫となるポンパドゥール夫人との親しい交流が語られており、ヴォルテールは夫人の「恋の相談役」だったといいます。つまり、ヴォルテールは、ポンパドゥール夫人とルイ15世の恋の一部始終を知る証人だったのです。それゆえ、ポンパドゥール夫人の進言によって、ヴォルテールはかつて落選したアカデミー・フランセーズの会員に選出され、フランスの史料編集官に任命されました。財産を作るためなら、百巻の本を書くより、王の寵姫に話をしたほうが効果的だ、というのがヴォルテールの結論です。

　しかし、こののち、ヴォルテールの運命を一変させる事件が起こります。それはシャトレ夫人の急死です。

ヴォルテールとシャトレ夫人の同棲生活は14年ほど続きましたが、途中でヴォルテールが体力の衰弱を理由に夫人との肉体関係を退けたため、彼女は当時の有夫の貴婦人としては当たり前のことですが、別の愛人をもちました。サン＝ランベールという名の、彼女より10歳年下の屈強な軍人でした。ヴォルテールは最初はこの裏切りに激怒しますが、シャトレ夫人の女性としての自然な欲求を認め、自分との心の絆を保つことを願って、ふたりの関係を認めました。

ところが、そんな矢先、シャトレ夫人が42歳でサン＝ランベールの子を妊娠、出産し、その産褥熱で亡くなってしまうのです。

ヴォルテールは深い悲しみに暮れますが、シャトレ夫人の死はひとつの解放でもありました。なぜなら、ヴォルテールは誰はばかることなく、フリードリッヒ大王の誘うプロシアの宮廷へ向かうことができたからです。

このとき、ヴォルテールの懇願により、フリードリッヒ大王はルイ15世に宛てて手紙を書き、ヴォルテールをプロシア宮廷に迎える許可を求めるのですが、プロシア王からの手紙を読んだルイ15世は周囲の廷臣たちに対し、こういったといいます。

「朕の宮廷から狂人がひとり減って、プロシアの宮廷にひとり増えるだけのことだ」（アンドレ・モロワ著『ヴォルテール』より、拙訳）

むろん、この話は『ヴォルテール回想録』には載っていませんが、専制君主と一著作家との冷厳な関係を示すエピソードとして、含蓄の深いものがあるといわざるをえません。

かくして、ヴォルテールはフリードリッヒ大王の宮廷に正式に迎えられます。ここでのヴォルテールの役職は、フリードリッヒ大王の文章の添削係といったところでした。フリードリッヒは大部の著作を残しましたが、ドイツ語を嫌って、文章はほとんどフランス語で執筆したからです。ヴォルテールはプロシア宮廷で破格の待遇を受け、莫大な俸給に自分専用の馬車まで付けてもらいました。

しかし、好いことにはかならず終わりがあるものです。

そのころベルリンには同国フランスから医学者のラ・メトリーが来ていました。『人間機械論』で後世に名を轟かす過激な唯物論者です。ラ・メトリーはパリ大学医学部への批判がすぎてフランスにいられなくなり、プロシアに逃げてきていたのです。そのラ・メトリーがある日、フリードリッヒ大王に、ヴォルテールの厚遇はほかの人々の嫉妬を呼んでいます、と語りました。するとと大王はこう答えました。

「オレンジは絞るものじゃ。そして汁を飲み終えてから、捨てるものじゃ」

お調子者のラ・メトリーは面白がって、この言葉をわざわざヴォルテール自身に伝えました。かくしてヴォルテールはフリードリッヒ大王の優雅な理想家と残酷な暴君の二面性をあらためて思いだし、プロシア宮廷にもそう長くはいられないと覚悟を決めることになります。

そもそもの初めから、ヴォルテールはフリードリッヒの端倪すべからざる二面的性格をよく知っていました。

理想を求める皇太子時代のフリードリッヒは『反マキァヴェッリ論』をフランス語で執筆し、「国王は国家の第一の下僕」という有名な命題を掲げ、啓蒙的君主論を説いていました。そして、この本の添削をヴォルテールに依頼し、出版の斡旋まで任せました。ところが、皇帝になってからはがらりと態度を変え、ヴォルテールに、「野心、利益、世評の的たらんとする欲望が勝ちを占めた。かくして戦争が決意された」という告白を含む著作を送ってきます。この一節はのちに大王自身の手によって削除されますが、ヴォルテールはこの告白を、「ほとんどすべての戦争が、何に基づいて起こるかを示す一資料」として後世に伝えるべきだと語っています。

案の定、ヴォルテールはフリードリッヒの不興を買い、プロシア宮廷を去ることになります。しかし、突然フリードリッヒはヴォルテールに下賜した自分の詩集をとり戻そうと思いたち、その命を受けた下級役人たちの横暴によって、ヴォルテールは旅の途中のフランクフルトで拘禁され、金品を奪われるなどひどい目にあわされます。これはヴォルテールが生涯で味わったもっとも大きな屈辱でした。

なぜフリードリッヒがこれほど自分の詩集に執着したか、その真意は不明ですが、本『回想録』は「追記Ⅲ」で、『主君国王陛下御製集』(問題のフリードリッヒの詩集)のなかに「カイト元帥に寄せる書簡詩」という1篇があり、そこで「王は、魂の不死性とキリスト教徒とを大いに嘲笑している」と語っているので、大王はこうしたスキャンダラスな詩がヴォルテールの手で公にされるのを恐れたのではないか、という推測がなりたちます。

こうした一面を見ても、フリードリッヒの精神のなかに、優雅で英明な啓蒙君主という紋切型の肖像とは相容れない、悪魔的な無神論者という否定性のあることが分かります(もっとも、カントは『判断力批判』のなかで、この「カイト元帥に寄せる書簡詩」を引用し、「世界市民的見地の理性理念」を表わすと賞賛しているのですが)。ともあれ、単純な一面的解釈を許さない複雑に屈折した人間だったことはまちがいありません。

フリードリッヒからこうした辛苦を味わわされた2年後、ヴォルテールはジュネーヴ近郊に土地と邸宅を買い、大改築して「歓喜荘」と名づけ、定住します。さらに、ローザンヌ市内にも住居を購入し、本『回想録』の終わり近くでこう語ります。

「私はこの二軒の住宅で、王侯も与えることのできないもの、というより、王侯によって奪い取られるもの、を味わっている。それは安息と自由である」

その後、さらに、スイス国境近くのフランスの町フェルネーにも土地と城館を買います。ジュネーヴのプロテスタントの牧師たちの攻撃があまりにもうるさくなったからです。こうしてフェルネーにも生活の拠点を確保することで、スイスが彼を迫害すればフランスに戻り、フランスで圧迫されたらスイスに移るという戦術が可能になったのです。

本書には、その種の実践的な生活の知恵も語られています。しかし、それを可能にするのは経済的実力です。

「フランスにおいては、鉄床《かなとこ》であるか金槌《かなづち》であるかのほかはない。私は鉄床《かなとこ》に生まれた」

経済的弱者は叩きのめされるのです。それゆえ、ヴォルテールはつねに国家の財政政策に注意を向け、それを利用して経済的利益を上げてきました。そのようにして「自力で財を築くことほど、楽しいことはない」とさえ断言しています。つまりは利殖と蓄財のすすめです。

じっさい、ヴォルテールは藁から包装紙を作る工場に資金を提供して金を稼いだり、パリ市の債権の所有者専門に売りだされた宝くじの損得を計算で割りだし、宝くじを買い占めて大金を儲けたこともあります。

しかし、ヴォルテールは金儲けを愉楽とし、金銭そのものを目的とする守銭奴ではありません。自分の精神と言論の自由を保証するのは、まずもって経済的独立であるということを骨身に徹して知る、地に足の着いた生活者でした。

本書『ヴォルテール回想録』には、こうした彼の実践的な経済哲学も披瀝されています。まことに懐の深い書物だというべきでしょう。

ヴォルテール回想録

凡　例

一、原典

(1)本『回想録』の底本は、

"Œuvres complètes de Voltaire, (éd. Moland-Garnier) 1883", Tome I, pp.3-65 に収載されている、"Mémoires pour servir à la vie de M. de Voltaire, écrits par lui-même"——M版である。他に最近の単行本版として、"Mémoires pour servir à la vie de M. de Voltaire, écrits par lui-même, suivis de Lettres à Frédéric II, 1985," Edition présentée et annotée par Jacques Brenner"——B版

独訳版 —— "Voltaire : Über den König von Preußen Memoiren," Herausgegeben und übersetzt von Anneliese Botond, (1967) 1989^{4}〔Insel Verlag〕をも参照した。

(2)「フリードリッヒ」関係原典

"Œuvres complètes de Frédéric Le Grand, 1846-56," 30 vols. および "Frédéric II, roi de Prusse : Œuvres philosophiques, 1985"〔Corpus des Œuvres de Philosophie en Langue Française〕.

(3)その他の原典

その他上記「ヴォルテール全集」M版所載の原典による。

必要に応じて、特殊な著作に関しては、註記により明示する。

二、内容——分節・註記・表記等

(1)章、節、分節等

『回想録』原典は全編が書き下ろしで、章、節等の区分は全くないが、読者の便宜のため、内容に即して「本文」を全十八章、「追記」(I—III)にも章を付し、それぞれの章には「大見出し」と「内容細目」を付した。原典の節(段落)には時として長短の差が甚だしいので、必要に応じて、分割した。

(2)註記について

M版の註はヴォルテールの諸作品への引証、B版は新資料の指摘が主で註記の名に値しないものが多い。現在の読者の理解の資として、最小限度の註記を訳者の責任において付した。

(3)表記法

人名、地名、国名、著作名等は慣用化しているものは、それに従い、それ以外は可及的に原発音、原表題に即して表記する。ラテン、ギリシア語に関しては慣用以外には長短を付さない。なお、ラテン文は片仮名で表記し、その際、文中のラテン固有名詞は平仮名表記とする。

(4)学術用語

各専門分野の慣用に従い表記する。時代的、社会的、国籍的等に異同のある場合は、原語を付すか、解説を付加する。

(5)使用記号

『』内は著作名を示す。原典のイタリック、その他による強調は一般に傍点で示す。〔〕は訳者の解説的付加。

1　シャトレ夫人とシレーに隠遁

〔ヴォルテール、シャトレ夫人とシレーに隠遁し、著述と研究に耽る。①〕

私は退屈で騒々しいパリの生活や、小才子の群れや、国王の承認と認可を得て出版されている下らない書物や、文人たちの策謀や、文学を汚している小人たちの下劣さと盗賊的行為に厭気《いやけ》がさしていた。一七三三年のこと、私はある若い貴婦人と知り合いになったが、この婦人もほぼ私と同じような考えを抱き、世の喧騒を離れて心を養うために、数年の間地方に退くことを決意した。それはデュ・シャトレ侯爵夫人で、フランスの女性のうち、あらゆる科学に対して最も豊かな天分を備えている婦人であった。

彼女の父親ブルトゥイユ男爵が彼女にラテン語を学ばせたので、彼女はダシエ夫人②のごとくラテン語に通じていた。彼女はホラティウス、ウェルギリウス、ルクレティウスの最も美しい作品を暗記し、キケロのあらゆる哲学的著作に親しんでいた。彼女の主要な興味は数学と形而上学に向けられていた。彼女ほどの公正な物の見方や趣味と、彼女ほどの激しい向学心とを兼ね備えて持っていた婦人は稀《まれ》であった。とはいえ、彼女にしても、社交界や、彼女の年齢と彼女の属する性に特有のあらゆる娯楽を好かなかったわけではなかった。それにもかかわらず、彼女はすべてを捨てて、シャンパーニュ州とローレーヌ州の国境の、極めて不毛で極めて辺鄙《へんぴ》な土地に在る、崩れ果てた館に引きこもった。彼女はこの館に手を加え、大変に心地よい庭園で飾った。私はそこに回廊を建て、非常に立派な物理学〔自然学〕研究室を設けた。

われわれは豊かな蔵書を持っていた。幾人かの学者が哲学を論じにわれわれの隠遁地にやって来た。われわれは有名なケーニッヒ③とまる二年の間一緒に暮らした。彼はのちヘーグ大学教授、オレンジ太公妃司書として死んだ。モーペルテュイ④はジャン・ベルヌーイ⑤と一緒にやって来たが、そのとき以来、世にも嫉妬深く生まれついていたモーペルテュイという男は、その身から一生涯離れなかったこの嫉妬という情熱の対象に私をしたのであった。

私はデュ・シャトレ夫人に英語を教えたが、彼女は三カ月ののちには私と同じぐらいの学力を得て、ロック、ニュートン、ポープを私に劣らず読んだ。彼女はイタリア語をも同じ程度に速く覚えた。われわれは一緒にタッソやアリオストの作品を読んだ。このような次第であったから、アルガロッティ⑥がシレーを訪れ、この地で『婦人のためのニュートン学説』を書き上げたころには、彼女は彼の国語に十分な理解を示し、極めて有益な意見を述べたので、彼もそれを利用したほどであった。アルガロッティは非常に富裕な商人の息子で、甚だ愛嬌のあるヴェニス〔ヴェネツィア〕人であった。彼はヨーロッパの各地を旅行して回り、どんなことにでも幾分かの知識を持ち、すべてに優雅な趣を添えた。

われわれはこの快適な隠遁地にあって、ほかの世界で起こる出来事には耳も貸さずに、ひたすら学問に専心した。長い間われわれは最大の注意をライプニッツとニュートンの上に向けた。デュ・シャトレ夫人は初めライプニッツに惹きつけられ、彼の体系の一部を、『物理学教程』という表題の、非常に見事な出来ばえの著書の中で詳説した。彼女は決してこの哲学を借り物の装飾で彩《いろど》ろうとはしなかった。そのような気取りは、男性的で真摯な彼女の性格に入り込む余地がなかった。明晰さ、精密さ、優雅さが彼女の文体の要素であった。ライプニッツの思想の真意に近いものを、かつて誰かが紹介できたとするならば、それを求めるべきは、まさにこの著者においてである。しかし、今日では、もはやライプニッツの考えたことなどに頭を煩わす者がなくなり始めている。

真理を求めるべく生まれついていたので、彼女は間もなくライプニッツの体系〔理論的空論〕を見捨て、偉大なニュートンの諸発見に惹きつけられた。彼女は『数学的諸原理』[7]の全巻をフランス語に翻訳した。さらにそののち彼女は、自分の知識が充実するや、理解できる人のほとんどいないこの書物に、代数的註解を付加したが、この解説書も到底一般読者の能力の及ぶところではなかった。わが国最大の幾何学者の一人であるクレロー氏[8]が厳重にこの註解の校閲をした。この書物は出版に着手された。その版がいまだに完成されていないのは、われわれの時代にとって名誉なことではない。

われわれはシレーであらゆる学芸を研究した。私はそこで『アルジール』、『メロープ』、『放蕩児』、『マホメット』を書いた。[9] 私は彼女のために、『シャルルマーニュより現代に至るまでの一般史に関する試論』[10]を執筆した。私がシャルルマーニュという時期を選んだのは、ボスュエ[11]が筆を止めているのがこの時代であり、またこの偉人により取り扱われた部分に触れる勇気が私にはなかったからである。しかしながら、彼女はこの高位聖職者の『普遍史』には満足できなかった。彼女はそれを雄弁な著書であるにすぎないと見た。彼女は、ボスュエの作品のほとんど全内容が、ユダヤ民族のような軽蔑すべき国民を中心に論じているのに憤慨を覚えていた。

(1) **シレーに隠遁し……** 本書で、ヴォルテールは自発的に隠遁したように書いているが、事実はそうでない。ヴォルテール（Voltaire）は本名フランソワ゠マリー・アルエ（François-Marie Arouet, 1694–1778）の筆名。パリの富裕な市民階級《ブルジョワ》に生まれ、幼にして文才あり、青年時代、寸鉄詩、諷刺詩により政治を批判し、二度も政治犯となる。二度目は約一年もバスティーユに投獄さる。一七一五年ルイ十四世が死去し、いわゆる摂政時代の混乱期に、一七一八年創作悲劇『エディープ』"Œdipe, 1718" をもって一躍フランス文壇に登場、数々の戯曲や、叙事詩『神聖同盟』"La Ligue, 1723" 等で名声を獲得し、文名を一世に高めた。一七二六年、名門貴族の子弟と決闘せんとし、政府の高等政策の犠牲となりイギリスに追われ、一七二九年まで滞在。滞英中、叙事詩『神聖同盟』"La Ligue" を改訂し『ラ・アンリアード』"La Henriade, 1728" として発表。シェイクスピア（William Shakespeare, 1564–1616）、ポープ（Alexander Pope, 1688–1744）その他のイギリス文学、ロック（以下7、註(3)参照）に代表される経験論哲学、ニュートン（以下7、註(2)参照）の自然科学を学び、宗教の自由と人権が保証されている立憲王国の実状を見て思想的に大影響を受く。帰国後、フランス文壇に再登場し、シェイクスピアを取り入れた新手法の戯曲を発表し、また『カルル十二世の歴史』“Histoire de Charles XII, 1731”により、歴史家として独自の地歩を占む。一七三三年、英国の見聞にことよせて、フランスを痛烈に批判した著作『哲学書簡・別名イギリス人に関する手紙』“Lettres philosophiques, ou lettres sur les Anglais, 1733”を刊行、三四年同書がパリに頒布されるに及びたちまち当局より弾圧され、筆者には逮捕状が発せられ、同書は六月焚書になった。ヴォルテールは辛うじて当局の追求を逃れ、各地を転々として、ついにシャトレ夫人の住居に迎えられた。一年ほどして帰国を許されたが、その後シレーに本拠を構え、シャトレ夫人と同棲生活に入る。

シャトレ夫人（Gabrielle-Emilie Le Tonnelier de Breteuil, marquise du Châtelet, 1706–49）は、ブルトゥイユ男爵（Louis-Nicolas Le Tonnellier, baron de Breteuil-Preuilli, 1648–1728）の娘で、シャトレ侯爵の夫人。この夫人のもとに、ヴォルテールが逃げ込み、シレーで共同生活に入ったのは、一七三四年五月初旬と推測されている。

(2) **ダシエ夫人**（Anne Lefebvre Dacier, 1654–1720）　ホメロスの『オデュセィア』と『イリアス』の翻訳で有名な古典文学者。

ホラティウス（Quintus Horatius Flaccus, 65–8 B.C.）。代表作『歌集』“Carmina”『書簡詩』“Epistolae”その他。ウェルギリウス（Publius Vergilius Maro, 70–19 B.C.）。代表作『アエネイス』“Aeneis”『農耕詩』“Georgica”その他。ルクレティウス（Titus Lucretius Carus, circ. 99–55 B.C.）。代表作『自然論』“De Rerum Naturae”。キケロ（Marcus Tullius Cicero, 106–43 B.C.）。ローマの代表的雄弁家。

以上、いずれも古典ラテン文学の有名作家。

(3) **ケーニッヒ**（Samuel König, 1712–57） ドイツの数学家。後出。

(4) **モーペルテュイ**（Pierre-Louis Moreau de Maupertuis, 1698–1759） フランスの数学者。のちベルリン翰林院院長。以下14、註(9)参照。

(5) **ジャン・ベルヌーイ**（Jean Bernoulli, 1667–1748） スイスの数学者。

(6) **アルガロッティ**（Francesco Algarotti, 1712–64） イタリアの詩人。美術批評家。『婦人のためのニュートン学説』“Neutonianismo per le dame”等の著あり。後出。タッソ（Torquato Tasso, 1544–95）。イタリアの詩人。アリオスト——以下14、註(2)参照。ライプニッツについては、以下4、註(2)その他参照。

(7) **『数学的諸原理』** 正しくは『自然哲学の数学的諸原理』“Philosophiae naturalis principia mathematica, 1687”で、ニュートンの主著。

(8) **クレロー**（Alexis-Claude Clairaut, 1713–65） フランスの数学者。

(9) **『アルジール』**“Alzire, ou les Américains”（悲劇、一七三六年初演）、**『メロープ』**“Mérope”（悲劇、一七四三年初演）、**『放蕩児』**“L'Enfant Prodigue”（喜劇、一七三六年初演）、**『マホメット』**“Le Fanatisme, ou Mahomet”（悲劇、一七四一年リルで初演）。

(10) **『一般史に関する試論』**“Essai sur l'histoire générale” 一七四〇年ごろより着手されたもので、一七四五年より四六年の間、『メルキュール誌』に断片が掲載され、一七五六年『シャルルマーニュより現代に至るまでの一般史、ならびに諸国民の習俗と精神に関する試論』“Essai sur l'histoire générale et sur les mœurs et l'esprit des nations depuis Charlemagne jusqu'à nos jours, 1756”として改訂増補を施して発刊された。のち、一七六九年さらに改訂を加えて決定版が発刊され、『諸国民の習俗と精神に関する試論』“Essai sur les mœurs et l'esprit des nations, 1769” と改題された。なお、この『習俗試論』決定版には旧著『歴史哲学』“La philosophie de l'histoire, 1765”が冒頭に「序論」として付された。「歴史哲学」という用語を近代史学に初めて導入したので知られているこの小品を、ヴォルテールは「シャトレ夫人」のために書いたと言明しているが（同『習俗試論』「序言」）、これは故夫人を偲んでの「創作」と思われる。

⑾ **ボスュエ**（Jacques-Bénigne Bossuet, 1627–1704）フランスの神学者、政治学者。彼の『普遍史』“Discours sur l'histoire universelle, 1681” はカトリック神学的立場より書かれているが、重要な歴史哲学的著述である。

2　ブリュッセル旅行

〔ヴォルテール、ブリュッセルに旅行す。プロシア王フリードリッヒ・ウィルヘルム、富国強兵に努む。〕

科学と学芸のただ中にあって、この隠遁地で六年間過ごしたとき、われわれには、ブリュッセルまで出掛けなければならない用件が生じた。その地でデュ・シャトレ家は、よほど以前からホンスブルーク家を相手として、ある重大な訴訟事件を起こしていたのである。私は、非業の死を遂げた有名なオランダ大統領デ・ウィット①の孫に、幸運にもその町で出会った。彼は会計局の長官をしていた。彼はヨーロッパで最も立派な蔵書の一つを所有していて、これが『一般史』を書くに当たり大いに役に立った。しかし私はブリュッセルで、これ以上に貴重で、さらに感銘の深い幸運を味わった。私は、二つの家門が六十年このかた出費のため産を失いつつあった訴訟事件を調停したのである。私はデュ・シャトレ侯爵に現金二十二万リーヴルを受け取らせ、この条件で一切が片付いた。

一七四〇年、私がまだブリュッセルに滞在中のこと、あらゆる国王のうち最も我儘《わがまま》な、異論の余地もなく最も吝嗇《りんしょく》な、現金保有にかけては最も裕福な、無骨なプロシア王、フリードリッヒ・ウィルヘルム(2)がベルリンで死んだ。

人も知る如く、今日独自な名声を勝ち得ている彼の息子〔フリードリッヒ二世〕は、その四年余り以前から私とかなり定期的な文通を交わしていた。おそらく、この二人の君主ほど相似たところの少ない親子はかつて世になかったことであろう。

父親は文字通りの北方野蛮人で、その治世を通じて、常に金を掻《か》き集めることと、できる限りの僅少な費用でヨーロッパ随一の立派な軍隊を維持することしか考えなかった。彼の人民ほど貧乏な国民はかつてなく、彼ほど富裕な国王はかつてなかった。彼は自国内の貴族の領地の大半を低額で買い取ったが、貴族たちは代償に貰《もら》ったわずかばかりの金をたちまちのうちに食い尽くしてしまった。かくして、その金の半額は消費財の課税として再び王の金庫に戻って行った。

すべての王室御領地は収税吏に租税の取り立てを請け負わせてあったが、彼らは不当徴税者と裁判官とを兼ねていた。つまり、小作人が定められた日に収税吏に税を納めない場合には、その収税吏は裁判官の法服をまとい、犯人に倍額課税の刑を宣告する、という仕組みであった。さらに注目されなければならないことであるが、この裁判官が月々の末に国王に税を支払わない場合には、彼自身も翌月の一日には倍額の税を課せられることになっていた。

王室御領地付近で兎を一匹殺しても、一本の木の枝を盗伐しても、そのほか何らかの罪を犯した場合でも、必ず罰金を支払わなければならなかった。未婚の娘が子を作ると、娘の母親なり父親なり、その他の親戚なりが、作り代として国王に金を払わなければならなかった。ベルリンの最も裕福な未亡人、つまり、七、八千リーヴルの年金収入を持っていたクニップハウゼン男爵夫人は、未亡人暮らしの二年目に王の臣民を一人生んだために起訴された。王は自ら筆を執って彼女に手紙を書き、彼女が自分の名誉を救いたいなら、即座に三万リーヴルを王室金庫に納めよ、と命じた。彼女は余儀なく借金をしてその金額を整えた。そして破産してしまった。

王はヘーグにルイスツィウスという名前の公使を派遣していた。およそ、君主から送られているすべての公使のうち、彼は確かに最も悪い待遇を受けていた。気の毒にもこの男は、暖房を取るために、当時プロシア王家の所有となっていたホンス＝ラルディーク御苑で数本の樹木を伐《き》り倒させた。それから間もなく、彼は国王陛下の公文通信を受け取ったが、それによって一ヵ年間俸給を差し止められた。絶望したルイスツィウスは、ただ一本手元に持っていた剃刀《かみそり》で喉《のど》を搔き切った。一老僕が救援に駆けつけ、運悪くも彼の命を救った。その後私はヘーグでこの公使閣下に再会し、「旧宮廷③」と呼ばれていた宮殿の戸口で閣下に喜捨をした。この宮殿はプロシア王に所属していて、この不幸な外国使臣は既に十二年来そこに居住していた。

正直の話、フリードリッヒ・ヴィルヘルムによって行なわれた専制政治と比較すれば、トルコも共和国と言われて然るべきであろう。このような数々の手段によって、二十八年の治世の間に、彼はベルリンの宮殿の地下倉庫に、鉄環《かなわ》をはめた樽にぎっしり詰まった約二千万エキュの金貨を蓄積するに至った。彼は宮殿の大広間を隅から隅まで銀無垢《むく》の無骨な調度品で飾りつけて良い気持ちになっていたが、それらの備品では芸術よりもむしろ素材がものを言っていた。彼はまた妻の王妃に小部屋を一つ貸し与えていたが、この部屋の備品は十能《じゅうのう》や火鋏《ひばさみ》の握りや、コーヒー沸かしに至るまで金で出来ていた。

国王は、腿《もも》の半ばまで達する、銅釦《ボタン》付きの、青い布地の粗末な上着を着て、この宮殿から、おひろいで外出するのだった。そして、上着を新調したときも、いつでも以前の釦《ボタン》を再び活用させた。

国王陛下が、巡査の持つような太い杖を身に帯びて、近衛巨人連隊を毎日閲兵したのは、まさにこのような出《い》で立ちによってであった。この連隊は彼の道楽であり彼の最大の出費でもあった。近衛兵の第一列は、最低二メートル以上の身長を持つ兵隊から編成されていた。彼はこれらの兵隊を、ヨーロッパやアジアの隅々にまで人をやって買い集めさせた。この王の死後もなお、私はその幾人かを目撃した。彼の後を継いだ息子フリードリッヒ二世は、大きな男ではなく美しい男を好んだので、巨人たちを護衛兵として王妃のもとに配置してしまった。一七四〇年十一月、新国王[4]に祝辞を述べに来たボーヴォー侯爵の出迎えに、古い儀仗馬車が派遣されたが、その馬車を巨人たちが護衛していたのを私は覚えている。先王フリードリッヒ・ヴィルヘルムは、かつて父王の豪奢《ごうしゃ》な家具をすべて売り払わせたが、さすがに金箔のはげたこの大きな馬車だけはうまく片付けてしまうことが出来なかったのである。侯爵が万一ころげ落ちたような場合、その身を支えるために、馬車の扉口に付き添っていた護衛兵たちは、屋根越しに手を取り合っていた。

フリードリッヒ・ウィルヘルムは閲兵を済ますと、市内を散歩に出掛けるのであった。すると誰も彼もが大急ぎで逃げ出した。婦人に出逢うと、彼は、なぜ往来でぶらぶらと暇潰《つぶ》しをしているのか、と訊《たず》ねるのであった。

「家に帰りおれ、じだらく女め。貞淑な婦人は、わが家にあって家事に努めているはずじゃ」

そして、この叱責《しっせき》の言葉に続いて頰《ほお》に存分な平手打ちを喰らわせたり、腹を蹴とばしたり、杖で幾つか殴り据えたりした。福音書を信奉する聖職者たちが御閲兵を拝観したいというおぞましい気を起こしたときも、王はこれと同じやり方で彼らを取り扱った。

(1) **デ・ウィット**(Johan de Witt, 1625–72) オランダの大政治家。一六五三年より七二年まで大統領を務む。熱烈な共和主義者。オレンジ太公ウィルレム三世暗殺の事実無根な嫌疑を受け乱民に殺された。

(2) **フリードリッヒ・ウィルヘルム**(Friedrich Wilhelm I, 1688–[1713–40]) フリードリッヒ大王(Friedrich II, der Große, 1712–[40–86])の父。

(3) **「旧宮廷」** 一六七二年オレンジ太公ウィルレム三世はオランダ(ネーデルランド)総統になったが、一六八八年、イギリスに名誉革命が行なわれるや、翌八九年王妃メアリーとともに迎えられてイギリス王ウィリアム三世となった。ウィリアムはイギリス王とオランダ総統とを兼ねていたので、彼の生存中はオランダに宮廷もあったが、イギリス王に即位以来、この王は事実上オランダの政治に力を入れなかった。彼は一七〇二年歿し、それをもってオランダ総統の一族オレンジ家は断絶した。かくして彼の死とともにオランダ宮廷は消滅し、貴族共和党が政治の実権を握った。以上が「旧宮廷」の由来で、その後スペイン継承戦争において、フリードリッヒ・ウィルヘルムはオーストリアを助けて戦い、その功により、単なる名目のみではあったが、オレンジ家を相続することになり、オレンジ太公の称号を得た。しかし、ユトレヒト条約（一七一三年）の定めるところにより、同年この称号を一時フランスに譲った。以上がオランダの「旧宮廷」がプロシア王家の所有に帰した理由。フリードリッヒ大王も一七一二年の誕生時には「プロシアおよびオレンジ王子」（Prince de Prusse et d'Orange）として受洗している。後出の如く、フリードリッヒの治世になってから、ヴォルテールはこの宮殿にしばしば宿泊している。

④　**新国王に……**　一七四〇年五月三十一日、父王フリードリッヒ・ウィルヘルム死し、フリードリッヒ即位。ボーヴォー侯爵（Charles-Juste, marquis de Beauvau, 1720–93）。フランス元帥、のちフランス翰林院会員となる。

3　皇太子フリードリッヒ

〔皇太子フリードリッヒ、外国に逃れんとして父王の勘気を蒙る。〕

この北方野蛮人が、才智と優雅と礼節と愛嬌に溢れ、学問に熱中し、音楽や詩を創作する息子を持って、いかに驚きかつ憤《いきどお》ったかは想像に難くないであろう。世子《せいし》殿下の手に書物を見付ければ、王はそれを火の中に投げ込んだ。王子が笛を吹いていれば、父王は笛を折り砕いた。そして時によっては、巡視に際して婦人や説教師たちに対するのと同じやり方で、皇太子殿下を取り扱った。

王子は父王から向けられるありとあらゆる監視に耐えかねて、一七三〇年のある日のこと、イギリスに渡ることになるのか、フランスに逃げ込むことになるのか、われとわが身の行き先もよく分からぬままに、逃亡の決心をした。(1) 父親の吝嗇のため、彼は収税請負人ないしイギリス商人の息子程度の旅行さえできかねる有様であった。彼は数百デュカを借り受けた。

カッテとカイトという二人の非常に愛すべき青年が彼のお供をする手筈になっていた。カッテは、ある立派な将官の一人息子であった。カイトは、子供を拵《こしら》えるのに一万エキュを費やした、例のクニップハウゼン男爵夫人の女婿であった。逃亡の日時が決められた。ところが、父王は一切を嗅《か》ぎつけた。王子とその二名の同行者は同時に逮捕された。最初国王は、のちにバイロイト辺疆伯皇太子に嫁いだ、娘のウィルヘルミーネ②もこの陰謀に荷担《かたん》しているものと信じた。さて、彼は裁判に関しては迅速を尊んだので、彼女を窓から外に蹴りとばした。窓は床まで見開きになっていた。この即決の場所に居合わせた母親王妃は、ウィルヘルミーネがまさに墜落せんとする瞬間に、辛うじて娘のスカートを摑《つか》んで引き留めた。この出来事のため、王女の左乳房の下には打撲傷が残った。彼女はその傷痕《きずあと》を父親の愛情の印として生涯身に帯び、光栄にも私にそれを見せてくれたことがある。

王子は一種の側女《そばめ》③〔ドーリス・リッター〕を持っていた。彼女はブランデンブルク市の小学校教員の娘で、ポッダムに囲われていた。彼女はあまり上手でないクラヴサンを弾いた。王子はそれに合わせて笛を吹いた。彼はこの女に惚れ込んだ気でいたが、それは誤りであった。彼の天職は対女性関係にはなかったからである。しかしながら、彼が彼女を愛している素振《そぶ》りを見せたので、父王はこの令嬢をポッダム広場で引き回しの刑に処した。死刑執行人が、王子の眼の前で彼女を鞭で打ちながら、引き立てて歩いた。

この情景を十分に味わわせてから、父王は彼を沼地の真中に建てられたキュストリン城塞に移させた。そこで彼は従僕も与えられずに、一種の地下牢の中に六カ月間閉じ籠められた④。そして六カ月ののちに彼の世話をするため、兵士が一人与えられた。この兵士⑤〔フレーデルスドルフ〕は、若く、美男子で、姿もよく、かつ笛が吹けたので、あれやこれやと囚われの王子を慰めるのに役立った。立派な資質をこれほど沢山持っていたので、のち彼は財をなした。私は下僕でもあり総理大臣でもある彼の姿を見たことがあるが、彼はさらにこの二つの身分から鼓吹される限りの傲慢さを身に帯びていた。

王子がキュストリンの城塞に暮らして数週間たったとき、幾人かの近衛兵を従えた一人の老将校が涙にかきくれながら王子の部屋に入ってきた。フリードリッヒは彼らが自分の首を斬《き》りにきたのだと疑わなかった。ところが、相変わらず涙を流し続けながら、将校が四人の近衛兵に王子を捕らえさせると、兵士たちは王子を窓辺に連れて行き、その首をしっかりと押さえつけた。その間、窓枠のすぐ下に立てられた処刑台の上で、王子の友人カッテの首が斬り落とされつつあった。王子はカッテの方に手を差し伸べて、気を失ってしまった。父王は、かつて娘が鞭打たれている現場に姿を見せたのと同じように、この情景にも立ち合った。

いま一人の腹心の友カイトの方は、オランダに逃亡した。王は彼を逮捕するために急いで手兵を派遣した。彼は分秒の差で危うくその手を逃れてポルトガルに向かって乗船し、寛仁なフリードリッヒ・ウィルヘルムが死ぬまでその地に留まった。

国王はこれだけで満足するつもりはなかった。王の意図は、この息子の首を斬らせるにあった。彼には、どの一人として詩などを書かない王子がほかに三人もあったので、プロシアの偉大さを維持するにはそれで十分だ、と考えていた。ロシア皇帝ピョートル一世[6]の長男として生まれた皇子の先例に倣《なら》って、皇太子殿下を死刑に処する手配が既に取られていた。

　旅行に出ようとしたのが原因で一人の青年が首を斬られるなどということは、神の掟によっても、人の掟によっても、立派に制定されてはいそうにもない。しかし、王は、ロシアの裁判官に劣らず有能な裁判官をベルリンで見付け出せたことであろう。いずれにせよ、王の父権だけでこと足りたことであろう。ドイツ皇帝カール六世[7]は、皇太子たるものは神聖ローマ帝国の王侯として議会の決議によらずして死刑に処せられるべきではない、と主張して、父王のもとにゼッケンドルフ伯爵[8]を遣わし、痛烈な非難を述べさせた。私はその後ゼッケンドルフ伯爵に、彼の隠遁地ザクセンで会ったが、彼が私に打ち明けたところでは、王子の首を斬らせないという同意を得るために、彼は大変な苦労をしたという。バイエルンの軍隊を指揮したのも、この同じゼッケンドルフであるし、また、のちに王子がプロシア王となってから、父王に関する歴史の中で悪意に満ちた人物を書き、三十部ばかり印刷された『ブランデンブルク家史回想録[9]』という出版物に記載しているのも、この同じゼッケンドルフについてである。それはそれとして、せいぜい王侯に忠勤を励んで、彼らの首の飛ぶのを阻止なさるがよかろう。

＊――私はプロシア王が私に贈呈してくれたこの出版物を宮中領選挙侯に呈上した。〔原典註〕

① **一七三〇年のある日のこと……**　一七三〇年八月五日朝のことである。ヴォルテールの本文には「わが身の行き先もよく分からぬままに云々……」とあるが、フリードリッヒ自身はイギリスに逃れるつもりであったらしい。同年八月十二日逃亡罪によりウェーゼルで軍法会議予審、九月四日キュストリン城塞に監禁さる。同十月二十二日ケペニックで軍法会議。なお、カッテ（Hans von Katte, 1704–30）の斬首刑は、同年十一月六日に執行された。カイト（Peter Christoph Karl von Keith, 1711–56）はのちフリードリッヒに再び仕え、主馬長官にまでなった。

② **ウィルヘルミーネ**（Sophie Friederike Wilhelmine, 1709–58）　フリードリッヒの姉。フリードリッヒを庇い、仲がよかった。一七三一年バイロイト辺彊伯皇太子と結婚、のちにバイロイト辺彊伯夫人となる。後出。この姉の『回想録』“Mémoires de Frédérique Sophie Wilhelmine, Margrave de Bareith, sœur de Frédéric le Grand, depuis l'année 1706 jusqu'à 1742, écrits de sa main [troisième édition], 1888” の中に父王のフリードリッヒへの憎悪、虐待、フリードリッヒの逃亡計画、その失敗、カッテの処刑等々について生々しい記録が残されている。cf. ibid., pp. 132–235. ウィルヘルミーネはヴォルテールを非常に尊敬していた。ヴォルテールの記事の細目には特有の誇張や人《ひと》間違いがあるが、ここでは主要な点のみ註記する。

③ **一種の側女《そばめ》**　事実はフリードリッヒの愛人ではなく、彼が貧しい生活に同情して衣服や若干の金銭を与えた音楽教師（聖歌隊指揮者）の娘ドーリス・リッター（Doris, ou Dorothea Ritter）という小娘だった。しかし、この娘は皇太子と二、三度合奏を行なったというので「妾」として鞭打ちの刑に処せられた。以下11のショメルス夫人（Mme Shommers sic）参照。

④ **地下牢の中に六カ月間……**　これは事実ではない。逮捕以来三カ月、キュストリン監禁以来二カ月が

正しい。十一月六日カッテが死刑になってのち、フリードリッヒは十一月十日赦免の内示、同十二日釈放、同十七日改悛誓約、同十九日キュストリンに小住宅を与えられたが外出は禁止。

⑤ **この兵士**　フレーデルスドルフ（Michael Gabriel Fredersdorf, 1708–58）を指す。連隊の「笛吹き係」だったが、フリードリッヒに可愛がられ、のち王廷執事、給仕頭、飲食料頭として国王フリードリッヒの私設秘書の役を果たした。文才もあり王との往復書簡あり。以下11参照。

⑥ **ロシア皇帝ピョートル一世**（Piotr I, 1672–［87–1725］）　ピョートル大帝と呼ばれるロシアの名君。ヴォルテールは、この王の政治を『ピョートル大帝治下のロシア史』"Histoire de Russie sous Pierre le Grand, I P., 1759, II P., 1763" で詳述している。長男アレクセイ・ペトロヴィッチ（Alexei Petrovitch, 1690–1718）の殺害については、同書の第二部、第一〇章に詳しい。

⑦ **ドイツ皇帝カール六世**（Karl VI, 1685–［1711–40］）　神聖ローマ帝国（ドイツ）皇帝。フリードリッヒと戦ったマリーア・テレージア（Maria Theresia, Erzherzogin von Österreich, Königin von Ungarun und Böhmen, 1717–80）の父。

⑧ **ゼッケンドルフ伯爵**（Friedrich Heinrich, Reichsgraf von Seckendorf, 1673–1763）　ドイツの将軍、外交官。ドイツ皇帝カール六世のベルリン駐在使節（一七二六–三四年）として辣腕を振るい、フリードリッヒと姉ウィルヘルミーネの、イギリス王ジョージ一世の孫娘および孫息子との二組の結婚を阻止した。オーストリア皇帝家の安泰のためにプロシアとイギリスの結合を恐れたからである。親英的であったフリードリッヒが、ゼッケンドルフを憎んだ理由である。「彼は卑しい利害心の人物で、物腰は粗野で無骨であった。彼にとって虚言が余りにも慣習化してしまい、真実を言う習慣を失ってしまっていた。それは時には一軍人の身体に、時には外交官の身体に入りこんだ高利貸の魂であった。」（『ブラ

ンデンブルク家史回想録』——次註参照)。 cf. "Mémoires", 'Frédéric-Guillaume'; in "Œuvres de Frédéric le Grand, 1846", Tome I, p. 157.

(9) **『ブランデンブルク家史回想録』** "Mémoires pour servir à l'histoire de la maison de Brandebourg, 1748." フリードリッヒが著した自家の記録。フリードリッヒには多くの著述があるが、そのすべてがフランス語で書かれている。ヴォルテールが招かれて王の著作の校閲を依頼されたゆえんである。

4 プロシア王フリードリッヒ二世即位

〔皇太子フリードリッヒ、ヴォルテールと文通を開始す。父王崩御し王位に就く。国内巡視。〕

十八カ月ののち、皇帝の懇願とプロシア王妃の涙のお蔭で世子殿下は自由の身となれたが、①再び以前にもいやまして、詩や音楽に耽《ふけ》り始めた。彼はライプニッツはもとより、ウォルフ②をさえ読んだが、この哲学者を彼は種々雑多な思想の編集者と呼んでいた。このようにして彼は、全力を尽くしてあらゆる学問に同時に没頭した。

父王が彼にはほとんど政《まつりごと》に関与させず、また閲兵がすべてであったこの国には政《まつりごと》などはなかったので、彼は暇にまかせて、世間に多少は知られているフランスの文人たちに手紙を書いた。その重荷の大部分が私に降りかかった。③韻文の手紙があり、形而上学論、歴史論、政治論があった。彼は私を神人扱いした。私は彼をソロモン〔イスラエル最盛期の賢君〕として扱った。美辞麗句で形容するだけなら、お互いに一文も要らなかった。このつまらない往復書簡の幾つかは私の著作選集に集録されたが、幸いにして、総数の三十分の一も印刷されなかった。私は失礼をも顧みずマルタン〔当時フランスで有名な一流漆工〕の極めて美しい文具箱を王子に贈った。王子は忝《かたじ》けなくも琥珀《こはく》製のガラクタを私に賜った。すると、パリの喫茶店《カフェー》に出入りする才子どもは、嫉妬に身を震わせながら、私の身代は既に出来上がったものと想像していた。

カイゼルリンク[4]という名前のクールランド青年が、ポメラニアの国境からわれわれに向けてシレーまで派遣された。この青年もどうにかこうにかフランス語で詩が書け、従って当時フリードリッヒのお気に入りであった。われわれは彼をお祭り騒ぎで迎えた。私は美しいイルミネーションを作り、その光で皇太子の頭文字の組み合わせと名前を浮き出させ、それに「人類の希望」という標語を添えた。私としては、仮に個人的な見地から希望を抱く気になったとしても、それには大いに理由があった。なぜなら、私は皇太子の手紙の中では、いつでも「わが親愛なる友よ」と呼ばれていたし、また王位に就いた暁には私に下賜されるはずの固い友情の印についても、しばしば往復文書の中で触れられていたからである。

私がブリュッセルに滞在していたころ、彼はついに王位に上《のぼ》った。すると新国王はまずフランスに特任大使としてカマス[5]という名前の手の不自由な男を派遣した。この男の前身は亡命フランス人で、そのころはフリードリッヒの軍隊の将校であった。彼の言うところによると、ベルリン駐劄《ちゅうさつ》のフランス公使〔ヴァロリ侯爵〕は片手が欠けているので、プロシア国王はフランス国王への債務を完全に果たすため、片腕しかない使節をフランス国王に派遣したのである、とのことであった。

カマスは酒場に旅装を解くや、小姓として使っていた一人の青年を私のもとに急派し、旅の疲れが甚だしいので私のもとに自身で出向くことができない、御迷惑でも即刻宿まで御足労賜りたい、主君プロシア国王陛下より託された世にも莫大、世にも貴重な贈り物をお渡ししなければならないから、と伝えてきた。

「急いでいらっしゃいまし」

とシャトレ夫人は言った。

「きっと王冠のダイアモンドでも賜るのですわ」

私は駆けつけた。使節に会見してみると彼の椅子のうしろに、荷物らしいものとしては、故先王の酒蔵から引き出された、葡萄酒の小樽が一つあるきりであった。この酒を国王陛下は私に飲むようにとの思《おぼ》し召しなのである。かつて陛下が私に確約された固い友情に取って代わった、この水っぽい知遇の印を前にして、私は驚駭《きょうがい》と感謝のあまり、言うべき言葉も尽くせないくらいであった。そこで私はこの小樽の酒をカマスと分け合った。

わがソロモンは当時シュトラスブルクに滞在していた。〔西方ではライン河沿いの飛び領土〕ゲルダーラントから〔東北方では東プロシアにより〕バルト海にまで〔所領が点々と〕及んでいる細長く狭い自領を巡視しているうちに、彼はおしのびでフランスの国境とその軍隊を視察してみようという出来心を起こしたのであった。

彼はシュトラスブルクではボヘミアの富裕な領主デュ・フール伯爵⑥という変名を用いて、おしのび旅行を楽しんだ。彼に同行していた王弟殿下も同じく仮名《かめい》を用いていた。しかし、当時既にフリードリッヒに親近していたアルガロッティだけは、身分姓名を偽っていなかった。

王はブリュッセルの私宛に旅行記を送ってきた。それは半ば散文、半ば韻文で書かれ、バショーモンとシャペルの趣向[7]を真似《まね》て綴られていた。といっても、もちろん、プロシア王として真似られる限りの程度において、真似てあるにすぎない。以下に彼の書簡から若干の箇所を示そう。

ひどい道路を歩いたあげくに、ようやく辿り着いた宿はといえば、これはまた一段とひどかった。

　利にさとき宿の主人は、
　飢え疲るわれらを見るや、
　粗食にてはいうもさらなり、
　荒れ果てし破れ小屋にて
われらをばさいなみ責めつつ、金銭を奪い去るなり。
ああ、ルクッルス[8]の世と異なれるかな。

路はひどく、食物は不自由で、飲み物も十分でない。それだけではなかった。われわれはさらに数々の不慮の事件に遭遇した。また確かに、われわれ一行の出で立ちも大いに異様であったに相違ない。というのは、われわれは通過する場所場所で、何かしらの誤解を受けたからである。

　ある者はわれらを王侯、
　他の者は上流の博徒と見たり。
　あるはまた学者と間違え、
　ときありて人垣築き、
　ひそやかにわれらを眺む、
　躾なき野次のともがら、珍しきものを見んとて。

駅長ケールのしきりに言うところでは、旅券なしではわれわれの安全は保証されそうもなく、また諸般の事情に照らしてみると、シュトラスブルクに入ろうとするのならば、われわれとても旅券を所持する絶対の必要があるので、やむをえずわれわれは旅券入手の策を取った。これに際しては、私の印形の上に刻んであるプロシア王室の紋章が驚くべき一役を果たしてくれた。

　われわれはシュトラスブルクに到着した。そして税関の海賊頭と検査官はわれわれの証明書類に満足の様子であった。

　かの悪党らわれらを怪しみ、
　片眼にて旅券読みつつ、
　他の眼にて財布を窺う。

黄金は常に良策、
ユピテルもこれを用いて、⑨
ダナエをば愛撫し得たり。
黄金で世を支配せる
カエサルも善く治めたり。
軍神も恋の女神も、
及ばざるこの神により、
夕べにわれらシュトラスブルクに入るを得たり。

以上の手紙を読めば、彼がまだわが国の一流詩人の域には達していなかったことや、彼の哲学が彼の父親の貯《た》めこんだ金属に無関心ではあり得なかったことが知られるであろう。

(1) **十八カ月ののち……** フリードリッヒがキュストリンに監禁されたのは、一七三〇年九月五日、獄より出され小住宅を与えられたのが同年十一月十九日。その後同地に暮らしていたが、翌一七三一年十一月二十日行なわれた姉ウィルヘルミーネの結婚式には出席しているのであるから、ヴォルテールの書いている如く、「地下牢」に囚人暮らしをしていたわけではなく、むしろ勅勘を蒙り謹慎していた程度である。一七三二年二月二十六日赦されてキュストリンの住居を出て、翌三月十日ブラウンシュヴァイク公女エリーザベートと婚約し（翌年六月十二日結婚）、四月四日にはノイ・ルッピン連隊長に任命されている。それゆえ、キュストリン居住の期間は約十六カ月、投獄より正式に軍務に復するまでの期間が十八カ月である。

② **ウォルフ**（Christian Wolff, 1679–1754）ドイツ啓蒙時代の哲学者。ライプニッツ（Gottfried Wilhelm Leibniz, 1646–1716）の思想を継承して平俗化し、哲学用語に初めてドイツ語を用い、ドイツ語で著述した。フリードリッヒはこの哲学者を庇護し、無神論者としてプロシアを追われていた彼を、即位早々ベルリンに呼び戻した。

③ **その重荷の大部分……**　フリードリッヒは一七三六年八月八日初めてヴォルテールに書簡を出している。その後本書にも見られる如く色々な経緯はあったが両者の文通は、一七七八年ヴォルテールの死の直前まで続いている。

④ **カイゼルリンク**（Dietrich Freiherr von Keyserlingk, 1698–1745）フリードリッヒの侍従武官で「セザリオン」（Césarion）――「小皇帝」（Kaiserling）と愛称されている寵臣。ヴォルテールはカイゼルリング Keyserling または Keiserling と書いている。カイゼルリンクは、ヴォルテールと同年輩であるから、「青年」とあるのはヴォルテールの記憶違いか、あるいは例の一流の文飾であろう。なお、彼のシレー訪問は一七三七年七月下旬。

⑤ **カマス**（Paul-Henri Tilio de Camas, 1688–1741）亡命フランス人。左腕を戦傷で失った。「ベルリン駐劄のフランス公使」とはヴァロリ侯爵（Guy-Henri-Louis, marquis de Varori, ？）。この武将は左手の指二本を失っていた。この二人を対比したフリードリッヒの小詩については、[133]Lettre à Voltaire, 29 juillet 1740, "Œuvres citées," Tome 22, p. 18. を参照。

⑥ **デュ・フール伯爵**（le comte du Four） フリードリッヒはフォン・プフール伯爵（Graf von Pfuhl）、王弟アウグスト・ウィルヘルム（August Willhelm, 1722–58）はフォン・シャッフゴッチュ伯爵（Graf von Schaffgotsh）と名乗っていたという。以下の旅行記はフリードリッヒの他の文献には見当たらない。わずかに、王のヴォルテール宛書簡中にこの旅行への言及あり。cf.［139］Lettre à Voltaire, le 2 septembre, 1740, "Œuvres citées," Tome 22, p. 25.

⑦ **バショーモンとシャペルの趣向** バショーモン（François de Bachaumont, 1624–1702）はフランスの作家。シャペル（Chapelle）は詩人リュイエ（Claude-Emmanuel Luiller, 1626–86）の筆名。二人は協力して『プロヴァンスおよびラングドック旅行記』"Voyage en Provence et en Languedoc" という気のきいた面白い紀行を著した。

⑧ **ルクッルス**（Lucius Licinius Lucullus, 108–56 B.C.） ローマの将軍。遠征の途次日夜酒宴の贅を尽くしたので有名。

⑨ **ユピテルも……** ユピテル〔ジュピター〕が黄金の雨に身を化して、ダナエのもとに忍び込んだ、という神話を寓したもの。

5　フリードリッヒ二世と会見

〔ヴォルテール、プロシア王フリードリッヒと会見す。『反マキァヴェッリ論』出版の事情。〕

シュトラスブルクから彼は低ドイツ地方の諸国を視察に行き、「おしのび」でブリュッセルまで私に会いにくると知らせてきた。われわれは彼のために立派な邸宅を準備した。しかし、彼はクレーヴから八キロほどのモイラントの小城で病気になってしまったので、私の方から出向いてほしい、と手紙をよこした。そこで私は、うやうやしく敬意を表しに出掛けた。①かねて腹に一物を抱き、翰林院《アカデミー》の院長になりたくて気も狂わんばかりだったモーペルテュイは、自分の方から王のもとに押し掛け、アルガロッティやカイゼルリンクと一緒に、この宮殿の物置に寝泊まりしていた。宮廷広場の門には、護衛兵としては兵士が一人いるだけであった。国務大臣、王室顧問官ランボネットが指先に息を吹きかけながら広場を散歩していた。彼は大きな袖口が汚れている布製の上衣《うわぎ》と、穴のあいた帽子と、古い司法官用仮髪《かつら》を身に着けていたが、この仮髪《かつら》の一方の端は彼のポケットにまで達し、ほかの一つは肩までの長さもなかった。人の噂によると、この人物は重要な国務の一端を託されているとのことであったが、それは事実であった。

私は陛下のお部屋に案内された。四面の壁には何の装飾もなかった。私は小さな部屋の中に、蠟燭《ろうそく》の光に照らされて、幅八十センチぐらいの粗末な寝台があるのを見た。その上に青い粗いラシャ地の部屋着を身にまとった小男が横たわっていた。それが国王であったが、彼は高熱の激しい発作で汗を流しながら薄っぺらな掛け蒲団の下で震えていた。私は膝を折り曲げて彼にうやうやしく挨拶をし、あたかも彼の主任侍医であるかのように、近付きの印として、まず彼の脈を取った。発作が鎮まると彼は衣服を着けて食卓についた。アルガロッティ、カイゼルリンク、モーペルテュイおよびオランダ国会関係の大臣という顔触れで、われわれは夕食をとった。その席では魂の不死性や、自由や、プラトンの「男女《おとこおんな》②」について深遠な議論がかわされた。

一方、顧問官ランボネットは、この間、貸馬の背にうちまたがっていた。彼は一晩中馬を駆って、翌日リエージュの城下に到着した。その地で彼は主君プロシア国王の名のもとに文書を作成したが、それと時を同じくして、ウェーゼルの二千の軍勢がリエージュ市を脅かして租税の支払いを迫っていた。このものものしい軍隊の出動には、近郊のある土地に関して国王の持っていた権利が口実となっていた。私自身も国王から宣言文③を作成するよう命令されたので、ともあれ一つ書き上げた。食事を共にした王、私をわが友と呼んでいる王が常に正しい行動をしていないはずはない、と私は疑わなかったからである。百万フランの償金によって事件は解決した。その金を王はデュカ金貨の正金で差し出すよう要求したが、そのお蔭で王のシュトラスブルク旅行の費用は帳消しになった。この旅行の出費について、王はかねがね例の詩文まじりの手紙の中で嘆いていたのであった。

私の王に対する親愛の情は少しも減じなかった。なぜなら、王は才智があり、優雅で、その上に国王だったからである。人間的弱点といってしまえばそれまでであろうが、この最後の条件は何といっても大きな魅力である。通常の例では、君侯を褒め讃えるのがわれわれ文士である。ところが、この王は私を足の先から頭のてっぺんまで賞讃した。④一方パリにおいては、デフォンテーヌ師⑤やその他の恥知らず連中が、少なくとも週に一遍は私を辱《はずかし》めていた。

プロシア王は、父王崩御の少し前に、マキァヴェッリの諸原理に反対した著作を書こうと思い付いた。もしマキァヴェッリに君侯の弟子があったとしたならば、彼が弟子に勧告したに相違ない第一のことは、マキァヴェッリ自身に対する反駁を書くことであったであろう。しかし、皇太子時代のプロシア王に、それほど微妙な洞察ができたわけではなかった。彼は、まだ自分が支配者になっていず、父王の先例に照らして専制的権力を好ましく思っていない時期に、真剣な気持ちで著作した。そのころ彼は心の底から穏健と正義を讃えていた。そして熱狂のあまり、あらゆる簒奪《さんだつ》行為を犯罪とみなしていた。彼はブリュッセルの私に手稿を送ってきて、原稿の校閲と印刷を依頼していた。そこで、私はオランダの出版者でファン・ドルンという名の、彼ら仲間で最も狡猾《こうかつ》な男に手稿を手渡したのであった。しかし私は、プロシア国王が百万の百倍もの金を金庫に持っていながら、気の毒なリエージュ市民からランボネット顧問官の手を通じて百万金をせしめつつあるときに、『反マキァヴェッリ論』⑥を印刷させるということには、ついに良心の呵責を覚え始めた。私は、わがソロモンがこれくらいの成果で満足してしまうはずはない、と判断した。彼の父は総員六万六千四百人よりなる優秀な軍隊を残していた。彼はそれを増強し、機会さえあればその軍隊を使ってみたいと望んでいるように見えた。

私は彼に意見を述べてやり、わが手になる教訓を自ら破るとの非難を受けかねない時期に当たって、この著書を印刷させるのは時宜を得ていないのではあるまいか、と書いた。彼は出版中止の許可をよこした。私は彼のためにこの小さな務めを果たしたい一心からオランダに赴いた。ところが出版者は大金を要求したので、もともと心の底では著書が印刷されることを悪くも思っていなかった国王は、印刷されないために金を支払うよりも、一文も出さずに印刷されることの方を選んだ。

① **そこで私は……** ヴォルテールがモイラント城でフリードリッヒに初めて会見したのは一七四〇年九月十一日、同月十五日まで滞在した。この前後の往復書簡によると、ヴォルテールはシャトレ夫人をフリードリッヒに紹介したがっているが、王の方では「ニュートンと化したアポロ〔ヴォルテール〕の付属品にすぎない」「神聖なるエミリー」などには、「神聖だろうが何だろうが」会う気はない、と早くより拒否している。cf.[134]Lettre à Voltaire, 5 août 1740, op. cit., p. 19. ヴォルテールを囲んでシャトレ夫人とフリードリッヒの三角関係の発端である。

② **プラトンの「男女《おとこおんな》」** プラトンの『饗宴』"Sumposion" においてアリストファネスが話す恋愛発生論。

かつて「人間」には「男」、「女」、「男女《おとこおんな》」の三種あり。頭一つ、顔二つ、手足それぞれ四本、全身は円形。走るときは計八本の四肢を開いて転がって行った。この人間は強力で反抗的だったので、ゼウスは神々と計って半分に切断した。顔をねじ曲げ、切り口は皮膚を引きのばして結んだ。これが「へそ」。かくして、各人間は切られた半分を探し求めるに至った。「男」同志、「女」同志、また「男」「女」同志の愛が存する理由である。かつての「男」は「太陽」から、「女」は「大地」から、「男女」は「月」から生まれたが、それがだめになったので、人間の性器をも「へそ」側にねじ曲げ、抱き合うことにより各人間は満足を覚え、かつ「男」と「女」の場合、子供が生まれるようになった。cf. op. cit., 189d–193a.

③ **宣言文** 『プロシア王陛下のヘルシュタルに対する所領権要約』“Le sommaire des droits de S. M. le roi de Prusse sur Herstall” は『アムステルダム新聞』“Gazetta d'Amsterdam” に一七四〇年十一月七日公表された。

④ **私を足の先から頭のてっぺんまで賞讃した** フリードリッヒが、初めて会ったヴォルテールにいかに心酔したかは、当時の王の多数の書簡で裏付けられる。

⑤ **デフォンテーヌ師** (abbé Pierre-François Guyot Desfontaines, 1685–1745) ヴォルテールの論敵で、初めヴォルテールの世話になっていながら、のち彼を仇敵視して、数多くの誹謗文書を書いた。なお「少なくとも週に一遍云々……」とは、この僧侶が主として週刊紙に記事を書いてヴォルテールを攻撃していたからである。

⑥ **『反マキァヴェッリ論』** “Anti-Machiavel, ou Examen du Prince de Machiavel, 1740[daté 1741].” この書の出版事情に関するヴォルテールの記述は例の如く自己弁護が多く、必ずしも正確でない。事実は、

王から出版中止の申し出を受けたとき、既に印刷が進行中だったのである。そこでヴォルテールは王の命を受け、全部数買占めの交渉をしたが、出版者が応じないので、ヴォルテールは自筆の『序文』"Sur l'Anti-Machiavel, 1740"を付して、決定版『反マキァヴェッリ論』を公刊させた。王はのち『マキァヴェッリ君主論反論』"Réfutation du prince de Machiavel"として訂正論文を書いたが、王の生前未公刊。cf. "Œuvres complètes," Tome 8, pp. 59–162, 163–299. これらについては各種の版本あり。最新の刊行本では、"Frédéric II, roi de Prusse: Œuvres philosophiques, 1985 [Fayard], pp. 7–298. を参照。これらの著作は内容的には、いわゆる「マキァヴェッリズム」の反駁というより、フリードリッヒ自身の「君主」としての理想と決意の開陳。要点は、(1)小君主乱立、小暴君輩出の時代は終わった。(2)ルイ十四世流の絶対君主、ないし「啓蒙君主」が理想。(3)政治の中には国情に即して、文化、芸術の振興策が採用されるべし。(4)君主は全国民の「第一の奉仕者」(le premier serviteur)でなければならない。人間は本来「平等」なのである。

6　シレジア侵入とモルウィッツの勝利

〔ドイツ皇帝カール六世の崩御。フリードリッヒ、シレジアに侵入す。モルウィッツの勝利。〕

こんな用件のために私がオランダで忙しくしていたころ、茸《きのこ》の食傷から卒中を起こして、一七四〇年十月、カール六世が崩御した。かくして、この茸の一皿がヨーロッパの運命を一変した。間もなく、プロシア王フリードリッヒ二世は、皇太子時代に予想されていたほどマキァヴェッリの敵ではないことが明らかになった。既に彼はシレジア侵入の計画を巡らしていたにもかかわらず、私を彼の宮廷に招聘しようとした。

私はかねて彼に注意を促して、私としては彼のもとに定住することはできない、私は野心よりも友情を重んじなければならない、私はシャトレ夫人と結ばれているし、哲学者対哲学者の付き合いとしてならば、私は君侯よりも貴婦人を好む、と書いてやった。

彼は女性を愛さなかったが、私の率直な意見を認めた。十月、私は彼のもとに拝謁に行った。フルーリ枢機卿(1)は『反マキァヴェッリ論』とその著者に対する讃辞に溢れた長い手紙を私によこした。私はこの手紙を王に見せるのを忘れなかった。彼は既に自軍を集結しつつあったが、配下の将軍にも、大臣にも、誰一人として彼の真意を見抜いた者はなかった。プロシア王に祝辞を捧呈するために派遣されたボーヴォー侯爵は、王がカール六世の娘、ハンガリアとボヘミアの女王、マリーア・テレージア[2]を助けてフランスに対して宣戦し、この女王の夫、トスカーナ太公、ロートリンゲンのフランツ[3]の皇帝推戴に力を貸そうとしているものと信じた。彼は、プロシア王がそれにより大きな利益を得ることができるはずだ、と信じていた。

ほかの誰にもまして、私はプロシア新王がこのような策を取るに相違ないと信ずべき理由を持っていた。[4]というのは、それより三カ月ほど前に、王は自作の政治論文を私に送ってよこしたが、その中でフランスをドイツにとって天与の敵性国、侵略国と見做していたからである。しかし、彼の性格には、常に、言うことや書くことの正反対を実行するという点があった。しかしそれは、瞞着《まんちゃく》しようとの意図から出ていることではなく、彼が一種の熱狂をもって書いたり論じたりしながら、次には別種の熱狂に駆られて行動するからであった。

彼は十二月十五日に、四日熱の病軀を押して、装備も完全で訓練も行き届いた三万の軍勢を率いて、シレジア占領に出撃した。彼は乗馬にまたがるとき、ボーヴォー侯爵に言った。

「余も貴国の勝負に一役買いますぞ。万が一、切り札が余の手に落ちたならば、儲《もう》けは分かち合いましょうぞ[5]」

彼はその後この侵略の歴史を書いた。[6]彼はその全文を私に見せた。以下はこの年代記の冒頭に見られる興味ある数節の一つである。ほかに類例のない文献として、私は労を厭わず、特にこれを筆写した。

以上の如き観点に加えて、常に出動準備体制にある軍隊、十分に蓄積された余の予備金、および余の機敏な性格を合わせ考えられたい。これらの諸点こそ、余がボヘミアおよびハンガリアの女王、マリーア・テレージアと戦を交えた理由にほかならなかった。

さらに数行下には、次の如き言葉さえある。

野心、利益、世評の的たらんとする欲望が勝ちを占めた。かくして戦争が決意された。

世に征服者が存して以来、ないしは征服者たらんと欲する激情的な人間が存して以来、私の信ずるところでは、このような弁明をした者は彼が最初であろう。かつていかなる人間も彼ほど理性の声を感じていながら、彼ほど己が情熱に耳を傾けたことはなかった。哲学と桁はずれな想像力とのこのような集合が、常に彼の性格を作り上げていた。

そののち王の全著作を校閲したときに、私は王にこの一節を削除させたが、惜しいことをしたものである。これほど珍しい告白は後世に伝えるべきであった。そして、ほとんどすべての戦争が、何に基づいて起こるかを示す一資料として役立てるべきであった。われわれ文人、詩人、史家、翰林院《アカデミー》の演説家たちは戦争の華々しい武勲を称讃する。ところが、自ら武勲を挙げ、しかもその価値を認めていない君侯が、ここに一人いるのである。

王の軍隊が既にシレジアに侵入してから、王派遣のウィーン駐劄大使、ゴッター男爵[7]はシレジア地方の四分の三を主君選挙侯に友好的に割譲してほしいという失礼な提案をマリーア・テレージアに行なった。交換条件として、プロシア王は女帝に三百万エキュを貸与し、夫君を皇帝に選挙しよう、というのであった。

マリーア・テレージアはそのころ、軍隊も金も信望も持っていなかった。しかし彼女は頑として譲らなかった。彼女は、己が祖先の家臣としか見做していない一君侯、しかも己が父皇帝のお蔭で命を救われた一君主に屈するくらいなら、すべてを失う危険を冒す方がまだしもと考えた。彼女の将軍たちは辛うじて二万の兵を集めた。彼女の元帥ナイッペルクは部下の諸将を指揮し、モルウィッツ[8]のナイセ城下でプロシア王を要撃した。プロシア騎兵隊はたちまちオーストリア騎兵隊のために潰走させられた。すると、最初の奇襲を受けるや否や、戦争をまだ見馴れていなかった王は、戦いたけなわの戦場から五十キロも離れたオーペルハイムまで逃亡した。モーペルテュイは一身代築けると思い込んで、王に扈従《こじゅう》してこの外征に参加していた。彼は少なくとも王が乗馬の一頭ぐらいは支給を命じてくれるものと予想していた。しかし、それは王の慣例ではなかった。モーペルテュイは会戦の当日、二デュカで騾馬《らば》を一頭買い入れるや、騾馬の上から全力をあげて陛下の後を追い始めた。彼の騾馬は疾走ができなかった。彼は軽騎兵に捕らえられ、身ぐるみを剝《は》がれた。

フリードリッヒは、ポーランドの国境に臨んだラティボール付近のある村の酒場で、粗末な寝台に横たわってその夜を明かした。彼は絶望していた。そして自領の北部地方に逃げ戻るためにポーランドの半ばを横断せざるを得ない窮地に陥ったものと思い込んでいた。折しも、配下の騎兵が一名モルウィッツの戦場から駆けつけ、王が勝利を占めた、と奏上した。この情報はさらに十五分ののち、一副官により確証された。情報は事実だった。プロシアの騎兵隊は優れていなかったにもせよ、その歩兵隊はヨーロッパ随一の精鋭部隊だった。それは過去三十年にわたりアンハルト老太公によって訓練されてきていた。この部隊を指揮したシュウェーリン元帥はカルル十二世⑨の弟子であった。元帥はプロシア王が遁走した直後にプロシアの勝利を決した。国王は翌日戦場に戻った。そして勝利を収めた将軍は君寵をほとんど失った。

① **フルーリ枢機卿**（André Hercule, cardinal de Fleury, 1653–1743）後出。

② **マリーア・テレージア**（Maria Theresia, 1717–[40–80]）ドイツ女帝。カール六世は、いわゆる「勅定相続法典」'pragmatische Sanktion' を制定し、これを一七三八年のウィーン会議で列強に認めさせて、マリーア・テレージアを王位継承者に定めた。彼女がフリードリッヒを敵として幾多の戦争を交えたことは本文中に明らかな如くである。

③ **トスカーナ太公、ロートリンゲンのフランツ**（Franz I, Stephan, 1708–65）一七二九年ロートリンゲ

ンを相続し、三七年トスカーナと交換した。三六年オーストリアの皇女マリーア・テレージアと結婚、四五年ドイツ皇帝に推戴された。

④ **――このような策……** ヴォルテールはフリードリッヒとの第二回目のベルリン会見に際して、ここの文面に暗示されている如く、フルーリ枢機卿より私的の委託としてプロシア新国王の意向を探るよう求められていたらしい。この年（一七四〇年）十一月十九日より十二月二日までベルリンに滞在しているが、結局フリードリッヒに真意を洩らしてもらえず。その後、諷刺的小詩を応酬し合っている。

⑤ **余も貴国の勝負に一役買いますぞ……** カール六世の死後、オーストリアの相続に関し、たちまち異議が起こり「勅定相続法典範」もその効なく、バイエルン選挙侯カール・アルブレヒトが帝位継承を主張した。フランス、スペインその他もカールに荷担し、マリーア・テレージアと対立した。この情勢を見てフリードリッヒは、もしマリーア・テレージアがシレジアを割譲するなら、オーストリアを助けようと提案したが、拒絶されたので、ついに古い時代の言い分にものを言わせて、武力によりシレジア略奪に乗り出す決意をした。そこで、進撃開始に当たり、いよいよマリーア・テレージアを敵に回して戦うつもりだ、という意味を、このような表現でフランス使節にほのめかしたのである。

⑥ **この侵略の歴史** 一七四六年に起稿され、七五年完成された王の著『わが時代の歴史』"Histoire de mon temps, 1775" を指す。cf. "Œuvres complètes," Tome 2, 3. もちろん以下の引用文はそこには見当たらない。

⑦ **ゴッター男爵**（Gotter, Gustav Adolf von, 1692–1762）。

⑧ **モルウィッツ** モルウィッツの会戦は一七四一年四月十日に行なわれた。フリードリッヒが収めた最初の大勝利である。

⑨　**カルル十二世**（Karl XII, 1682–[97–1718]）　スウェーデン王。機略縦横な軍事的天才であったが夭折した。ヴォルテールの最初の史書は、この王の伝記『スウェーデン王、カルル十二世の歴史』“Histoire de Charles XII, roi de Suède, 1731”である。シュウェーリン元帥（Kurt Christoph, Graf von Schwerin, 1684–1757）は、フリードリッヒのもとで数々の武勲を立てた名将。

7　文筆界での活躍・論争

〔ヴォルテール、シレーに帰る。文筆界における活躍、論争。フランス、誓約を破りオーストリアと戦い、僭皇帝を選立す。〕

私は哲学に従事すべくシレーの隠遁地に戻った。毎年、冬はパリで過ごしたが、そこには数多くの私の敵対者がいた。というのは、私はそれよりかなり以前に『カルル十二世の歴史』を書いていたし、戯曲を数篇発表したり、叙事詩までをも著すというような仕事に手を出していたので、当然のことながら、詩や文学に手を染めているすべての人たちを迫害者として持っていたからである。その上、大胆にも事欠いて、哲学に関する著述までしたのであるから、「信心家」と呼ばれている連中が、旧くからの仕来《しきた》りに従って、私を無神論者扱いしたのも無理のないことであった。

わが国民にニュートンの諸発見を、分かりやすい言葉で説き明かすという大それた仕事を敢行したのは私が初めてであった。フランスにおいては、逍遙学派の謬見《びゅうけん》に取って代わったデカルト哲学の偏見が、当時既にしっかりと根を張っていたので、大法官ダゲソー①までが、イギリスで行なわれた諸発見を取り上げるような人間を、誰彼の区別なく、理性と国家の仇敵と見做していたほどであった。彼は『ニュートン哲学綱要』[2]の出版認可を断乎として与えようとしなかった。私はロック[3]の大崇拝者であった。私は彼を理性的な唯一の形而上学者だと見做していた。彼は謙譲にも、われわれの理性の光をもってしては、われわれは十分な知識を持ち得ないので、神が「物質」と呼ばれる存在物に感覚と思惟の能力を与え得ないとは確言できない、と言っているが、私は何にもまして、かくも新しく、かくも賢明なこの謙虚さを賞揚した。

この論点に関して、人々がいかに激烈に、またいかに無知な無鉄砲さで私の反駁に狂奔したかは、想像の域を脱している。ロックの主張は、それまでフランスにおいて人の口に上《のぼ》ったことさえなかった。学者の読物は聖トーマスやケネル[4]であったし、世間大衆は小説を読んでいたからである。

私がロックを賞讃するや否や、人々は彼に反対し、私に反対して騒ぎ立てた。この論争に加わって逆上していた人々は、お気の毒にも、「物質」とは何であるか、「精神」とは何であるかを確かに知ってはいなかった。事実、それもそのはずである。すなわち、われわれはわれわれ自身について何も知らない。われわれは、どのようにしてであるかは分からないが、運動や、生命や、感覚や、思惟を持っている。物質の諸要素はその他のもの同様にわれわれには未知である。われわれは盲人の如きもので、手探りで歩いたり、ものを考えたりしている。それゆえ、全能の神がわれわれに行ない得ないことについて断定を下すのは、われわれの力の及ぶところではない、と告白している点で、ロックは甚だ賢明であった。

以上の如き事情に、私の幾つかの戯曲が多少成功を収めたという事実が加算されたので、一大文庫が出来上がるほど多数のパンフレットが私を攻撃して発刊された。その中で人々は、私がヘボ詩人であり、無神論者であり、百姓の息子であると証明した。[5]私の伝記が印刷され、この結構な系図が私に授けられた。あるドイツ人が抜け目なく、この種の作り話をすべて集録したが、人々はそれを種に誹謗文書をでっち上げ、私を攻撃するために発刊した。私がかつて会ったこともない女性たちや、実在したこともない婦人たちとの情事を、私の行状として押し付けた。

この記録を書きながら、私はリシュリュー元帥[6]がよこしたある書簡をたまたま見出した。元帥はその手紙で、ある無茶な誹謗文書について知らせてくれたのであるが、それによると、元帥がまだ妻帯していないころに、元帥夫人が私に立派な四輪馬車その他を贈呈してくれたことが明らかにされているそうである。初めのうちは、私もこれらの中傷を蒐集して楽しんでいたのであったが、あまりその数が増してくるので、ついにはそれを断念するほかなかった。

私が苦労の末に得ることのできた成果は、以上の如きものにすぎなかった。私は、あるいはシレーの隠遁地に、あるいはパリの上流社交界に生活していたので、その点については容易に諦《あきら》めがついた。

文学界のガラクタ連中がこのように私と戦っている間に、フランスはハンガリア女王と戦っていたが、さて、正直なところ、この戦争も正当な理由に基づいているとは言えなかった。なぜなら、ひとたび皇帝カール六世の勅定相続法典範を認め、父皇帝の後継としてマリーア・テレージアの王位相続を厳粛に規約し、保証し、誓約した上で、しかもこの約束の返礼としてローレーヌ州を獲得したあげくに、これほどの契約を破るということは、あまり国際法〔万民法〕に適《かな》っていないことが目に見えていたからである。枢機卿フルーリは、彼の穏健な外交政策の常道から引きずり出された。彼にはプロシア王のように、余に武器を取らせたのは、余が気性の激しさであ る、とは言えなかった。この幸運な僧侶は八十六歳という高齢の身で国家を支配し、まことに弱々しい手で国政を統御していた。

プロシア王がシレジアを侵略中に、フランスとプロシアとの同盟[7]が結ばれた。マリーア・テレージアの手元には何らの軍備もないのに、ドイツに二軍隊が派遣された。この派遣軍の一軍は敵影を見ることとなしにウィーンに二十キロの地点まで侵入した。ボヘミアはバイエルン選挙侯[8]に与えられ、侯はフランス国王派遣軍総司令官に任命されたのち、皇帝に選立された。しかし間もなく、一切を水泡に帰せしめずにはおかないありとあらゆる失策が犯された。[9]

(1) **大法官ダゲソー**（Henri François d'Aguesseau, 1668–1751）　一七一七年、および一七二七年より一七五〇年の間、大法官を務む。
(2) **『ニュートン哲学綱要』**“Eléments de la philosophie de Newton, 1738.”　ヴォルテールがニュートン

学説を一般的に解説した著書で、一七三五年ごろ執筆、一七三八年発刊。

③ **ロック**（John Locke, 1632–1704） ヴォルテールはイギリス亡命中（一七二六–二九年）ロック哲学に接し、その哲学代表作『人間知性試論』"An Essay concerning Human Understanding, 1690." を『哲学書簡』（一七三三年）中の「第十三書簡」で取り上げている。そこで引用されているロックの主張、「純粋に物質的存在物が思惟するかしないかをわれわれは恐らく決して識りえないであろう」（『知性試論』、第四巻、第三章、六節）もまた『哲学書簡』（フランスでは一七三四年春発売）が不敬虔として発禁、焚書、著者ヴォルテール、シレーに亡命の契機であった。もっともヴォルテールがロックの原書ではなく、コストの仏訳 "Essai philosophique concernant l'entendement humain, 1729." [Rep.ed., Vrin 1972] に依拠していることはヴォルテールの引用文、コスト訳の註記、「序文」等により明らかである。上記の引用箇所、さらに本文中のロック論については、"Essai," p. 440 et suiv. を参照。『哲学書簡』のランソンの名註釈版も、上記の点では引照が全く不正確。

④ **ケネル**（Pasquier Quesnel, 1634–1719） フランスのヤンセン派の指導的神学者。当時ヤンセン派はイェズイタ派と対立して色々な神学論争を生じた。聖トーマス（トーマス・アクウィナス Thomas Aquinas, 1225–74）はイェズイタ派とヤンセン派の論拠となったスコラ哲学者であるから、聖トーマスとケネルをもって、イェズイタ派とヤンセン派を代表させたものである。なお、「イェズイタ派」とは、イエズス会教団の主張の同調者の総称。両派対立の論争点は「十分ナル恩寵」（イェズイタ派）対「有効ナル恩寵」（ヤンセン派）。前者は人間の「自由意志」を容認、後者は「恩寵」絶対主義。

⑤ **百姓の息子……** デフォンテーヌ師の『ヴォルテール狂』"Voltairomanie, 1738" 中での言及。上述5、註⑤参照。

⑥ **リシュリュー元帥**（Louis-François Armand Vignerod du Plessis de Richelieu, 1696–1788）　一七四八年フランス元帥となる。ヴォルテールの親しい友人。ヴォルテールの恋人となる以前、シャトレ夫人はこの元帥の情人であったという。後出。

⑦ **フランスとプロシアとの同盟**　一七四一年六月七日、フランスはプロシアと十五年間の同盟を結んだ。

⑧ **バイエルン選挙侯**（Karl VII, Albrecht, 1697–1745）　バイエルン選挙侯。一七四二年より四五年までドイツ僭皇帝。カール六世の死後オーストリア帝位に関して自己の相続権を主張し、マリーア・テレージアに対立した。そしてフランス、スペイン、プロシア、ザクセン等と結んで、いわゆるオーストリア継承戦争（一七四〇-四八）を起こし、四二年一月二十四日皇帝に選立されカール七世と号したが、のちオーストリア軍に追われ、フリードリッヒに助けられた。

⑨ **あらゆる失策が犯された**　上記の国際情勢については、ヴォルテールの『ルイ十五世時代史概説』"Précis du siècle de Louis XV, 1768" の第三—六章に詳述あり。

8　プロシア王、オーストリアと和約

〔プロシア王、オーストリアと和約し、フランスとの同盟を破る。フランス、対オーストリア戦に苦しむ。〕

この間にあって、プロシア王は武勇を磨き、勝利を得て、オーストリア軍と和議を結んだ。[1] マリーア・テレージアは、深い遺恨の念を抑えて、グラッツ伯領と共にシレジアをプロシア王に割譲した。一七四二年六月、この条約を結び、仮借なしにフランスと手を切るや、彼は私に、自分は病気の治療を始めている、ほかの病人たちにも健康の恢復を図るよう勧告している、と報告してきた。

この王は当時権力の絶頂にいるのを自認していた。勝利を誇る十三万の軍隊を配下に従え、それに属する騎兵隊は彼自身が訓育したものであり、かつてシレジアがオーストリア家に提供していた額に倍する租税をその地方から徴収し、新占領地に確固たる地歩を占め、列強の困窮状態に反比例して幸運に恵まれていた。今日においては、君侯は戦争によって破産するものである。ところが彼は戦争によって富裕になった。

そこで彼の関心は、ベルリン市の美化とか、ヨーロッパで最も美しいオペラ劇場の一つを建設するとか、あらゆる種類の芸術家を招聘するとかいうことに向かった。というのも、彼はあらゆる方策を用いて、しかもできる限り少額の出費で、名声を勝ち得たいと欲していたからである。

彼の父はかつてポッダムで粗末な住宅に住んでいた。彼はそれを宮殿と化した。ポッダムは美しい都会となった。ベルリンは拡大しつつあった。故先王があまりにも無関心だった快適な日常生活が、そこでも味わえるようになり始めた。若干の人々は家具を備え付けだした。大部分の人々は肌衣《はだぎ》を身に着けるまでに至った。というのは、先王の治下にあっては、紐で結びつける前側だけの代用品のほかには、ほとんど肌衣は用いられていなかったからである。また現国王陛下も、ほかならぬこの代用品を着て育てられてきたのであった。

万事が眼に見えて変わっていった。スパルタがアテナイになりつつあった。荒地は開拓され、干拓された沼地に一〇三の町が建設された。音楽や書物についても事情は同じであった。それゆえ、私が彼を「北国のソロモン」と名付けたことも、あれほど非難を受けるには当たらなかった。私は彼への手紙の中でこの綽名《あだな》を彼に奉ったのであるが、それは長い間彼につきまとった。

そのころ、フランスの国情はプロシアほど良くなかった。フランス軍の牽制運動のお蔭でシレジアがプロシア王の手に入ったにもかかわらず、その後、彼はフランス軍がドイツで潰滅《かいめつ》してゆくのを見て心ひそかに喜びを感じていた。フランス宮廷はカール七世を皇帝にしたばかりに、己が軍隊と、金銭と、名誉と、信望とを失いつつあった。またこの皇帝もフランス軍が自分を支援してくれるものと信じたばかりに、一切を失いつつあった。[2]

(1) **オーストリア軍と和議……** 一七四一年十月九日、フリードリッヒはオーストリアと休戦条約を結び、下部シレジアを確保す。さらに翌四二年六月十一日ブレスラウの和議により上下シレジアおよびグラッツ伯領を得た。これによりプロシア・フランス同盟破る。

(2) **一切を失いつつあった** 本『回想録』では言及されていないが、ヴォルテールはフルーリ枢機卿の意を体して、一七四二年九月六日、七日に亙りアーヘンでフリードリッヒと密談を交わしている。この年六月三十日、王宛に出したブレスラウ和議の祝辞が王によりフランスに振り撒かれ、ヴォルテールは一大非難を受けたこともあって、ヴォルテールはプロシアをフランスとの同盟に引き込むのに全力を尽くしている。しかし、翌年早々フルーリの死で事態が一変する。

9　翰林院《アカデミー》会員落選の顛末《てんまつ》

〔枢機卿フルーリの死、その人物。ヴォルテール、翰林院会員に落選す。その顛末。〕

枢機卿フルーリが、九十歳で、一七四三年一月二十九日に死んだ。彼ほど晩年になってから内閣を組織した者もかつてなければ、また彼ほどその地位を永く保った大臣もかつてなかった。彼は七十三歳になって初めて、フランスの〔実質上の〕統治者となり、運を開いた。そして死に至るまで文字通り王者であった。その間常に最大の謙譲さを装い、何らの財を蓄えず、何らの粉飾を用いず、ひたすら統治に専心した。彼は天才というよりも、むしろ繊細で愛すべき心の持ち主であるとの世評を残し、ヨーロッパよりもフランス宮廷の事情によく通じているとされていた。

私は光栄にも、かつてヴィラール元帥夫人①のもとでしばしばこの人物と顔を合わせた。そのころ、彼は小地方都市フレジュスの元司教にすぎなかったが、彼の幾つかの書簡に見られる如く、彼はこれに関して「神の怒りにより叙任された司教」と自称していた。フレジュスはいわば非常に不美人な細君だったので、彼は事情が許すやいなや匆々《そうそう》にして離縁してしまった。ヴィルロワ元帥[2]は、司教が遠い以前から自分の妻元帥夫人の情人であるのを知らなかったので、ルイ十四世に奏上して、彼をルイ十五世の御教育係に任命させた。御教育係から彼は首相になったのであるが、自分の恩人である元帥を追放するのには立派に一役を買って出た。彼は忘恩の点を別とすればなかなかの好人物であった。しかし彼は自分が何らの才能も持っていなかったので、およそどのような種類のことに関してでも、才能を持っている人々をすべて遠ざけた。

幾人かの翰林院《アカデミー》会員は私がフランス翰林院で彼の後任となるのを望んだ。国王との陪食の際、人々は翰林院における故枢機卿の追悼演説を誰に行なわせるべきかを王に訊ねた〔フランス翰林院の新会員は、就任に際して、前任者の追悼演説を行なうのが慣習であった〕。王は私にさせたらよかろうと答えた。王の寵姫シャトールー公爵夫人[3]もその意向であった。ところが、国務大臣モールパ伯爵[4]はそれを欲しなかった。彼には主君のすべての愛妾と仲違いするという奇癖があり、そのため結局わが身を誤った。

かつてはテアト修道会員で、そののちミルポワの司教となり、当時皇太子の御教育係であったボワイエ[5]と呼ぶ無能な老人が、良心の命ずるところに従って、モールパ氏の思い付きを支援しようと引き受けた。このボワイエは宗職利権の書類を握っており、王は僧職関係の事務一切を彼の自由に任せていた。彼はこの書類を、僧侶階級の規律を維持するための要諦として取り扱った。彼は、私の如き俗人が枢機卿の跡を継ぐのは神を冒瀆するものである、と異議を申し立てた。私はモールパ氏がこの男を操っているのを知っていた。そこで私はこの大臣に会見に行き、次のように言った。

「翰林院の席はそれほど重大な要職ではありません。しかし、ひとたび指命されたのちに、閉め出しを食うのは情けないことです。貴方は王が御寵愛あそばされているシャトールー夫人や、夫人を牛耳っておられるリシュリュー公爵と仲がお悪いが、だからといって、いかがなものでしょう、貴方がたの仲違いとフランス翰林院のつまらぬ一地位との間に一体何の関係がありましょうか？　率直に御返答を願いたいのですが、もし、シャトールー夫人がミルポワの司教猊下《げいか》に打ち克った場合、貴方はそれに異議を差し挟まれるでしょうか？」

彼はちょっと考え込んでから私に答えた。

「仰せの通りじゃ、そして貴下を叩《たた》き潰《つぶ》すつもりじゃ」

僧侶はついに寵姫に打ち克った。かくして私は一地位を得損なったが、そんなものは、ほとんど気にも掛けていなかったのである。ただ私は、高位高官と呼ばれている人々の低級卑賤さを如実に示す好例でもあり、また時としては些細な事柄がいかに彼らにとっては重大であるかを明らかにしているので、この事件をよく思い出すのである。

(1)　**ヴィラール元帥夫人**（Jeanne-Angélique Roque de Varangeville, maréchale de Villars）　一七〇二年ヴィラール元帥に嫁す。青年時代、ヴォルテールはこの夫人を愛したが、報いられなかったらしい。
(2)　**ヴィルロワ元帥**（François de Neufville, duc de Villeroi, 1644–1730）　一六九三年元帥となる。

(3) **シャトールー公爵夫人** (Marie-Anne de Mailly-Nesle, duchesse de Châteauroux, 1717-44) 彼女とルイ十五世との関係は、以下の本文に述べられているごとし。

(4) **モールパ伯爵** (Jean-Frédéric Phelippeaux, comte de Maurepas, 1701-81) モールパは、のちポンパドゥール夫人（以下13、注(2)参照）の全盛時代失寵、追放された（一七四九年）。なお、モールパがヴォルテールの翰林院入りを阻止したという挿話は有名であるが、それは、ヴォルテールのこの記事を盲信した見解で、事実は、ルイ十五世自身がヴォルテールの就任に反対だったらしい。

(5) **ボワイエ** (Jean-François Boyer, évêque de Mirepoix, 1675-1755)。

10　密使としてプロシアへ

〔フランス、国勢振るわず、プロシア王の援助を請わんとす。ヴォルテール、密使としてプロシアに派遣さる。プロシアに出発の名目。オランダ滞在中の活躍。〕

この間において、フランスの政治情況は、枢機卿フルーリの死亡以来、その最後の二カ年このかたの状態から少しも好転していなかった。オーストリア家は死灰の中から蘇《よみがえ》りつつあった。フランスはオーストリアにより、またイギリスにより圧迫されていた。かつてわれわれを戦争に引き込み、しかも必要に応じてわれわれを捨て去ったプロシア王ではあったが、当時われわれに残された策としては彼に援助を請うこと以外にはなかった。

この君主のもとに私をひそかに派遣して、彼の意図を探らせようという案が立てられた。ひとたびわれわれの上に降りかかったが最後、遅かれ早かれ彼の上にもウィーンから襲いかかるに相違ない暴風雨を、彼が阻止しようという考えでいるかどうか、また場合によっては、シレジアをより安全に確保するために十万の兵をわれわれに貸与する意志を持っていないかどうか、を私に偵察させようというのであった。この思い付きはリシュリュー公爵とシャトールー夫人の頭に浮かんだのであった。王はそれを取り上げた。そこで外務大臣、といっても甚だ下級の大臣のアムロ氏に、ともあれ至急に私を出発させるよう命令が下された。口実が必要であった。私は元ミルポワ司教との争いを選んだ。王もこの当面の策を認めた。私はプロシア王に、自分はもはやこのテアト派僧侶の迫害に我慢がならない、狂信家の中傷を遠く逃れて、哲学者王のもとに亡命したい、と書いた。この司教は、anc. évêq. de Mirepoix〔元ミルポワ司教〕と略して署名するのが習いであったが、彼の筆蹟はかなり不正確だったので、「もと」の代わりに、ane de Mirepoix〔ミルポワの阿呆〕[1]と読めるのだった。これは嘲笑の好題目であった。かくして、これほど陽気な外交交渉はかつてなかった。

修道僧や宮廷付高僧に一撃を加えるのだとなれば、いつでも一肌脱がずにはいなかったプロシア王は、ミルポワの阿呆に思う存分の嘲罵を浴びせた返事をよこし、私にすぐ来るようにと勧めた。私はプロシア王に出した手紙や、王からの返事を大わらわで人々に読ませた。司教はこの話を耳にした。彼はルイ十五世のもとに行き、私が外国の宮廷で彼を馬鹿扱いさせている、と申し立てて訴えた。王は彼に、それはかねてより取り決められていることなのであるから、気に掛ける必要はない、と答えた。

ルイ十五世のこの返答は、王の性格としてまずありそうにもないことなので、私はいつでも珍しい上出来だと思っている。ともあれ私は、私を翰林院から閉め出した司教に復讐するという快感と、まことに愉快な旅行をするという楽しみと、国王と国家に奉公できるという喜びとを、一時に味わうことができた。モールパ氏もこの一件には熱意をさえ見せて荷担した。というのは、そのころ彼はアムロ氏を牛耳っていたので、自分が外務大臣をしているような気でいたからである。

さらに特別な事情としては、シャトレ夫人に、この間のいきさつを打ち明けなければならなかった。彼女は、たとえどれほどの報酬を受けるにせよ、私がプロシア王のために彼女から離れるのを肯《がえ》んじなかった。彼女は君侯の庇護を求めるために婦人と別れることほど世にも卑劣な、世にも憎むべきことはないと考えていた。彼女は大変な騒ぎを起こしかねない有様であった。そこで彼女を宥《なだ》めるために、ことの秘密に彼女も立ち入らせ、手紙は彼女の手を通じてやり取りすることに取り決められた。

私は旅行に必要とする金額を、領収書を書いただけで、要求通りモンマルテル氏から受け取った。私は濫費はしなかった。暫く私はオランダに逗留していたが、その間にプロシア王は閲兵のために自国の隅から隅へと駆け回っていた。ヘーグに私が滞在したのは無駄ではなかった。[2]私は旧宮廷の宮殿に宿泊したが、この宮殿はプロシア王がオレンジ家を引き継いだために当時この王の所有に帰していた。王の在外使臣、小ポーデウィルス伯爵[3]は、オランダ高官のある一人の夫人と相思相愛の仲であった。そこで、彼はこの夫人の好意によって、わが国に対して甚だしい悪意を抱いている、オランダの権力家たちの秘密な決議事項の写しを、ことごとく手に入れていた。私はこれらの写しをフランス宮廷に送り続けた。かくして、私の任務はまことに楽しかった。

① **〔ミルポワの阿呆〕……** anc. évêq. de Mirepoix（元ミルポワ司教）と略して書いた署名の anc.（もと）が、ane（騾馬とか阿呆とかの意）と読めるというのである。なお、今日では、âne と書くが、当時の綴方法では、一般にアクサンを略した。

② **ヘーグに私が滞在したのは……** この時のヴォルテールの足取りを、彼の書簡によって推測すると次の如くである。一七四三年六月二十三日には既にヘーグに滞在中、七月三日プロシア王より亡命の件万事了承の返書を受け、同月五日には「旧宮廷」に入っている。その後、数回王と文書往復ののち、八月二十三日にはベルリンに向かって旅行中、八月三十日ベルリン到着、九月三日、王に会見している。その後王と同道でバイロイト、フランコニア等に旅行、途中王と別れ、十月初めにベルリンに戻っている。そして十月十日過ぎ帰途につき、同月十四日ブラウンシュヴァイクに到着、同地に四、五日滞在ののち同月二十六日にはヘーグに来ている。十一月六日にはリルから王に手紙を書いている。そして十一月中にはパリに帰着したらしい。

③ **小ポーデヴィルス伯爵**（Otto Christoph, Graf von Podewils, 1719–81）「小」を付した理由は、彼の伯父にポーデヴィルス伯爵（Heinrich Podewils, Graf von, 1695–1760）があり、当時フリードリッヒの大臣をしていたからである。当時のヴォルテールの書簡によると、この小伯爵は大のフランス贔屓で、フランスとプロシアを結ぶため大いに活躍したらしい。

なお、ヘーグにおける情報入手の件も、当時ヴォルテールが友人その他に宛てた書簡に詳しい。たとえば、プロシア王が三・五分の利子で四十万フロラン借り入れの交渉をアムステルダムでさせているのを発見した（八月二日アムロ宛）とか、オランダ軍の動向（八月八日リシュリュー宛）とか色々に報告している。

11　プロシア王の日常と逸話

〔ヴォルテールのベルリン到着。プロシア王の日常生活、逸話、統治、行事。ヴォルテール、王に仁慈を勧告す。〕

私がベルリンに到着すると、この前の旅行のときと同じように、王は私を自分のもとに宿泊させた。王は即位以来常に続けてきた生活を、そのままポッダムで送っていた。この生活振りは少し詳しく説明する価値があろう。

王は、夏には朝五時、冬には六時に起床した。この国王御起床の儀式、公的ないし私的拝謁の模様、王室司祭長、侍従長、侍従武官長、守衛等の任務の実情を知らせよとの仰せならば、それは次の如くである。

一人の従僕が王の部屋の火を熾《おこ》して、王の着衣を助け、鬚《ひげ》を剃るために参上する。といっても、王はほとんど従僕の手を借りずに、一人で衣服を身に着けてしまうのが常である。王の寝室はかなり立派である。極めて精巧に彫刻された小さな恋愛神《キューピッド》で飾られた、銀製の枠が、一見寝台の土台を取り囲んでいる様子で、垂れ幕が眼に映る。ところが、垂れ幕のうしろには、寝台の代わりに書棚がある。さて、王の寝台はといえば、それは革紐製の粗末な寝床に、薄っぺらな蒲団を敷いたもので、衝立《ついたて》の蔭に隠されている。王が使徒として崇《あが》めている二人の人物、マルクス・アウレリウス[1]とユリアヌス[2]、またストア派〔禁欲主義学派〕のいかなる偉人も、かつてこれほど質素な寝床で夜を過ごしはしなかった。

ストア主義者の陛下は衣服を着用し、長靴を穿《は》き終えられると、幾ばくかの時間をエピクロス学派〔快楽主義学派〕のために提供あそばされる。王は近衛連隊の副官なり、小姓なり、護衛兵なり、青年見習士官なりの二、三のお気に入りを召し寄せる。一同はコーヒーを飲む。ハンカチーフを投げ渡された者は席に居残って、十分間ほど王と差し向かいで過ごす。しかし事態が最後の一線〔男色〕にまで立ち至ることはない。それというのも、この王は父王の存命のころ、恋愛遊戯のため非常に辛《つら》い目に遭わされて、なおその痛手から十分に恢復していなかったからである。所詮、王は主役を演ずることができなかった。脇役で満足するほかはなかった。

学生のするようなこの遊びが終わると、代わって国事が登場する。総理大臣が腕の下に大きな書類包みを抱えて、秘密階段を通って参上する。この総理大臣は一事務官で、フレーデルスドルフ邸の三階に住んでいた。ちなみに、フレーデルスドルフは、かつてキュストリン城塞で幽閉中の王に忠勤を励んだ兵士で、そのころは王の侍者となり、寵臣となっていた。さて、各国務大臣はすべての公文書をこの王付事務官に送る。彼はその要約を持参する。王は書類の欄外余白に二言三言の勅答を書き付けさせる。国内のあらゆる政務がこのようにして一時間のうちにばたばたと片付けられる。ごく稀には国務大臣や担当閣僚が自ら参内する。その中には、かつて王からお言葉を賜ったことのない者さえいる。父先王が財政に関して厳たる秩序を立てておいた上に、万事が極めて軍隊式に実行され、服従が極めて盲目的に行なわれていたので、千六百キロに及ぶ国が一修道院の如く統治されていた。

十一時ごろ、長靴を着用した王は宮廷の庭園で、近衛連隊の閲兵を行なうが、これと時を同じくして、あらゆる連隊長が、あらゆる地方で同じように閲兵を行なっている。閲兵と晩餐との合間に、諸王弟殿下や、諸将軍や、二、三の侍従官が王と陪食する。その献立は、天然の鳥獣肉も、然るべき肉も、食用鶏肉もなく、小麦をマグデブルクから求めなければならない国なりに、贅美を尽くしたものであった。

昼食を終えると、王は私室に一人で閉じこもり、五時か六時まで詩作に耽る。それが終わると、フランス使臣ヴァロリの元秘書で、ダルジェという青年が参上して、講読をする。七時には小演奏会が開始される。王はそれに参加して、一流の芸術家にひけを取らない腕前で笛を奏する。演奏者たちはしばしば王の作曲した曲目を演奏した。事実、王が通じていない芸術はなかった。それゆえ、王は、仮にギリシア人の間に伍したとしても、音楽については知識を持たない、などと白状して、エパミノンダス[3]〔テミストクレス？〕の味わったような痛恨を体験しないですんだことであろう。

陪食は小さな部屋で行なわれたが、この部屋の最も異様な装飾はある絵画であった。この絵は王が、わが国彩色画家の一偉才で王の御用絵師をしていたペーヌに構図を与えて描かしたものであった。それは見事な春画であった。そこには女を抱擁している若者たち、牧羊神に押し伏せられている妖精美少女《ニンフ》たち、アンコルプや、ジトン遊びをしている恋愛神《キューピッド》たち[4]、この修羅場を見て気を失っている幾人かの人物、接吻し合っている鳩、牝山羊に跳びかかっている牡山羊、牝羊を下敷にしている牡羊などが描かれていた。

食卓の話題はそれにもかかわらずしばしば哲学的であった。この画面を見ながら、われわれの話をたまたま耳にした第三者がいたとすれば、彼はギリシアの七賢人が女郎屋で議論しているのを傍聴している思いがしたことであろう。世界のどんな場所でも、かつて人類の諸迷信からこれほど解放されて自由に論ずることはできなかった。また、かつて迷信がこれほどの嘲笑と侮蔑をもって取り扱われたこともなかった。神は尊敬されていた。しかし、神の名によって人々を欺いてきた徒輩はすべて容赦されなかった。

宮殿には女性も僧侶も立ち入り禁止であった。一言でいえば、フリードリッヒは宮廷も、顧問も、信仰もなしに暮らしていた。

地方の裁判官たちが、牝騾馬と情交を結んだというので一僧侶に告発された、ある名も知れぬ百姓を、気の毒にも焚刑に処そうとした。ところが、国王が判決を認承しない限り、いかなる罪人も死刑に処しえない規定となっていた。これはイギリス、その他の諸国で実施されている、まことに人道的な法律である。フリードリッヒは死刑判決書の下段に、朕は国内において「良心と情……との自由」を認めている、と書き付けた。

シュテッティン付近のある僧侶が、この寛大な処置に大いに憤慨して、主君プロシア王をあてこすったとしか受け取れない若干の言い回しを、ヘロデについての説教に差し挟んだ。

王は枢機卿会議に召喚するとの名目で、この田舎司祭をポッダムに呼び寄せた。事実は、王の宮廷では枢機卿会議どころか、弥撒《ミサ》さえ行なわれていなかった。気の毒な男は拘引された。王は僧服と説教師用胸飾りをまとい、『ユダヤ人の手紙』の著者アルジャンス[5]と、三、四たび改宗を重ねたペルニッツとかいう名の男爵も同じ服装をした。机の上にはベール[6]の『辞典』の一巻が、福音書という形で置かれた。

さて、そこで被告が二人の近衛兵に引き立てられて、これら三人の主イエス・キリストの司祭の前に導かれてきた。

「わが兄弟よ」

と王は言った。

「神の御名においてお訊ねするが、貴下はどのヘロデについて説教されたのかな？」

「すべての子供を殺させたヘロデについてでございます」

と相手は真面目に答えた。

「重ねてお訊ねするが」

と王は言葉を継いだ。

「それは最初にヘロデを名乗った王であろうな。と申すのも先刻御存知の通り、幾人ものヘロデが居るじゃでな」

田舎僧侶は答えるすべを知らなかった。

「これはしたり！」

と王は言った。

「貴下はヘロデとかについて説教を堂々と行ないながら、その家系をさえ御存知ないのかな。貴下は聖職に値しない御人じゃ。このたびだけは赦して取らせよう。しかしじゃ、よく心得られよ、爾今知りもせぬ人物について仮にも説教など行なったならば、われらは貴下を破門に処しまするぞ」

かくして、この男は判決書と赦免状を与えられた。三人は思い付き次第の滑稽な名前をそれに署名した。

「われらは明日ベルリンに出発する予定じゃ」

と王は付け加えた。

「われらの兄弟たちに、貴下の赦しを請うて進ぜよう。忘れずにわれらのもとを訪問されるよう」

僧侶は三人の司祭に会うためベルリンに行った。彼は人々の物笑いとなった。しかし王は、人が悪いほどには金離れがよくなかったので、僧侶の旅費については素知らぬ顔をした。

フリードリッヒは国家のみならず教会をも専制的に統治していた。夫なり妻なりがほかの女ないし男と結婚を希望するとき、離婚の裁可をするのは国王であった。一司祭があるとき、王の離婚裁可の一つに関して、旧約聖書を引用して〔聖書は離婚を認めていないと〕王に奏上した。

「モーゼは」

と王は言った。

「己がユダヤ人たちを思うがままに指導した。余もわがプロシア国民を余の欲するがままに統治しているのじゃ」

一種独特なこの政治、それ以上に異様な諸風習、ストア主義とエピクロス主義の対照、厳格な軍律に対し宮廷内部における放逸、王の私室でお噺《とぎ》のお相手をする小姓たちと、国王陛下が親臨あそばす窓の下で厳格極まる血の出るような訓練を受ける兵士たちの対比、要するに、もっともらしい御説教と桁はずれな放縦とのこの対照、それらすべては一種奇妙な情景をかもし出していた。このような景色は当時においてはほとんど知られていなかったが、そののち全ヨーロッパに滲透していった。

ポツダムでは王のあらゆる趣味に関して、最大の節約が厳守されていた。王はもとより、近衛将校や近習《きんじゅう》の食費は、酒類は別会計として、日に三十三エキュと規定されていた。そして、他の諸侯にあっては、この種の出費を司っているのは王室付役人であるのに、ここではお気に入りの侍者フレーデルスドルフがその役を務め、同時に司厨長、掌酒長、配膳長をも兼ねていた。

節約のためにか、政策的にか、王はかつての寵臣たちに少しも恩恵を垂れなかった。殊にこの傾向は、彼が皇太子であったころに、彼のためにわが身の危険をも顧みず奉公した人々に対して激しかった。王はその当時借用した金銭をさえ返却しなかった。そして、丁度ルイ十二世[7]がオルレアン公爵時代に受けた侮辱に復讐しようとしなかったように、プロシア国王は皇太子時代の借財を忘れ果てていた。

彼のために死刑執行人の手で鞭打たれた、例の気の毒な愛妾は当時ベルリンで、辻馬車事務所の一事務員と結婚していた。それというのも、ベルリンには十八台の辻馬車があったからであるが、一方かつての恋人は彼女に七十エキュの年金を下賜していた。この金額はいつでもきちんと支払われた。彼女はションメルス夫人と呼ばれていたが、大柄の痩せた女で、巫女《みこ》のような印象を与え、皇太子との恋愛のために鞭で打たれるほど値打ちのあった女性とは、どう見ても思えなかった。

しかしながら、ベルリン行幸に際しては、王はその地における饗宴の日に大いに贅美を尽くした。王がドイツ帝国各地の二十人もの諸君侯に取り囲まれた中で、ヨーロッパ随一の黄金の食器で給仕を受け、三十人もの美しい小姓とそれに劣らぬ数の華々しく着飾った護衛兵が、純金の大皿を捧げている様子を眼にするのは、下らない人間どもにとって、つまり、ほとんどすべての人々にとって、まことに素晴らしい見ものであった。この席には将軍たちも登場した。しかし、これ以外の場所では彼らは顔も見知られていなかった。

宴会が終わると一同はオペラ劇場に行く。劇場は奥行き九十メートルの大きな部屋で、王の侍従の一人でクノーベルシュトッフ⑧という男が建築家の手も借りずに建てたものであった。一流の歌手、最上の舞踊家たちが王に雇われていた。ラ・バルバリーニは当時王室劇場で舞踊を観せていた。のちに王の大法官の息子と結婚したのが、この女性である。王はヴェニスでこの踊り子を兵士に引き攫《さら》わせ、その後彼女はウィーンを経てベルリンまで連れて来られたのである。王はこの踊り子にいくらか惚れていた。それは彼女が男のような脚をしていたからであった。どう考えても納得できないことではあるが、王はこの女に三万二千リーヴルの俸給を支払っていた。

王は常に自分で構想を立てては、イタリア人の御用詩人に韻文でオペラを書かせていたが、この詩人は千二百リーヴルの賃金しか貰っていなかった。もっとも、この男が非常に醜い容貌をしていたことや、また彼には舞踊ができなかった点をも考慮に入れる必要があろう。要するに、ラ・バルバリーニは彼女一人で、国務大臣三名分以上の高禄を喰《は》んでいた。イタリア詩人の方は、ある日のこと、自分の腕で金儲けを考え出した。彼はプロシア王第一世〔フリードリッヒ一世〕の礼拝堂で、会堂の装飾に使用されていた金の飾り紐をほぐして抜き取った。かつて礼拝堂に出入りなどしたことのない王は、別に仔細はない、捨ておけ、と言った。それかあらぬか、この詩人はその直前に盗賊を弁護した一論文を書き上げていた。この作品は王の翰林院《アカデミー》の論文集に印刷されて載っている。そこで、彼はこの時に当たり、自分の論文で主張したことを行為の上で破ってみせては適切でないと判断したのである。

このような寛大さも軍人〔仏領〕には及ぼされなかった。シュパンダウの牢獄に、フランシュ＝コンテ出身の一老貴族が囚われていたが、彼は身の丈一・九メートルもあり、故先王がその巨軀に眼を留めて否応なしに召し寄せさせたのであった。彼は侍従の地位を約束されていた。ところが与えられたのは一兵士の地位であった。気の毒にもこの男は間もなく二、三の同僚と一緒に脱走した。彼は捕らえられて故先王の御前に引き立てられた。すると、彼は馬鹿正直にも王に向かって、今となっては陛下の如き暴君を殺してしまわなかったことばかりが遺恨でござる、と言った。この言葉の報いとして彼は鼻と両耳を殺《そ》がれ、棒で散々に殴られた。さてその上で、シュパンダウに行き、荷車引きの苦役についた。わが国の使臣、ド・ヴァロリ氏が苛酷きわまるフリードリッヒ・ヴィルヘルムの、仁慈溢るる御子息から、この男の赦免を請うようにとしきりに私をせき立てたところにも、彼はなお荷車を引っ張っていた。

国王陛下は常々私に、『ティトーの仁慈』[9]を上演させるのは私のためになのである、と得意になっていた。これは、有名なメタスタージオの美しさに溢れたオペラに、王自身が御用作曲家に助けられながら、音楽を付したものであった。私はこの機を捉えて、耳と鼻のないこの哀れなフランシュ＝コンテ人のために王の慈悲を仰ごうと考えた。そこで私は王に次のような訓戒を送った。

普ねき天才、情厚くしてしかも毅然たる心の持主よ、何事ぞ！　君統治し給う世に、なお幸薄き人々のあらんとは！
罪びとを虐ぐるは、すべからく止め給うべし、
かつ、君が慈悲の思いを、絶ち給うことなかれ。

君見給わずや、君にすがりて、怖れに打ち震う哀訴が、
悔恨の生みしかの娘ら、勇者のかの側女らが、
空しき涙もて、かいなく君が手を濡らしつつあるを、
この世より悲しみを拭いさるべき君が手なるに。

ああ、いかなれば君、ことごとしくもわれに見せ給うや、
ティトゥス⑩の勝利讃えたる、目も綾なるこの戯曲を。
君が祭典の完からんため、かの王の仁慈に倣い給え。
かつ、彼が業すべてを果たさずして、彼を誇りとし給うなかれ。

この請願書の内容は少し激しすぎた。しかし、詩では、思うがままに何を言ってもよい特権が与えられている。王は多少寛大な処置を取るようにしよう、と約束した。そして、実に数ヵ月のちには、かたじけなくも問題の貴族を、一日六スゥの費用で廃兵院に入れてくれた。かつて母皇

太后が同じ提案をしたとき、王はそれを拒絶したのであった。もっとも、明らかに皇太后は散文で請願したにすぎなかった。

① **マルクス・アウレリウス**（Marcus Aurelius Antoninus, 121–[62–80]） ローマ皇帝にして有名なストア哲学者。著書『自省録』"Ton eis heauton."

② **ユリアヌス**（Flavius Claudius Julianus, 331–[61–63]） ローマ皇帝。キリスト教を捨て、ローマ固有の神々を復活す。そのため、のち「背教者ユリアヌス」(Julianus Apostata) として誹謗された。ヴォルテールたちは、この皇帝を正当に評価している。

③ **エパミノンダス**（Epaminondas; Epameinondas, circ. 418–362 B.C.） テバイ出身の古代ギリシア名将。スパルタ軍をリュークトラ決戦（前三七一年）で潰滅し、テバイを全ギリシア随一の都市と化した。マンティネア決戦（前三六二年）においてスパルタ、アテナイ等の同盟軍と対決し戦死。五十人密集縦隊という編成の発案者。エパミノンダスは十六世紀ごろまで極めて有名。例えばモンテーニュ (Michel Eyquem de Montaigne, 1533–92) は『随想録』"Les Essais, 1580; 1588; 1595" の中で随所で絶讃し (cf. "Essais," Liv. I, xlii; Liv. III, i; etc.)、「ホメロス」、「アレクサンドロス（アレキサンダー大王）」、「エパミノンダス」を歴史上の偉人「三人組《トリオ》」としている (cf. ibid. Liv. II, xxxvi.)。
さて、そこには次の言明あり。「エパミノンダスは〔晩年において〕、自分の都市の少年たちのダンスに参加したり、歌ったり、楽器を演奏したり、そのようなことに熱中することは、自分の輝かしい諸勝利の名誉や、自己の裡に存している習慣の完全な改革を妨げることであると評価していた。」cf. ibid. Liv. III, xiii.

しかし、ヴォルテールがこの文章からエパミノンダスが音楽に通じていなかったと受け取ったとは考えられない。ネポス（Cornelius Nepos, circ. 99–24 B.C.）の『名士伝』“De Viris Illustribus”中の第十五編「エパミノンダス伝」、第二章には、彼エパミノンダスは「イカナルてばい人モ及バヌホド」、「琴ヲ弾クコトヤ弦楽器ニ合ワセテ歌ウコト」、「笛ヲ吹クコト」、「踊ルコト」をそれぞれ著名な教師について「習得シタ」と明記されている。

また、キケロの『トゥスクルム討論』“Tusculanae Disputationes, 45 B.C.”に次の言及あり。「ぎりしあ人ハ最高ノ教養ガ弦楽ト声楽ニ存シテイルト判定シテイタ。カクシテ、えぱみのんだすハ、私〔さけろ〕ノ判定ニヨレバぎりしあノ第一人者デアルガ、弦楽器ノ伴奏デ素晴ラシク美シク歌ッタト言ワレテイル。トコロガ、少シ年代ガ溯ッテてみすとくれす（Themistocles, 493–459 B.C.）〔アテナイの政治家、将軍〕ハ宴会デ琴《りら》ヲ弾クノヲ断ッタトイウノデ教養ガ欠ケテイルト受ケトラレタ。」cf. op. cit., I, ii, 4.

代表的教養人ヴォルテールが上述の有名な古典諸作品に通じていないはずはないと思われるので、本文中の「エパミノンダス」は「テミストクレス」の書き誤りと推定される。

④ **アンコルプやジトン遊びをしている……**　ギリシアのペトロニウス（Gaius Petronius Arbiter, ?–65）の作と伝えられる諷刺的な悪漢小説『サテュリコン』“Satyricon”に登場する人物。前者は主人、後者はその召使いで各地を旅行して猥雑ないたずらをして回る。正しくはエンコルピウスとギトン。

⑤ **アルジャンス**（Jean-Baptiste, marquis d'Argens, 1704–71）　フランスの文学者。『ユダヤ人の手紙』“Lettres juives”は彼の哲学的パンフレット集。ヴォルテールの彼宛の手紙によれば、一七三六年十二月ごろから、オランダで逐次発刊されたらしい。ペルニッツ（Pöllnitz, Karl Ludwig von, 1692–1775）。

⑥ **ベール**（Pierre Bayle, 1647–1706） フランスを亡命した新教徒で、最後にはオランダで出版活動を行なう。徹底した批判と該博な文献的知識で信仰と理性の相剋を追究した。『辞典』とは、『歴史的批判的辞典』“Dictionnaire historique et critique, 1695–97”のこと。この辞典は十八世紀思想界に多大の影響を与えた。

⑦ **ルイ十二世**（Louis XII, 1462–〔98–1515〕） オルレアン公爵として青年時代叛乱を起こして捕虜となり、恥辱を受けたが、のち王位に就いたとき、「フランス国王はオルレアン公爵時代の侮辱に復讐はしない」と言って、かつての敵を許した。

⑧ **クノーベルシュトッフ** 原典にはKnoberstofとある。クノーベルスドルフ（Knobersdorff, Georg Wenzeslaus von, 1699–1753）の誤りと思われる。彼は侍従ではなく、フリードリッヒの援助を得て絵画、建築を学び、フリードリッヒの即位後王室の庭園や建造物の長官となり、各地の城や宮殿等を建てた。

ラ・バルバリーニ（La Barbarini）はバルバリーナ、バルベリーナ（Barbarina, Barberina）とも。本名バルバラ・カンパニーニ（Barbara Campanini, 1720–99）。

⑨ **メタスタージオ**（Petro Metastasio, 1698–1782） イタリアの歌劇作者。『ティトー〔ティトゥス〕の仁慈』“Clemenza di Tito, 1734”はその歌劇。

⑩ **ティトゥス**（Titus Flavius Sabinus Vespasianus, 39–〔79–81〕） ローマ皇帝。名君で寛仁をもって知られた。

12 プロシア王との秘密交渉

〔フリードリッヒとの秘密交渉進む。王との書簡問答。ヴォルテール、使命を果たしパリに帰る。〕

祭典、オペラ、宴会のうちに、私の秘密交渉は進みつつあった。王は私が何を語るのをも認めていたので、私は『アエネイス』やティトゥス・リウィウス〔歴史家〕の話の中にフランスやオーストリアに関する質問を織り交ぜた。会談はしばしば熱を帯びた。王は興奮して、わがフランス宮廷が和平を求めてあらゆる国々の戸口を訪れるようなことをしている限り、自分はフランスを助けて戦う気にはなるまい、と私に繰り返し言った。私は余白を半分残した紙片に私の意見を書いて、自室から王の私室に送った。私のこの出すぎた質問に答えて、王は余白欄に返答を書いてよこした。この紙片を私は今も保存しているが、この中で私は王に訊ねている。

「陛下は、オーストリア家が好機の到来次第、陛下からシレジア返却を要求するのではないかと御懸念あそばさないでしょうか？」

余白の勅答は次の如くである。

勝つも負けるも時の運、
手荒い接待して進ぜよう。①

この新形式の外交交渉は、王が例の短気に駆られて、あるとき彼の親愛なる伯父イギリス国王②を非難して私に漏らした言葉をもって終わった。この二人の国王は、お互いに好意を抱いていなかった。プロシア王は言った。

「ジョージはフリードリッヒの伯父である。しかしジョージはプロシア王の伯父ではない」

最後に王は私に言った。

「フランスはイギリスに宣戦を布告されよ。そうすれば余も進撃しよう」

私はこれだけ聞けば十分であった。私は急いでフランス宮廷に戻り、旅行の報告をした。私はベルリンで私が得てきた明るい見通しを知らせた。この予想に誤りはなかった。事実、その翌年の春、プロシア王はフランス王と新たな条約を結んだ。③彼はオーストリア軍がアルザスに留まっている間に、十万の兵を率いてボヘミア④に進撃した。

もし私が私の体験と私の果たした使命とを誰か気のきいたパリ人に話したとしたならば、彼は私が立派な地位に昇進したものと疑わなかったことであろう。⑤ところが次の如きが私の受けた報酬であった。

シャトールー公爵夫人は、この外交交渉が直接彼女の手を通じないで行なわれたことを憤慨した。彼女は、アムロ氏が舌足らずであったというので、それに小さいながらこの欠陥に気を悪くしていたので、かねてより彼を免職しようとたくらんでいた。それのみでなく、彼女は、彼がモールパ氏に牛耳られているという理由からも、このアムロを憎んでいた。彼は一週間ほどすると、免官になった。そして私も彼の失寵の巻き添えを食った。

①　**勝つも負けるも時の運……**　原文は次のとおり。

Ils seront reçus, biribi,
A la façon de barbari, mon ami.

なお、この問答書は、ボーマルシェにより確認された原文が残され、ヴォルテールの書簡集中に現存している。それによると、ヴォルテールの発した八項目の質問に対して、それに対応した欄の余白に王の返答が書かれているが、王は詩で答えたり、冗談を書いたり、ほとんど真面目に応答していない。

　また上記の現存の文書では、この詩の語句が少し異なり、

On les y recevera, biribi,
A la façon de Barbari.
Mon ami.

と三行になっている。恐らく、例によりヴォルテールが記憶を辿って不正確な引用をしたのであろう。なお、biribi は当時流行した賭遊びである。cf. "Voltaire: Correspondance, II. (1739–1748), 1977" [éd. La Pléiade], p. 772.

②　**イギリス国王**　ジョージ二世（George II, 1683–[1727–60]）を指す。ジョージ二世はフリードリッヒ

の母方の伯父に当たる。

(3) **その翌年の春……** 一七四四年四月五日プロシアとフランスとは密約を結び、五月二十七日公式に防禦同盟を結んだ。

(4) **十万の兵** 八万が正確とされている。

(5) **私の果たした使命……** ヴォルテールはこの秘密交渉に関して、自画自讃しているが、公平に見て、この交渉は、全く無益でなかったとしても、大した成功は収めていない。プロシア王は早くよりヴォルテールの秘密な意図を見抜いてしまったらしい。そこで、ヴォルテールがプロシア亡命の口実とした迫害事件をひそかに煽動して、ヴォルテールをパリから実際に閉め出し、自分の手元に引き留めておこうと企てたらしい(ヴォルテールのアムロ宛書簡、一七四三・一〇・五)。また、ベルリン駐剳フランス大使が、ヴォルテールのプロシア亡命の真相を嗅ぎつけ、前もって連絡のなかったことを自己の面目問題と考え感情を害したため、ヴォルテールは、一方ではプロシア王に疑念を持たれ、他方では自国の在外代表からは疎まれ窮地に陥った、という報告をしている(同人宛、一七四三・一〇・二七)。このような次第で、このヴォルテール対フリードリッヒの対決は、明らかにフリードリッヒの勝ちで、上記の書簡問答の勅答からも察せられる如く、フリードリッヒはヴォルテールの外交官振りを面白半分からかっている趣がある。また翌春成立したフランス・プロシア防禦同盟も、決してヴォルテールの書いている如く、彼の交渉が功を奏したのでも、また見通しが正しかったのでもなく、四三年九月に結ばれたイギリス・オーストリア・サルディニア三国同盟の成立をフリードリッヒが四四年二月に知ったため、オーストリアに対抗する必要上フランスと結んだものであろう。

13　ポンパドゥール夫人

〔シャトールー夫人憤死の経過。代わってポンパドゥール夫人君寵を得。ヴォルテール、夫人の力により翰林院会員、史料編集官、国王侍従の栄誉を与えられる。ヴォルテール、リュネヴィル宮廷に滞在す。宮廷における挿話。同地におけるシャトレ夫人の死。〕

これより暫くして、ルイ十五世がメス市で生命にもかかわるほどの大患に罹《かか》った。モールパ氏とその一党は、この機に乗じてシャトールー夫人を破滅させようと策謀した。ジェームズ二世〔イギリス国王〕の庶子の子、ソワソンの司教フィッツ＝ジャムは、聖人として声望が高かったが、この僧侶は、王室付首席司祭としての立場から国王の心を改めさせようと考え、もし王が寵姫とその妹ローラゲー公爵夫人および彼女らの友人たちを追放しないならば、〔王の臨終に当たって〕罪障消滅の宣言も聖体拝領の儀式も施行しない、と王に宣言した。二人の姉妹はメス市民の罵言を浴びて同市から立ち去った。メス市民に劣らず愚かなパリ市民がルイ十五世に「最愛王」という綽名《あだな》を付けたのは、王のこの行動を讃えてのことであった。ヴァデ①という卑猥漢がこの称号を考え出し、それが年鑑類によって普及された。

この国王は、健康を恢復すると、己れの寵姫に最愛されることしか望まなかった。二人は従来以上に愛し合った。シャトールー夫人は当然ながら以前の権威ある地位に戻ることになった。彼女はパリからヴェルサイユに向かって出発しようとしていた。その矢先、先に免職されたため激怒したのが体にこたえてきて、頓死した。彼女はたちまちのうちに忘れられてしまった。

側室《そくしつ》が必要となった。白羽の矢がポワソン嬢②〔のちのポンパドゥール夫人〕に立った。彼女はラ・フェルテ゠スー゠ジュアールの百姓と、ある人の妾の娘であった。父親は小銭を貯めこんで、食糧仲買人に小麦を売って暮らしていた。気の毒にもこの男は、公金使い込みの罪を負って、当時逃亡中であった。人々はその娘をエティオールの地方貴族、収税官下役ル・ノルマンに縁組みさせた。夫は一般収税請負人〔フランス政府委託の徴税長官〕ル・ノルマン・ド・トゥルヌアンの甥で、この長官が当時彼女の母の世話を見ていた。娘は立派な躾《しつけ》を受け、利口で、愛らしさと才に溢れ、生まれつき如才なく心立てがよかった。私は彼女をかなりよく識《し》っていた。私は彼女の恋の相談役でさえあった。彼女は、王様に寵愛されるようになりそうだという、一種の強い予感をいつも抱いていた、と私に打ち明けた。そして、彼女自身も、なぜだかはよく分からないながら、かねて国王に対して激しい魅力を感じていた、と私によく告白した。

彼女の身分に照らせば、到底妄想としか受け取れそうもない、このような考えを彼女が抱いた根拠は、セナールの森で王が催す狩猟に彼女もしばしば連れて行かれたことがあったからである。彼女の母親の愛人、トゥルヌアンは森の付近に別荘を持っていた。人々はエティオール夫人を美しい無蓋四輪馬車に乗せてよく引き連れて歩いた。国王は彼女を眼に留めた。そしてしばしば彼女に栗鼠《りす》を贈った。彼女の母親は国王に、娘の方がシャトールー夫人よりも美しい、と絶えず繰り返した。また好人物のトゥルヌアンは幾たびか叫んだ。

「いや全くの話、ポワソン夫人の娘は王様向きの代物《しろもの》ですぞ」

ついに国王を手に入れたとき、ポワソン嬢は私に、自分は運命を固く信じている、と言った。また彼女がそう言うのももっともであった。私は一七四六年国王が戦に出ている間、エティオールで彼女と一緒に数カ月間暮らした。

このお蔭で私は、かつて私の作品にも、私の功績にも与えられたことのない報酬を得ることができた[3]。私は役にも立たない翰林院《アカデミー》会員四十名の一員たるに値すると認められた。フランス国家の史料編集官に任命された。また国王は私に王室付侍従官の職を賜った。私は、わずかにもせよ財産を作るためにならば、百巻の書物を著すより、王の寵姫に二言三言話した方が効果的である、という結論を得た。

私の幸運児らしい様子が眼に映るや否や、わが同僚、パリの才子たちは誰も彼もあらゆる憎悪と憤激をもって私を攻撃した。彼らは、誰かがその功績に応じて十分な返報を与えられると、その人に対して憎しみと怒りを抱かずにはいられなかった。

私は相変わらずデュ・シャトレ侯爵夫人と、少しも変わることのない友情と学問上の趣味とで結ばれていた。われわれはパリでも地方でも一緒に暮らした。シレーはロレーヌ州の国境に近かった。

スタニスラウス元ポーランド王④がその当時ローレーヌ州リュネヴィルに小さな楽しい宮廷を営んでいた。彼は相当な老齢で、かつ極めて信心家であったにもかかわらず、側女《そばめ》を持っていた。それはブーフレール侯爵夫人であった。王の心はこの婦人とムヌーというイェズイタ派僧侶とに、半ばずつ占められていた。この僧侶は、私のかつて識るかぎりでは、最も策謀的な最も大胆不敵な司祭であった。この男は、自分の意のままに動く王妃にうるさくせがませて、スタニスラウス王から、およそ百万の大金をせしめていた。そしてその一部は、自分とその他若干のイェズイタ派僧侶のためにナンシー市に壮麗な邸宅を建てるのに用いられた。この邸宅には二万四千リーヴルの年金が付されていた。そのうち一万二千リーヴルはムヌーの食費で、残りの一万二千リーヴルは、気の向くままに施しをするための費用であった。

寵姫の方は到底これほどの厚遇を受けていなかった。そのころ彼女はスタニスラウスから、辛うじてスカート類に不自由しないぐらいのものしか貰っていなかった。しかもイェズイタ派僧侶は、彼女の分け前を羨み、侯爵夫人に激しい嫉妬を覚えていた。二人は公然と仲違いをしていた。気の毒な王は弥撒《ミサ》から出てくるごとに、己が寵姫と己が懺悔告白僧〔聴罪司祭〕とを和解させるのに毎日大変な苦労を重ねていた。

ついにわがイェズイタ派僧侶は、デュ・シャトレ夫人が極めて姿がよく、まだかなり美しい、との噂《うわさ》を耳にするや、夫人をブーフレール夫人の席に据えようと思い付いた。スタニスラウスは時々文学に手を出して、相当に不出来な小作品を書いていた。ムヌーはこの王の思し召しにかなうためには、どんな女性よりも筆の立つ婦人がよいであろう、と信じた。かくして、彼はこの素晴らしい策略を実施するためにシレーに乗り込んできた。彼はデュ・シャトレ夫人にお世辞を振り撒き、われわれと会えたら、スタニスラウス王はさぞかし大変お喜びになるであろう、と言った。それから、取って返すと、王には、われわれが王との拝謁を熱望している、と奏上した。スタニスラウスはブーフレール夫人に、われわれを呼び寄せるよう命じた。

このような次第でわれわれは事実、一七四九年一杯をリュネヴィルに行って過ごした。神父先生が望んでいたのとは正反対の結果が生じた。われわれはブーフレール夫人と仲好しになってしまった。かくして、イェズイタ派僧侶は二人の婦人を敵に回さなければならなくなった。

ローレーヌ宮廷の生活は相当楽しかった。もとよりほかの宮廷同様、そこでも策謀や中傷が行なわれはした。

借財と信望失墜のため世から見捨てられたトロワ司教ポンセが、余命いくばくもない身ながらわれわれの宮廷の一員となる気を起こし、われわれの間を掻き回した。信望失墜のため世から見捨てられた、と私は言ったが、この信望には、彼の追悼演説や説教の信望も含まれているものと考えて頂きたい。彼はわが貴夫人たちの力で、国王首席司祭の地位を得たが、それは、王が司教を自費で雇うことに、それも非常に低資金で雇うことに気を好くしたからであった。

この司教がやって来たのは一七五〇年になってからであった。彼は早速ブーフレール夫人に惚れ込んで、追い払われた。彼の怒りは、スタニスラウスの女婿ルイ十五世の上に転嫁された。というのは、トロワに戻ってから、彼はパリ大司教ボーモン[5]が考え出した告白証明書の滑稽な事件に一役買って出ようとしたからである。彼は高等法院に反対し、王に楯ついた。こんなことをしても、借金が支払えるものではなく、自分が幽閉されるだけのことであった。フランス王は彼を四人としてアルザスに送り、ドイツ人荒法師の修道院に入れた。

それはさておき、私の身に関係のあることに話を戻さなければならない。

シャトレ夫人が、二日間の病ののち、スタニスラウスの宮殿で死んだ。[6] われわれ一同は非常に取り乱してしまったので、誰一人として主任司祭をも、イエズイタ派僧侶をも、聖体拝領〔臨終の儀式〕をも呼びに行くことに気付かなかった。彼女は死に対して少しも恐怖を抱かなかった。それを感じたのは、われわれのみであった。私は世にも切ない悲しみに捉われた。親切なスタニスラウス王は私の部屋まで慰めに来てくれ、私と一緒に涙を流した。王侯などという連中はこのような場合、大抵これほどの態度は示してくれないものである。彼は私を引き留めようとした。しかし、私はリュネヴィルにこれ以上滞在するに耐えなかったので、パリに戻った。

(1) **ヴァデ** (Jean-Joseph Vadé, 1720–57) フランスの詩人。下品な一文学ジャンルを創設した。

(2) **ポワソン嬢** (Jeanne-Antoinette Poisson, marquise de Pompadour, 1721–64) のちのポンパドゥール夫人。その伝記についてはほぼ本文にある如くである。

⑶ **報酬……**　ヴォルテールは一七四五年四月一日史料編集官（俸給年二千フラン）に任命され、侍従職をも同時に約束された。翰林院《アカデミー》会員に選挙されたのは一七四六年四月二十五日、就任演説は同年五月九日、侍従に正式に任命されたのは一七四六年十二月二十二日。

⑷ **スタニスラウス**（Stanislaus I, Leszczynski, 1677–1766）　在位一七〇四–九年のポーランド王。スウェーデン王カルル十二世の助力により、国王アウグスト二世（Auguste II, 1670–1733）を追い、一七〇四年ポーランド王位に就いたが、一七〇九年廃位されフランス領に亡命。一七三三年アウグスト二世の死とともに帰国し、女婿に当たるルイ十五世の支援のもとに再び王位に就かんとしたが志ならず、三六年ロートレーヌ（ロートリンゲン）太公となり、ロートレーヌ州に隠遁、リュネヴィルで歿す。この王の娘マリー・レツィンスカ（Marie Leszczynska, 1703–68）は一七二五年ルイ十五世と結婚し、フランス王妃となった。

⑸ **ボーモン**（Christophe de Beaumont, 1706–81）　告白証明書の事件の大要は次の如し。この事件は一七五〇年フランス政府が国内僧職者の財産調査を企てたことから端を発し、ついに宗教問題と化した。すなわち、ウニゲニトゥス教書を奉ずる教会派僧侶たちが、同教書を否認して署名に応じず、その結果として、「告白証明書」を持たない者には臨終の儀式〔罪障赦免〕も埋葬式も行なわない、と決議したのに対し、ヤンセン派その他が反対し、ひいては国王や高等法院まで捲き込まれるに至った。ボーモンはこの事件を拡大した張本人であった。この政治的、宗教的紛争が源泉となり、ついには一七五七年のルイ十五世殺害未遂事件までが生じた。詳しくは、ヴォルテールの『ルイ十五世時代史概説』第三六章参照。以下「追記」I—2、註⑷の本文参照。

⑹ **二日間の病ののち……死んだ**　シャトレ夫人は産後の経過不良で、出産後六日目、一七四九年九月十

日に死んだ。この事情はヴォルテールの書簡（一七四九・一〇・四付、アルジャンソン宛）に詳しい。夫人はヴォルテールを裏切り、二流詩人サン＝ランベール（Jean-François de Saint-Lambert, 1716–1803）と情交し、妊娠したのである。

14　プロシア王の招聘

〔ヴォルテール、プロシア王の招聘に応ず。大歓迎を受け、王の侍従に任命され、勲章と年金を授けられる。ラ・メトリー、モーペルテュイら、王とヴォルテールの仲を裂く。ヴォルテール、モーペルテュイの著作を嘲笑す。ベルリン辞去の意を固む。〕

私は熱狂的にわが身の自由を愛していたにもかかわらず、王から王へと遍歴する運命にあった。私はそれまでしばしばプロシア王に、王のためシャトレ夫人を見捨てることは決してできないと意思表示をしたのであったが、今や競争相手の夫人が姿を消したので、王は全力を挙げて私を摑《つか》まえようとした。王は当時、幾たびかの勝利によって得た平和を楽しんでいるところで、その余暇は例のごとく、詩を作ったり、自国の歴史や、自分の出陣した戦役の記録を書くのに費やされていた。事実王は、自分の詩や散文が、それらの事柄の内容に関する限り、私の詩や散文よりもはるかに優れていると確信していた。しかし王は、形式に関しては、私が翰林院会員《アカデミー》として彼の著作に多少の体裁を副《そ》える余地があると信じていた。王は私を招聘するために、ありとあらゆる甘い誘惑を持ちかけた。

勝利に輝き、詩人で、音楽家で、哲学者で、しかも私に好意を寄せているらしい国王の招きを断ることなどが誰にできよう！ 私は自分も王に好意を抱いているような気になった。ついに私は一七五〇年六月、再びポッダムへの旅路に上った。[1] アストルフ[2]もアルシーヌ[3]の宮殿でこれほどの歓待は受けなかったであろう。サックス元帥[4]が以前用いていた部屋をあてがわれ、自室で食事を摂《と》りたいときには王の料理番を、散歩したいときには王の馭者を自由に使うなどということは、私に示された好意のほんの一端でしかなかった。料理は、極めて美味であった。

私の思い違いかもしれないが、宮廷は機智に溢れていたような気がする。王は才智に富んでいたし、また周囲の者に才智を発揮させてもいた。それに、最も異様なことには、かつて私はこれほど自由な気持で食事をした覚えがなかった。私は毎日二時間ずつ陛下のお相手をした。私は王の著作をすべて校閲したが、出来の悪い箇所をことごとく削除しながら、必ず良い部分を大いに褒めた。私は筆を執って、あらゆる点にわたり王に説明をした。それを寄せ集めると、王専用の修辞学と詩作法が一巻ずつ出来上がった。王はそれを利用したが、王には私の教えよりも天与の才能が一層大きな助けとなった。私には誰の機嫌を取る必要も、誰を訪問する用件も、何ら果たすべき務めもなかった。私は何らの拘束もない生活を与えられていたので、この状態ほど心地よいものがほかにあろうとは思えなかった。

アルシーヌ＝フリードリッヒは、私が早くも少し眼が眩《くら》んでいるのを見ると、私を完全に酔わせてしまうために麻薬の用量を倍加した。取っておきの誘惑手段は、王が自室より私の部屋に書いてよこした、ある手紙であった。恋人でもこれ以上の情を込めて胸の思いを打ち明けられるものではない。王はこの手紙の中で、王の身分や性格に関して私が抱く恐怖心を消滅させようと努めていた。そこには次のような奇抜なことが書かれていた。

私が敬愛する人、そして私のために己が祖国や、人間として最愛のものをすべて犠牲にしてくれた人に、不運な思いをさせるようなことが、そもそも私にどうしてできましょうか？

………

私は貴方をわが修辞学の師として尊敬しています。貴方を徳行の誉れ高き友として愛しています。祖国におけると同じように、人々が貴方に敬意を払う国に暮らし、しかも感謝に溢れた気持でいる友人のもとにおられる以上、貴方はどのような束縛、どのような不幸、どのような変動を恐れる必要がありましょう？　私は貴方とシャトレ夫人とを結んでいた友情にかねて敬意を捧げておりました。しかし夫人に次いで、私は貴方の最も旧い友人の一人でした。私は貴方にお約束しますが、私の命のあらん限り、貴方はこの地でいつまでも幸福にお暮らしになれることでしょう。

これは、大抵の国王陛下にはちょっと書けない手紙である。これが、私を完全に酔い潰した最後の一杯であった。口ずからの誓言は筆による約束よりもさらに熱烈であった。王には、かねがね私より若い寵臣たちを相手に、異様な愛情表白を行なう癖があった。そこであるとき王は、私が彼らと同年輩でないことも、私が美しい手を持ってはいないことも忘れて、接吻するために私の手を取った。私は王の手に接吻した。そして、彼の奴隷となった。

二人の主君に仕えるのにはフランス国王の許可が必要であった。プロシア王は万事を引き受けた。

彼は、私の主君フランス国王から私の身柄を引き取るために、手紙を書いた。私は、宮廷で最も無益な種族に属する一侍従が、ベルリンで無益な一侍従になったところで、ヴェルサイユに衝撃を与えようとは想像もしていなかった。一切の許可が私に与えられた。しかし人々は非常に感情を害し、その点では私を許さなかった。私はフランス国王に非常に悪い心象を与えた。といって、その分だけプロシア王に喜ばれたわけでもなかった。プロシア王は心の奥では私を馬鹿にしていた。

かくして私は金鍍金《めっき》をした銀製の鍵〔侍従の印〕を上着にぶら下げ、十字勲章を首に着け、二万フランの年金を賜る身となった。モーペルテュイはそれを見て病気になってしまった。しかも私はそれに気付かなかった。

当時ベルリンにラ・メトリー[5]という医者がいた。彼はヨーロッパのすべての大学医学部の医師のうちで、最もあけすけな無神論者であった。とはいえ、快活で、面白い、粗忽者で、彼のどの同僚もかなわないほど学理には精通していたが、実地診療では文句なしに世界一の藪医者であった。さればこそまた、有難いことに、彼は決して診療はしなかった。彼はパリの全医学部を嘲笑し、あまつさえ、医者たちに対して多くの人身攻撃を書いたのであった。医師たちは黙っていなかった。彼らは彼に対し逮捕令状を得た。ラ・メトリーはかくしてベルリンに身を隠したのであった。この地でも、彼は快活振りを発揮して皆を喜ばせていた。それのみでなく彼は著作も書き、道徳に関して、これ以上は考えられないほど厚かましいあらゆる放言を出版させていた。彼の著作は王のお気に召した。王は彼を侍医にではなく、侍講にした。

ある日のこと、講読が終わったのち、何でも頭に浮かんだことを奏上する習慣のラ・メトリーは、私の殊遇と幸運は人々の嫉妬の的である、と王に言った。

「まあ黙って見ておられよ」

と王は言った。

「オレンジは絞るものじゃ。そして汁を飲み終えてから、捨てるものじゃ」

ラ・メトリーは、シラクサのディオニュシオス⑥に相応《ふさわ》しい、この立派な警句を私に知らせずにはいなかった。

このとき以来、私はオレンジの皮の安全を計ろうと決意した。⑦私は投資すべき金を約三十万リーヴルほど持っていた。私はわがアルシーヌの領域にこの資金を投じないよう細心の注意を払った。私は、ウェルテンベルク公爵がフランスに所有している土地に好条件で投資した。

私の手紙をすべて開封していた国王は、私が王の国に滞在し続ける気でいないのに感付いた。しかし、王はディオニュシオスと同様に、詩作に対する熱狂に囚われていたので、引き続き私から仕上げをしてもらう必要があった。そして彼の著書『ブランデンブルク史』やその他の作品のすべてを、なお私が校閲する必要があった。

ラ・メトリーは、フランス使臣ティルコネル卿のもとで、非常に長時間の宴会ののち、松露《トリュフ》の詰まったパイを丸ごと一つ食べて死んだ。彼が死の直前懺悔をしたという噂が立った。王はそれを聞いて激怒し、噂が事実か否か詳しく調査した。その結果、それがとんでもない中傷だということ、ラ・メトリーはかねての彼の名に恥じず、神と医者とを嘲笑しながら死んだ、ということが王に確証された。わが意を得た国王陛下は、即座に筆を執って彼の追悼演説を起草し、翰林院《アカデミー》の公開会議の席で翰林院秘書ダルジェに命じて王の名により朗読させた。さらに、ラ・メトリーが女房と子供たちを見捨ててパリから連れてきた娼婦に、六百リーヴルの年金を下賜した。

オレンジの皮の挿話を知っていたモーペルテュイは機を見計らって、王付無神論者の職が空席になっている、と私が口外したという噂を撒き散らした。この中傷は功を奏さなかった。しかし、彼はさらに、私が王の詩を下手だと言った、と付け加えた。この方は効果があった。

このころから、私は王との食事がもはや以前ほど快活でないのに気付いた。訂正を命じられる詩の数も次第に少なくなった。私の失寵は完全であった。

アルガロッティ、ダルジェ、および王の最も優秀な将校の一人であるシャゾーという一フランス人が、一時に王のもとを去った。私もそれに倣う準備をした。

しかし私はその前に、モーペルテュイが最近出版したある著書を面白半分に冷やかしてやろうと思った。機会は絶好であった。これほど滑稽な、これほど馬鹿げたことを書いた者はかつてなかった。著者先生は真面目な口調で、直接南北両極地に旅行に出かけるべきであるとか、巨人たちの脳によって魂の本性を知るために、彼らの頭を解剖すべしとか、ラテン語だけを通用語とする都市を建設せよとか、地球の中核まで達する穴を掘れとか、病人に松脂《まつやに》を塗付して病気を治療せよとか、最後には己が魂を高揚させて未来を予言する法とかを提言していた。

王はこの書物を嘲笑した。私も嘲笑した。誰も彼もが嘲笑した。ところが、その当時、これよりも重大な一騒動が起こっていた。ことは、モーペルテュイが新発見として提唱した、何か知らないが下らない数学問題に関してであった。オレンジ太公妃の司書で、ヘーグに滞在していた、彼よりも学識のあるケーニッヒ⑧という一幾何学者が、彼の主唱の誤りであること、またかつてこの旧観念を検討したライプニッツが、幾つかの手紙の中で、その誤謬を既に論証していることをモーペルテュイに知らせた。そしてその手紙の写しを彼に見せた。

ベルリン翰林院長モーペルテュイは、外国人会員によって自分の大失策を証明されたことに激怒して、直ちに王に奏上し、ケーニッヒはオランダの定住者であるから王の敵である、また彼は陛下の詩文について多くの悪口をオレンジ太公妃に伝えた、と説いた。

まずこのような手配をしておいてから、彼は自分を頼りにしている若干の貧しい翰林院年金受給者を使嗾《しそう》し、ケーニッヒを文書偽造者として、翰林院会員から除名するという宣告を下させた。オランダの幾何学者は先手を打って、ベルリン翰林院会員資格証書を既に送り返していた。

ヨーロッパのあらゆる文人はモーペルテュイの著書には退屈していただけに、今またこの策動には憤激した。彼は、哲学を齧《かじ》っている人々からも、哲学に風馬牛の人々からも憎悪と軽蔑を受けた。ベルリンでは人々はただ肩をすくめるだけで満足した。何分、この不幸な事件には、王が一枚加わっていたので、誰もあえて口を開こうとしなかったからである。大声をあげたのは私一人であった。⑨ケーニッヒは私の友人であった。私は友人の主張を弁護しながら文人の自由を擁護するという喜びと、私個人の敵であるのみでなく謙虚さの敵でもある仇敵を悩ますという痛快さを同時に味わえた。

私はベルリンに残留する気が毛頭なかった。私は何ものにもまして、常に自由を尊重してきた。文人でこのように自由を享有している者はほとんどない。大部分の者は貧乏である。貧乏は勇気を挫《くじ》く。かくして、宮廷のあらゆる哲学者は近衛武官長と少しも変わることなく奴隷となってしまう。私は、トルコ太守以上に専制的な王に、私の自由がどれほど不愉快な印象を与えずにはいないかを感じた。もっとも彼は宮廷の内部においては愉快な国王であった。それは認められなければならない。

王はモーペルテュイを庇護していたが、しかし彼を誰よりも軽蔑していた。王は彼を反駁した文書を書き始め、マルウィッツという、王の秘密娯楽担当官の一人を使いとして、私の部屋に原稿を届けてよこした。王は地球の中心まで達する穴や、松脂塗付の治療法や、南極遠征や、フテン語都市や、気の毒なケーニッヒに加えられた暴虐を容認した自国翰林院の卑屈さを大いに嘲笑した。しかし、王の座右の銘は、「われ為すにあらざれば、取り沙汰するなかれ」であったので、この問題に関して書かれた文書を、自作以外はすべて焚《や》かせた。

私は王に勲章と、侍従の鍵と、年金とを送り返した。[10] すると王は私を手元に引き留めるため、あらゆる手段を講じた。私は私で王のもとから立ち去るために、できる限りの手段を取った。王は十字勲章と鍵を送り返してよこし、一緒に食事をしたいと望んできた。そこで私は今一度ダモクレスの宴[11]に臨んだ。宴が終わってから、私は再び戻ってくることを約束して辞去したが、王の顔を一生涯二度とは見ない決意を固く抱いていた。

このようにして、わずかの期間に逃げ出した者がシャゾー、ダルジェ、アルガロッティ、それに私と四名にのぼった。事実、我慢のしようがなかった。王侯の側近にいれば苦労が多いのは誰でも心得ている。だが、フリードリッヒは王の特権を少し程度を越えて濫用した。ライオンと山羊が一緒にいるのならともかく、社交には社交の定めがある。フリードリッヒは、人の迷惑になることは何事なりとも口外すべからず、という社交の第一規則を常に破っていた。

彼は侍従のペルニッツに、そろそろ第四回目の改宗をしてはどんなものか、としばしば訊ねた。そして改宗すれば現金で百エキュを進呈しよう、とからかった。

「これはしたり、ペルニッツ」

と王は言い出すのだった。

「余は思い出せぬのじゃが、その方が偽の銀を本物と称して売り付け、ヘーグで金を捲き上げた男は何という名前であったかな？　余の記憶を助けてくれい」

王は気の毒なアルジャンスにも大体これと同じような態度を示した。それにもかかわらず、この二人の犠牲者は残留した。ペルニッツは全財産を食い尽くしていたので、生きんがためには、このような毒気をも呑み込まざるをえなかった。彼はほかに摂るべき食べものを持っていなかった。またアルジャンスには、この世の唯一の財産としては、『ユダヤ人の手紙』と、コショワという名の妻以外には何もなかった。この女は無能な田舎女優であったが、甚だ醜かったので、色々な仕事をやってみたが、どの内職でも少しも稼げなかった。モーペルテュイはといえば、彼は専制国で千ピストールを貰うよりも、自由な国で百ピストールを得る方が価値のあることに気が付かずに、無分別にも財産をベルリンで投資してしまったので、自ら作り上げた鉄鎖に縛られて残留するほかなかった。

① **一七五〇年六月、再びポッダムへの……**　ヴォルテールは一七五〇年六月十八日パリを出発、同年七月十日ポッダムに到着している。

② **アストルフ**（Astolphe）　イタリアの詩人アリオスト（Lodovico Ariosto, 1474–1533）の長編英雄滑稽詩『狂乱のオルランド』“Orlando Furioso, 1504–16”中の騎士の一人。原語アストルフォ（Astolfo）。

③　**アルシーヌ**（Alcine）　同詩に登場する妖女。原語アルチーナ（Alcina）。

④　**サックス元帥**（Maurice, comte de Saxe, 1696–1750）　フランスの将軍。サックス〔ザクセン〕選挙侯、ポーランド王、フランス元帥として多くの勝利を収め、当時最大の武人であった。

⑤　**ラ・メトリー**（Julien-Offray de La Mettrie, 1709–51）　フランスの医師、哲学者。彼の著『人間機械論』“L'homme-machine, 1748”は有名。

⑥　**シラクサのディオニュシオス**（Denys le Jeune; Dionusios,〔367–343 B.C.〕）　小ディオニュシオスと呼ばれているシラクサの僭王。紀元前三六七–三四三年在位。前三六七年、プラトンはディオン（Dion, 409–354 B.C.）――国王の叔父でプラトン主義者――の仲介により、この王廷に招聘され、政治の政革を企てたが、ディオンが暗殺され、失敗に終わった。

⑦　**オレンジの皮……**　この挿話は非常に有名。当時のドゥニ夫人への書簡でもしばしば言及されている（一七五一年九月三日付、同十月二十九日付、同十二月二十四日付同夫人宛等）。しかし、最近の厳密な文献考証の結果としては、これらの書簡には改竄や偽作が多く含まれていて、問題の挿話も、本『回想録』以外に確実な出典はないという。cf. André Magnan: “Dossier Voltaire en Prusse (1750–1753), 1986” p. 27. etc. 以下のモーペルテュイについての書簡（一七五二年七月二十四日付同夫人宛）についても同じ。

⑧　**ケーニッヒ**　1、註③に既出。ヴォルテールはこの数学者を高く買っていたらしいが、事実はそれほどの学者ではなかった。

⑨　**大声をあげたのは……**　ヴォルテールはモーペルテュイの『著作集』と『書簡集』を攻撃し、かつ友人ケーニッヒを弁護して、『教皇侍医アカキア博士の酷評』“Diatribe du docteur Akakia, médecin du pape, 1752" を著した。この著作はプロシア王の命令で一七五二年十二月二十四日焚書にされた。これが王とヴォルテールの関係を最後的に破綻させた原因である。

⑩ **勲章と、侍従の鍵と、年金と……** ヴォルテールは一七五三年一月一日王に勲章、侍従の鍵、年金を送り返し、辞意を表明、王これを認めず。三月十九日再会、辞任円満に決着。

⑪ **ダモクレスの宴** ダモクレスはシラクサの僭王大ディオニュシオス(Denys l'Ancien; Dionusios, 430–367 B.C.)の廷臣。彼が君主の幸運を大いに讃えたとき、ディオニュシオスは王侯の身分の不安定さを体得させるため、まずダモクレスを盛宴に招待し、王と同じ待遇で歓待した。ダモクレスはその贅沢さに恍惚としていたが、ふと頭上を見ると鋭い剣が一本の細い馬の尾毛に吊り下がっていた。ダモクレスは酔いも快楽も醒め果てたという。三月十九日より五回の王との会食を指す。

15　フランクフルト事件

〔ヴォルテール、プロシア王のもとを去り、プロンビエールに向かう。途中フランクフルトでプロシア王の命により逮捕さる。事件の経過とヴォルテールの放免。〕

わがアルシーヌの宮殿を去ると、私はサックス＝ゴータ公爵夫人のもとに赴き、一カ月を過ごした。[1] 夫人は世にも優れた妃で、極めて優しく、極めて賢明、極めて公正な方であったが、しかも有難いことには、詩など少しも書かなかった。ここを出発すると、私はヘッセン辺彊伯〔地方太守の称号〕の別荘で数日暮らした。伯爵はゴータ公爵夫人よりもはるかに詩には縁遠かった。私はほっとした。私はフランクフルト経由で平穏な旅路を続けた。ところがこの地で、甚だ異様な運命が私を待ち構えていた。

私はフランクフルトで病気になった。私の姪の一人に、[2] シャンパーニュ連隊付一隊長の未亡人で、大変に愛嬌のよい、才智に溢れた、そしてパリでは上流社交界の一員と見られていた婦人がいたが、彼女は健気《けなげ》にもパリからマイン河のほとりまで私を出迎えに来てくれた。ところが彼女は俘虜となっている私の姿を見出した。

この結構な事件が起こった次第は以下の如くである。[3]

フランクフルトにフライタークという人物がいた。彼はドレースデンで投獄され、手押し車の労役を宣告されたのち、その町から追放されたのであったが、その後フランクフルトでプロシア王の手先となっていた。プロシア王はこの種の官吏を喜んで用いた。というのは、彼らには、彼らが腕を振るって通行人から捲き上げるもの以外に、給料を払ってやる必要がなかったからである。

この在外使臣と、かつて貨幣贋造のため罰金刑に処せられた前科をもつシュミットという名の商人が、プロシア国王陛下の御名において私に、陛下のお手元より持ち去った貴重なる品物を返却し終えるまでは、フランクフルトを立ち去ることまかりならぬ、と申し伝えた。

「とんでもない！　あなた、あの国から私は何一つ持って来てはおりませんよ、全くの話、離別の悲しみさえ、少しも持っていないのですからね。あなた方が返せとおっしゃる、ブランデンブルク王室の宝物とは一体何ですかね？」

「ソレハ、アヌタ[4]」

フライタークは答えた。

「ワガ御主君ノ、ゴセイ〔御製〕デアルマス」

「そうですか！　陛下の文も詩も喜んでお返しいたしましょう」

と私は返答した。

「もっとも、あの作品については、私は一つならずの権限を持ってはいるわけなのですがね。陛下は自費で出版遊ばした御著作の見事な一冊を私に御寄贈下されたのです。困ったことに、この作品は私のほかの荷物と一緒にライプツィッヒに置いてあるのです」

するとフライタークは私に、ライプツィッヒにあるこの貴重品が到着するまで、フランクフルトに逗留するよう提案した。そして次のような物々しい文書を私に差し示した。

「わが国王陛下返却御希望の御製《ごせい》同封中なるライプツィッヒ所在大荷物当地に到着の上、右御《ご》製《せい》を小官受領次第、貴下は随意に随処に向い出発されるべき事。フランクフルト、一七五三年六月の一日、国王陛下派遣駐在員フライターク」

私はこの文書の下部に、「貴国王御製《ごせい》のため承認す」と書いた。これを読んで駐在員は大いに満足した。

六月十七日に御製《ごせい》の大荷物が到着した。私はこの尊い預り品を間違いなく返却した。そして、もはやどの国王にも何の気兼ねもなしに出発できるものと疑わなかった。ところが、旅立とうとした瞬間、私は引き留められ、私、私の秘書〔コジモ・コッリーニ〕、および私の従者たちは逮捕された。私の姪も逮捕された。彼女は四人の兵士により泥路の中を商人シュミットの家まで連行された。この男はよくは分からないがプロシア王室私設顧問官とかの称号を持っていた。このフランクフルトの商人は、当時プロシア将軍をもって自任していた。彼はこの重大事件に際して、市の兵士十二名を、それ相当の物々しさと威厳を少しも損なうことなしに、指揮していた。私の姪は、フランス国王発布の旅券を所持していたし、それに、彼女はかつてプロシア王の詩を校閲した覚えなどなかった。戦争の修羅場にあってさえ、通常、貴婦人には敬意が払われるものである。しかし、顧問官シュミットと駐在員フライタークは、フリードリッヒのために忠勤を抜きんでるには、かよわき女性を泥の中で引き立てて行けば陛下の思し召しにかなうものと信じていた。

われわれ二人は一種の旅籠《はたご》屋に押し込まれ、門口《かどぐち》には十二名の兵士が見張りに立った。そのほか、私の部屋に四名、私の姪が案内された屋根裏部屋に四名、開け放しで風が吹き通す納屋に四名配置された。この納屋では私の秘書が藁《わら》の上で寝かされた。もっとも私の姪には小さいながらも寝台が与えられていた。しかし小銃の先に銃剣を付けた例の四人の兵士が、寝台の垂れ幕と腰《こし》元《もと》の代わりを務めていた。

われわれは、皇帝陛下《カイゼル》に訴えるとか、フランクフルトで皇帝は推挙されたのであるとか、私の秘書はフロレンス〔フィレンツェ〕人で、皇帝陛下の臣民であるとか[5]、私の姪も私も「キリスト教篤信王[6]」〔フランス国王〕の国民であり、ブランデンブルク辺疆伯〔プロシア王兼担〕と紛争を起こすべき何らの理由も持たないとか言ってみたが、無駄であった。彼らは、フランクフルトでは皇帝よりも辺疆伯の方が威信を持っているのだ、と答えた。

われわれは十二日間俘虜になっていた。しかもわれわれは一日当たり百四十エキュを支払わされた。

商人シュミットは私の荷物を全部取り上げたが、私の手に返されたときには、その目方が半分に減っていた。「プロシア王御製《ごせい》」がこれ以上高くつくことは不可能だったろう。私は、王が私を手元に呼びよせ、私から授業を受けるために費やしたのとほぼ同額の金を消費した。こうしてわれわれはお互いに貸し借りなしになった。

この騒動の大詰めの役者として、ファン・ドルンなる人物が登場した。彼はヘーグで出版業を営み、詐欺が本業、破産は常習という男で、当時フランクフルトに引退していた。私が十三年前、フリードリッヒの『反マキァヴェッリ論』を託したのは、この男であった。思わぬ時に旧知に再会するものである。彼は、国王陛下におよそ二十デュカほどの貸しがあるが、その支払い義務は私にあると主張した。彼は利子や、利子の利子を数え上げた。フランクフルト市長フィシャール閣下は、土地の言葉を借りれば、施政長官市長でもあったが、市長の資格において、この計算が少しも不当でないことを認め、施政長官の資格において、三十デュカの弁償金支払いを私に命じ、そのうち二十六デュカを着服し、四デュカを詐欺師出版者に与えた。

西ゴート人やヴァンダール人なみの野蛮人相手のこの事件[7]が一切片付くと、私はわが宿主たちを抱擁して、彼らの優しい接待に感謝の意を表した。

(1) **わがアルシーヌの宮殿を去ると……** ヴォルテールは一七五三年三月二十六日、ポッダムで王と辞任挨拶の最後の会見、直ちに出発、同月二十七日、ライプツィッヒに到着、同地に二十三日間滞在して出版社との商用その他を済まし、サックス＝ゴータ公爵夫人（Louise-Dorothée de Saxe-Meinigen, duchesse de Saxe-Gotha, 1710–67）のもとに約一カ月滞在、続いてカッセルのヘッセン辺彊伯の別荘に数日逗留、五月三十一日フランクフルトに到着した。

② **姪……** ドゥニ夫人（Madame Denis, 1711–90）を指す。一七四四年夫に死なれて以来未亡人暮らしをしていた。夫人はヴォルテールの姉マルグリット＝カトリーヌ・アルエ（Marguerite-Catherine Arouet, 1686–1726）（のちミニョーPierre-François Mignot に嫁した）の長女である。彼女が叔父を迎えにフランクフルトに到着したのは六月九日であった。

③ **この結構な事件が起こった次第……** フランクフルト事件の経過については、当時のヴォルテールの書簡に詳しい。しかし、一七五三年七月十四日付フォン・ウルフェルト宛書簡に記されている「フランクフルト・アム・マインで起こったことの日誌」'Journal de ce qui s'est passé à Francfort-sur-Main' が本『回想録』と並んで貴重な資料とされてきた。それによると、ヴォルテールとその秘書コジモ・コッリーニ（Cosimo Alessandro Collini, 1727–1806）がフランクフルトに到着したのは五月三十一日、フライタークはその翌朝六月一日ヴォルテールにプロシア王の命令を伝えた。同月九日ドゥニ夫人到来。同十七日夜〔十八日早朝〕問題のプロシア王の詩集フランクフルトに到着。同じく六月二十日、ヴォルテールは契約通り詩集を手交ののち、フランクフルトを出発せんとす。このとき、一行は逮捕され、シュミット宅に連行され、旅籠屋に監禁された。同じ二十日の夕方フライタークの手先ドルンの手によりドゥニ夫人もその宿所で逮捕された。そして衆人環視の中を泥路を通って四名の兵士に引き立てられて、叔父の監禁されている木賃宿まで連行された。その夜、ドルンは夫人の腰元その他を追い出し、彼

女の部屋で食事をし、彼女を犯そうとしたが失敗した。翌二十一日、ヴォルテール一行はフランクフルト市当局に訴え出た。二十二日ドゥニ夫人はプロシア王に事情を訴えた書簡を出した。その間フライターク、シュミット、ドルンに脅され、ヴォルテールは一日当たり百二十八エキュ（本文には百四十エキュとある）支払う約束をしている。同じくドルンの要求により、ドゥニ夫人はフライタークとシュミットに請願書を出し、その手数料を取られた上、六月二十五日放免された。しかしヴォルテールは四名の監視兵に付き添われて、まだ監禁中であった。七月五日、ドゥニ夫人はプロシア王の返書を受け取った。それによれば、ドゥニ夫人は逮捕されるべからざること、ヴォルテールからは詩集の返却のみを求めること、とフライタークに命じた、とあったので翌六日ヴォルテールも放免された。かくしてヴォルテールの一行は七月七日フランクフルトを発つことができた。ドゥニ夫人は、直ちにパリに帰り、ヴォルテールはマインツに向かった。なお、六月五日付でヴォルテールはドイツ皇帝フランツ（マリーア・テレージアの夫）(Kaiser Franz I, 1708-[45-65]) に請願書を書いている。本書巻末「参考文献I」、コジモ・コッリーニ『フランクフルト事件の詳細』参照。

④ **ソレハ、アヌタ**　ドイツ人の喋る下手なフランス語をそのまま写したものである。原文には次の如く書いてある。

"c'être, monsir, l'œuvre de poëshie du roi mon gracieux maître."

なお、この「御製」とは『パラディオム』"Palladium"〔守護神〕という詩集であった。

⑤ **私の秘書はフロレンス人で、皇帝陛下の臣民……**　秘書コッリーニはフロレンス〔フィレンツェ〕人であった。当時フィレンツェ大学博士課程学生（一七五三年七月九日プロシア王宛書簡）とあり。皇帝フランツ一世は一七三五年以後トスカーナ太公を兼ね、三六年マリーア・テレージアと結婚、四五年皇

帝に推戴されたのであるから、フロレンス人は皇帝の臣民のわけである。

⑥ **「キリスト教篤信王」**(le Roi Trés Chrétien) カトリック教会から、当時フランス国王が受けていた一種の称号。

⑦ **西ゴート人やヴァンダール人なみの……** 本書巻末「参考文献I」、コジモ・コッリーニ『フランクフルト事件の詳細』参照。

16　ジュネーヴ近郊に定住

〔ヴォルテール、各所を転々とす。リヨンを通りジュネーヴに至る。ジュネーヴ近郊に住宅を購入し定住す。〕

それから暫くして、私はプロンビエール温泉に保養に行った。私は何よりもレーテの水①を飲用した。不幸というものは、どのような種類のものであっても、忘れてしまうのが何よりだ、と固く信じていたからである。私の姪ドゥニ夫人は、私の生涯の慰め役であり、また文学趣味と私に対するこの上もなく優しい愛情から私と親しく結ばれていたので、プロンビエールからリヨンまで私のお供をしてくれた。

リヨンで私は全市民に歓呼の声をもって迎えられた。しかし、リヨン大司教タンサン枢機卿②からはかなり冷たい応接を受けた。この大司教はフランスを混乱に落とし入れた経済政策の立案者、かのローないしラー③をカトリックに改宗させて一財産作った見事な手際で、人によく知られていた。彼の主宰したアンブラン公会議は、ローの回心で始まった彼の幸運を完成した。彼は、例の「ローの」政策のお蔭で非常に裕福になり、枢機卿の帽子を買うだけのものを手に入れたわけである。

彼は国務大臣であったが、さて国務大臣として、彼は内々私に、私がプロシア王のためフランス王を見捨てたことについて、フランス王は私に対して御立腹であるから、公式な晩餐に私を招待することはできない、と告白した。私は彼に答えて、私は晩餐会などには出席しないことにしている、国王の問題に関しては、私は誰にもまして自分勝手に自分の道を選ぶ世俗人である、これは枢機卿に対しても同じことである、と言った。

私はかねて、サヴォワのエックス温泉を勧められていた。そこで、私は、ある国王の領地下にあったにもかかわらず、この温泉を飲用するために旅立った。ジュネーヴを経由しなければならなかった。有名な医者トロンシャン④は、それより少し以前にジュネーヴに定住したばかりであったが、彼は、エックス温泉は私を殺すであろうと断言し、私に、命を救ってあげようと約束した。私は彼の申し出を受け入れた。カトリック教徒には、ジュネーヴにはもとより、新教を奉ずるスイス諸県にも定住することが許されていない。私が領地を所有することを許されていない、世界のうちの唯一の地方でそれを手に入れることができたら、さぞかし愉快であろう、と私には思われた。

私は、この国でも先例のない一種独自な取引をして、約六十アルパン〔二五〇アール〕の小さな土地を買った。⑤パリ付近の相場の倍額を支払わされた。

しかし、快楽のためにはどんな大金も惜しくはない。住宅は綺麗で住み心地がよい。その外観は魅力的である。それは常に新たな興味を惹き起こし、人を厭《あ》きさすことがない。それは一方ではジュネーヴ湖に臨み、他方では市に面している。ローヌ河が湖水から大きく泡立って流れ出て、私の庭園の端に運河を形作っている。サヴォワから下ってくるアルヴ河がローヌ河に落ち込んでいる。遠くの方には、さらに一つの河が見える。何百という別荘、何百という花盛りの庭園が、湖と河のほとりを彩《いろど》っている。遠景にはアルプス山脈が聳え立ち、その断崖越しに、万年雪に覆われた連峰が百キロの彼方まで見渡せる。

このほかにも、私はローザンヌにこれよりもさらに見晴らしのよい、さらに美しい邸宅を一軒持っている。しかしジュネーヴ近郊の家の方がはるかに快適である。私はこの二軒の住宅で、王侯も与えることのできないもの、というより、王侯によって奪い取られるもの、を味わっている。それは安息と自由である。しかも、それのみでなく、私は時として彼らが与えてくれるものを、彼らの手から受け取る必要もなしに、楽しむことができる。私は『世俗人』[6]の中でかつて歌った、

ああ、この鉄時代の、いかに良き世なることよ！

という生活を、実行に移している。

家具や、乗物や、御馳走等についても、ありとあらゆる生活上の便宜が私のこの二軒の住宅に用意されている。仕事や治療から解放された余暇は、気のきいた人々との落ち着いた交際で満た

される。わが親愛なる文人仲間が見たら、一人ならず無念で憤死しそうな光景である。

ではあるが、私とて裕福に生まれついたわけではなかった。否、それにははるかに遠かった。では、私がどんな方法で、一般収税請負人なみの暮らしができるようにまでなったのか、と私は質問をよく受ける。私の例が何かの役に立てば幸いであるから、それを述べるのもよかろう。私はあまりに多くの文人が困窮し侮蔑されている有様を見てきたので、はるか以前から、その数には加わるまいと決心していた。

フランスにおいては、鉄床《かなとこ》であるか金槌《かなづち》であるかのほかはない。私は鉄床《かなとこ》に生まれた。わずかばかりの遺産などは日ごとに細ってしまう。すべての物品は結局値段が上がって行くものであるし、また政府はしばしば年金や貨幣に手を出してきたからである。それゆえ、借財をいつも背負い、絶えず変動している内閣が国家財政に関して行なうあらゆる政策には、深い注意を向けていなければならない。その政策の中には、誰にも迷惑をかけずに、一私人でも利用できるものが必ず見当たる。それに、自力で財を築くほど、楽しいことはない。第一歩には多少の苦労が伴う。しかし踏み出せばあとは易々たるものである。若いころには、節約して暮らすべきである。そうすれば、年老いたとき、自分でも驚くほどの蓄財が身につく。財産が何よりも必要となるのは、まさにこの時期においてなのである。私はほかならぬこの時期で、生活を楽しんでいるわけである。王侯のもとで暮らしてきたあげく、私は莫大な損失を被ったにもかかわらず、わが家にあって、われとわが身を王侯と化したのである。

① **レーテの水**　ギリシア神話で、レーテは黄泉の国にある河の名。この河の水を飲むと死者は一切の過去を忘れるという。なお、西欧の温泉は、入浴よりも鉱泉飲用による治療の場所である。

なお、フランクフルト事件後のヴォルテールの足取りは、まずマインツに行き（七月七日マインツ到着、三週間滞在）、八月、九月はシュトラスブルク〔ストラスブール〕、十月初旬コルマールに到着。一時はこの地に定住しようとしたらしい。翌一七五四年六月スノンヌに滞在、七月初旬プロンビエールに到着、この地でドゥニ夫人が再びヴォルテール一行に加わった。八月初めコルマールに帰り、同年十一月中旬リヨン着、二十日間ほど滞在の上、同十二月二十二日夕方ジュネーヴに入り、ひとまず友人トロンシャン宅に旅装を解き、続いてプランジャン荘を借り受けて、一週間ほどのちにはそこに落ち着いた。

② **タンサン枢機卿**（Pierre Guérin, cardinal de Tencin, 1679–1758）　リヨン大司教。フランスの政治家。後出。

③ **ローないしラー**　フランスでラーとも呼ばれているロー（John Law <Lass>, 1671–1729）のこと。ローはスコットランド人。ルイ十四世歿後の財政混乱時代、摂政オルレアン公爵に認められ銀行を設立し、初めは成功した。一七二〇年大蔵大臣となり独占的植民地貿易を国民投機の対象として公債処分に資する策を立て、いわゆる「ローの政策」の投機時代を出現せしめた。しかし、この経済政策は大失敗に終わり、全ヨーロッパに銀行の破産とパニックを招来したので彼はヴェニス〔ヴェネツィア〕に逃亡、窮死した。この間の事情については、『ルイ十五世時代史概説』、第二章参照。

④ **医者トロンシャン**（Théodore Tronchin, 1709–81）　スイスの医師。名医として全ヨーロッパに著名であった。

⑤ **この国でも先例のない一種独自な取引……**　医師トロンシャンの同名の一親戚が、ジュネーヴ政府の

参事官だったので、この男の名儀でジュネーヴ近郊にサン＝ジャンという荘園を買ったことを指す。購入したのは一七五五年一月ごろで、支払価格八七、〇〇〇リーヴルであった。ヴォルテールはこの土地が気に入り、大改造して、立派な邸宅を建て、『歓喜荘』'Les Délices' と名付けた。なお、一アルパンは三〇―五〇アール。一アールは一〇〇平方メートル。

他の一つは、ローザンヌ近在のモンリオンという名の所領で、これは「歓喜荘」より少し前に、一七五五年初めに借り受けたものであった。

(6) **『世俗人』** "Le mondain, 1736." 一七三六年の作。なお「鉄時代」は本来「黄金時代」の対照語で、末世の意。

17　七年戦争始まる

〔プロシア王、再びヴォルテールと文通を開始す。その後のヨーロッパの形勢。プロシア王、シレジアに侵入し、七年戦争始まる。フリードリッヒ、苦境に陥る。〕

この平穏で豊かな環境で、全くの独立不羈な生活を私が送り始めると、プロシア王は再び私に関心を向けた。一七五五年〔一七五六年〕、彼は私にオペラを一つ送ってきたが、それは私の戯曲『メロープ』①から種を取ったものであった。これは正直に言って、これまでの彼の作品のうちで、最も出来の悪いものであった。これ以来彼は引き続き私に手紙をよこした。彼の姉バイロイト辺疆伯夫人②は相変わらず私に好意を抱いていてくれたので、この夫人とは、私は途絶えることなく文通を交わしていた。

私はおよそ想像の及ぶ限りの快い生活を隠遁地で送りながら、ヨーロッパの諸国王がこの忠まれた平穏さを味わっていないのを眺め、また、以下で明らかになるごとく、どれほど偉大な王侯の身分よりも、一私人の立場の方が時としては好ましいとの結論を得て、いささか哲学的な喜びを味わった。

イギリスは、数アルパン〔数百アール〕の雪地を獲得するために、一七五六年フランスに海上掠奪戦を宣言した。[3]

それと時を同じくして、ハンガリア女皇〔マリーア・テレージア〕は、プロシア王に強奪された遺恨重なるシレジアを、できるものなら奪還したいという望みを抱いた様子であった。この意図をもって彼女はロシア女帝[4]およびポーランド王アウグスト三世[5]と交渉を続けた。もっともポーランド王とはザクセン選挙侯としての資格によってのみ折衝した。というのは、ポーランド国民とは交渉の余地がないからである。

一方フランス国王〔ルイ十五世〕側では、ハノーヴァー選挙侯たるイギリス国王が海上でフランスに加えた損害の返報として、ハノーヴァー〔連邦〕国に復讐したいと欲していた。当時フランスと同盟を結んではいたが、わが政府に深い侮蔑の念を抱いていたフリードリッヒは、フランスを見限ってイギリスと同盟し、ハノーヴァー家と手を結んだ。[6]これにより一方ではロシア軍が自領プロシアに進撃するのを阻止し、他方ではフランス軍がドイツに侵入するのを妨害するつもりだったのである。これら二つの策では彼は失敗をした。しかし、なお第三の策があり、これでは失敗しなかった。その策とは、友軍という口実のもとにザクセンを侵略し、ザクセン国民から掠奪した戦費を用いて、ハンガリア女皇に戦を宣することであった。[7]

この奇略によって、ブランデンブルク侯〔フリードリッヒ大王〕はただ一人でヨーロッパの全組織を一変させた。フランス国王は彼との同盟を維持したいと望んで、才人で、非常に美しい詩を書くニヴェルネー公爵⑧を彼のもとに派遣した。譜代公爵で、しかも詩人である人物を大使として遣わせば、フリードリッヒの自負心と趣味とを満足させるに相違ない、と思われた。ところがフリードリッヒはフランス国王を馬鹿にして、大使がベルリンに到着したその当日に、イギリスとの条約に調印した。⑨そして、譜代公爵を極めて鄭重に煙に巻き、詩人に対しては寸鉄詩《エピグラム》を一つ書いた。

当時にあっては、国政を左右するのが詩の特権であった。そのころパリに、いま一人の詩人がいた。それは身分の高い、甚だ貧乏な、しかし極めて愛すべき人物、つまり、のちに枢機卿となったベルニス師⑩であった。彼は初めは私を誹謗する詩を書いたが、そののちには私の友人となった。といっても、これは彼にとって何の利益にもならなかった。ところが、彼はポンパドゥール夫人の友人ともなった。そして、この方は彼にとってははるかに有益であった。彼はパルナス山〔文人界〕から呼び出されて、大使としてヴェニス〔ヴェネツィア〕に派遣されたのであった。当時彼はパリにあって、極めて大きな信望を持っていた。

プロシア王は、フライタークがフランクフルトであれほど強硬に返却を要求した、例の立派な「御製集《ごせい》」の中に、ベルニス師を誹謗する一句を折り込んでいた。

ベルニスの益なき冗言を避けよかし。

私は、この詩集とこの一句とが同師の耳にまで達していたとは思わない。しかし、神は、正義を愛されるので、彼を用いてプロシア王に対しフランスのために復讐し給うた。神父は、当時外務大臣であったルイエの反対を押し切って、オーストリア大使フォン・シュターレンベルク氏と攻守同盟を締結した。[11] ポンパドゥール夫人がこの交渉を指図した。ルイエは余儀なくベルニス師と連名で条約に調印した。これは先例のないことであった。もっとも正直のところ、この大臣ルイエは、かつてフランス国王に仕えた閣僚のうちで、最も無能な人物であり、かつて法服をまとった者のうち、最も無知な気取り屋であった。あるとき彼は、ヴェテラビアがイタリアにあるのか、と質問したことがあった。処理の難しい事件のない限り、彼に任せておけた。しかし、重大な問題が起こるや否や、彼の力量不足が痛感され、彼は免官となり、ベルニス師が後任となった。

ポワソン嬢、ル・ノルマン夫人、つまりポンパドゥール侯爵夫人が事実上の首相であった。婦人にも詩人にも気兼ねをしないフリードリッヒが、彼女に対して放った、ある侮辱的な言葉が、侯爵夫人の心を傷つけ、外交上のこの一大転換に少なからず貢献していた。この転換によって、不倶戴天と噂された、二百年余の憎悪を水に流して、フランスとオーストリアの二王家は一瞬にして結ばれた。一七四一年には、オーストリアを粉砕しようと企てていたフランス宮廷が、一七五六年にはその支援をした。かくしてついに、フランス、ロシア、スウェーデン、ハンガリア、ドイツの半ば、および帝国属領がブランデンブルク侯フリードリッヒただ一人を相手に戦を宣する次第となった。

このプロシア国王は、先々代の王が辛うじて二万の兵を養うことができたのに反して、立派に編成され、さらによく訓練され、十分に装備された十万の歩兵と四万の騎兵の軍隊を持っていた。しかし、何といっても、ブランデンブルクに対する敵軍は四十万を超す総勢であった。

この戦争においては、各参戦国が自軍に奪取できる範囲の土地をまず略奪するという事態になった。フリードリッヒはザクセンを奪い、フランスはフリードリッヒの領土をゲルダーラントの都市からウェーゼル河畔のミンデンまで奪い、さらに一時は、ハノーヴァー選挙侯国の全域、およびフリードリッヒの同盟国ヘッセンを占領した。ロシア女帝は全プロシアを奪った。プロシア王は最初ロシア軍に敗れた[12]が、オーストリア軍を敗り、[13]そののち、一七五七年六月十八日、ボヘミアでオーストリア軍に敗られた。[14]

もしいま一度会戦に敗れたならば、この独裁王は完全に粉砕されてしまうに相違ない形勢であった。ロシア軍、オーストリア軍、さらにフランス軍によって四方八方より圧迫され、彼自身ももはや駄目だと信じた。リシュリュー元帥[15]は、シュターデン近郊で、ハノーヴァーおよびヘッセン軍と和議を結んだ[16]ところであったが、その内容はカウディウム分岐路の和約[17]を偲ばすものがあった。この両国は軍隊の使用禁止を命ぜられていた。元帥は六万の兵を率いて、まさにザクセンに侵入せんとしていた。スービーズ太公[18]も他の方面より三万余の軍をもって、同じ地方に侵入を期し、帝国連合軍の支援を受けていた。その方面よりベルリンへの進撃が行なわれていた。

オーストリア軍は再び勝利を占め、既にブレスラウに入っていた。さらに、この軍の一将軍[19]は長駆してベルリンにまで到り、同市から徴発を行なった。プロシア王の財宝はほとんど尽き果て、遠からずして、もはや村一つとして残らない状態に立ち至るとしか思えなかった。彼は帝国領内より追放されようとしていた。彼の裁判が開始されていた。彼は反逆者であると宣告されていた。かくして、もし彼が捕らえられたならば、斬首の刑に処せられたに相違ないところであった。

(1) **『メロープ』** "Mérope" 一七三六年作、一七四三年初演の五幕悲劇。フリードリッヒが模作オペラ『メロープ』"Mérope, opera en trois actes, 1756" (Œuvrs, T. XIV, pp. 409-47) をヴォルテールに送ったのは一七五六年(一七五六年一月一日サックス＝ゴータ公爵夫人宛書簡、同年二月十日ダランベール宛書簡)。

(2) **バイロイト辺彊伯夫人** (Sophie Friederike Wilhelmine, Markgräfin von Beyreuth, 1709-58) フリードリッヒの姉。上述(2、註(2))のウィルヘルミーネのこと。一七三一年十一月バイロイト辺彊伯皇太子と結婚す。

(3) **数アルパンの雪地を……** 一七五五年アメリカでイギリスとフランスの間に植民地争奪戦が勃発し、翌一七五六年、両本国間に戦争が宣言された。この間の事情は『ルイ十五世時代史概説』、第一三章に詳しい。

(4) **ロシア女帝** 女帝エリザベータ (Elisabetha Petrowna, 1709-[1741-62])。一七五七年二月、オース

トリア・ロシア政守同盟が結ばれた。

⑤ **ポーランド王アウグスト三世**（Friedrich August III, 1696–［1733–63］）。

⑥ **当時フランスと同盟を結んではいたが……**　一七四四年五月プロシアはフランスと防禦同盟を結んでいた（12、註③参照）。

⑦ **友軍という口実のもとにザクセンを侵略……**　フリードリッヒがザクセン侵入を決意したのは一七五六年五月十一日であった。これがいわゆる七年戦争の端緒。七年戦争およびその前後の詳細については『ルイ十五世時代史概説』、第三一—三五章を参照。

⑧ **ニヴェルネー公爵**（Louis-Jules Mancini, duc de Nivernais, 1716–98）　フランスの政治家、詩人。「譜代公爵」（duc et pair）は最高の由緒正しい公爵の称号。

⑨ **イギリスとの条約に調印……**　一七五六年一月十六日、プロシアはイギリスと同盟を結んだ。

⑩ **ベルニス師**（François-Joachim de Pierre, cardinal de Bernis, 1715–94）。

⑪ **攻守同盟……**　一七五六年五月一日フランスはオーストリアと攻守同盟を結んだ。

⑫ **最初ロシア軍に敗れた**　一七五七年八月三十日、フリードリッヒ軍はイェーゲルスドルフでロシア軍に敗れた。それゆえ、「最初」とあるが、この敗戦の方がオーストリア軍に敗れたのより後のことである。

⑬ **オーストリア軍を敗り**　一七五七年五月六日プラークの会戦。

⑭ **ボヘミアで……**　一七五七年六月十八日、コリンの会戦でフリードリッヒは大敗し、全ボヘミアを放棄した。

⑮ **リシュリュー元帥**　7、註⑥参照。

⑯ **シュターデン近郊で……** リシュリュー公爵がハノーヴァーおよびヘッセン軍を降服させたのは、一七五七年九月八日、和議の締結は同月十日のことである。

⑰ **カウディウム分岐路の和約** 紀元前三二一年、スプリウス・ポストゥミウスの率いるローマ軍がカウディウムの分岐路でサムニト軍に包囲され、屈辱的な和議を強制された故事に基づき、すべて敗者に課せられる屈辱的な和議を「カウディウム分岐路の和約」という。

⑱ **スービーズ太公**（Charles de Rohan, prince de Soubise, 1715–87）。

⑲ **この軍の一将軍** オーストリア軍の将軍ハーディク（Andreas, Reichsgraf Hadik von Futak, 1710–90）を指す。

18　プロシア王の絶望と栄光

〔フリードリッヒ、一時は自殺せんとす。王の辞世の書簡詩。ヴォルテール、工の翻意を促す。ロースバッハの勝利、王を救う。タンサン枢機卿、フランスとプロシアを和議せしめんとし、ヴォルテール、仲介の労を取る。交渉失敗に終わる。フランスの損失。プロシア王の隆盛。〕

この窮地に追い込まれて、一時は彼も自殺しようかという気になった。彼は姉、バイロイト辺彊伯夫人に、自決するつもりだ、と手紙を書いた。彼は幾つかの詩を残さずに幕を下ろしたくはなかった。彼にあっては、詩に対する情熱が、生に対する厭悪《えんお》よりもはるかに強かった。

そこで、彼はアルジャンス侯爵に長い書簡詩《エピートル》を書き、その中で自分の覚悟を知らせ、訣別の辞を宣《の》べた。その書簡詩《エピートル》が、主題や、それを書いた人や、またこれを寄せられた相手の人物によって、いかに珍重なものであるにしても、到底ここに全文を書き写すことはできない。あまりにも同じ言葉の反復が多いからである。しかし、北国の一君主の作としては、かなり器用に書きこなされている若干の箇所も見当たる。以下がその数節である。

やんぬるかな、友よ、こと畢《おわ》りぬ。
最早、不運に屈しつつ
逆境の軛《くびき》を負いゆくに耐えず、
われ命数を絶たんとす。
われらが母なる大自然は
不幸に満てるわが日々に
恵み豊かに定命を賜いたれど……。
固き覚悟に、まじろぎもせず
われは楽しき最期に向う。
しかる後には、運命の矛も最早われをば襲うことなからん。
さればわれには、怖れも苦しみもなし。
さらば栄光よ、さらば幻想よ、
なれの儚き閃光に
わが眼は最早迷わされず。
かつて、汝が偽りの輝きは、わが青春の日に

　おぞましくも、不遜の願いを
開花させしが、そは遠く消え去り、
　真理の学び舎
　哲学に育まれしわれを、
人の世の迷妄の夢の生み出す
浮薄なる思いより、ゼノン[1]は醒ませり。
　さらば、この世ならぬ快楽よ、
さらば、軟弱におもねり心惑わす喜びよ、
　その数々は怪しき魅力もて、
花の鎖にて喜悦を繋がんとす。
されど、神よ、悲しみに打ちひしがれて、
いかんぞわれ愉悦の数々を数え立つべけんや？
　禿鷹の爪のうちにありて、
　力弱き小鳩の、
　また怖れおののく雲雀の
　愛を歌い憧るべけんや？
既に永らく、わがためには、日の光も

災いの影濃き日々を照らすのみなり。
既に永らく、甘き眠りの夢も
わが悩み多き瞼に憩を恵まんとせず。
今朝もわれ、涙に眼曇らせて思いぬ、
　やがて明けゆかん日も
　新たなる不幸をわれに告げん、と。
夜の闇にわれは繰り返せり、わが悩みを
とわに化すべく汝はまた来たらんとす、と。
汝ら、わが崇むる自由の勇者、
カトー[2]の霊よ、ブルートゥス[3]の幻よ！
　汝らが輝かしき鑑は、
　誤り惑えるわれを照らす。
　汝らが棺の松明《たいまつ》こそ、
汝らがいにしえの徳行もてわれらに行方を示し、
衆愚の知らざる道をわれに教う。
迷信の胎より生まれ出づるが如き
華美なる幻影、架空譚をわれは排す。

かくて人の本性を窮めんがため、
　われらがまことの姿を知らんがため、
われは宗教に頼らんとはせず。
　わが師エピクロス④はわれに教う、
　時の苛酷なる呪いの手は
　集り成れる存在を分解す、と。
　かの息、かの火花、
動き働く肉体の、かの生きたる火は
　不滅の本性を持つにあらず、と。
そは肉体と共に生まれ、幼時は生育し、
　激しき苦痛を味わい、
迷い、力弱まり、老齢には衰う。
そは恐らく、久遠の闇の至りて
われらを生者の数より奪い去るとき、滅びん。
敗れ、追われ、世に休ろう所なく、
　信なき友に裏切られ、
　われ深き悩みの淵にて、

この世の不幸に苦しめり。
かの偽り多き物語に伝えられたる
黄泉のプロメテウス[5]も、かくは苦しまず。
かくて、わが身の苦悩を終えんがため、
地下牢の底のかの不幸なる人々の、
辛き運命に厭き、牢役人を欺きて、
必死の力もて己れの鉄鎖を絶つが如く、
われは呪われし束縛を断たんとす。
その精妙なる網の目は
悲嘆に蝕まれたるこの身に
わが魂をあまりにも永く縛ぎたり。
友よ、この残酷なる描写に
わが死の真意を読み取られよかし。
少なくとも、われ墓所に無と化して、
神と崇めらるるを望むとは思うなかれ。
されど再び春の甦りて、
その豊かなる胸より、花咲き出づる時は、

必ずわれを偲びて、ミルトと薔薇の
　花束もてわが墓を飾れよかし。

彼〔アルジャンス〕は私にこの王自筆の書簡詩を送ってよこした。この中には、ショーリュー師⑥や私から剽窃《ひょうせつ》した半句が沢山ある。思想は支離滅裂で、詩は概してうまく書けていないが、よく出来た部分もある。それに、彼の如き境地にあって、二百行もの下手な書簡詩を書くということは、それだけでも君侯としては大出来である。彼は、世人から、普通の人間なら大抵心が動揺するようなときにも、心の平静と自由をあくまで保ち続けた、と言われたかった。

彼〔王〕が私によこした手紙も同じ気持を示していた。しかし、そこにはミルトや薔薇、イクシオン⑦や深き悲しみなどという表現がより少なかった。散文で私は、死ぬことに決めたという彼の決意を打ち破った。そして苦もなく、生き長らえることに翻意させた。私は彼に、リシュリュー元帥と交渉を開始し、カンバーランド公爵⑧に倣うことを勧めた。要するに私は、まさに王位を失わんとして絶望の淵に沈んでいる詩人を相手に、思う存分の腕を発揮した。彼は事実リシュリュー元帥に手紙を書いたが、〔満足のいくような〕応答がなかったので、われわれと一戦を交える意を固めた。彼は、スービーズ太公を攻撃する、と私に知らせてきた。彼の手紙は、彼の身分、地位、勇気、才智に、より相応しい詩句で結ばれていた。

難破の危機の迫れるを見し時は、
嵐に敢然と立ち向かいて、王者らしく
思慮し、生き、死ぬべかりけり。[9]

フランス軍と皇帝軍に向かって進撃を開始するに際して、彼は姉、バイロイト辺彊伯夫人に、生還を期していない、と書いた。しかし彼は自分で口にした以上に、また自分で予期していた以上に運が良かった。一七五七年十一月五日、彼はザクセン国境付近のロースバッハで、かなり有利な地点を占めてフランス軍と皇帝軍を迎え撃った。そして、王は、かねて生還を期さないと常々言っていたので、王弟ハインリッヒ太公[10]がプロシア五大隊の先頭に立って、〔王に代わって〕王の約束を果たすことを命じた。この五大隊は敵軍の最初の進撃を支える任を帯びていたが、その間、王の砲兵部隊が敵に激しい砲撃を加え、王の騎兵部隊が敵騎兵部隊を攻撃することになっていた。

事実ハインリッヒ太公は喉に銃剣で軽い負傷を受けたが、恐らく、その日の戦いで傷を受けたプロシア人は彼一人だったと思う。フランス軍とオーストリア軍は一斉射撃を受けるや否や逃亡した。これはかつて史上に知られている敗北のうち、前代未聞で最も徹底的なものであった。ロースバッハのこの会戦は今後永らく青史に名を留めることであろう。三万のフランス軍と二万の皇帝軍が、五大隊と若干の騎兵隊の前に恥ずかしくも慌てふためいて敗走するのが見られたのである。アザンクール⑪や、クレシー⑫や、ポワティエ⑬の敗北もこれほど屈辱的ではなかった。

父親が基礎を築き、息子が強化した軍規と訓練が、この目ざましい勝利の真因であった。プロシアの訓練は過去五十年を要して完成されたのであった。フランスにおいても、他のすべての諸国の例に洩れず、それを模倣しようと企てられた。しかし、フランス人の如き規律的精神に乏しい兵士を相手に、わずか三、四年のうちに、五十年もの間プロシア人に施されてきた訓練を実現することなど、できようはずがなかった。その上、フランスではほとんど閲兵のたびごとに、教範が変わっていた。その結果、将校も兵士も毎回一変する新教練がよく覚えきれないので、結局何一つ身に付かず、事実上何らの軍規も訓練も持っていなかった。つまるところ、プロシア軍の姿を見ただけで、全軍が潰走し、かくして運命はフリードリッヒを、十五分のうちに、絶望のどん底から幸運と栄光の絶頂へと一躍させた。

しかしながら、彼はこの幸運が極めて一時的なのではあるまいかと懸念した。彼はフランス、ロシア、オーストリア兵力の全圧力に対抗しなければならないのを恐れた。そこで彼としては、ルイ十五世をマリーア・テレージアから引き離したいものだと望みそうなところだった。

ロースバッハの呪わしい日の知らせを聞いて、フランス全国民は、ベルニス師がウィーン宮廷と結んだ条約に対して不平の声をあげた。リヨン大司教タンサン枢機卿は引き続き国務大臣の地位を維持し、フランス国王と特別な連絡を持っていた。彼はほかの誰にもまして、オーストリア宮廷との同盟に反対であった。彼はかつてリヨンで私を迎えてくれたが、その応接振りに関して私があまり満足でなかったことは、彼自身がよく知っているはずであった。ではあったが、隠遁しても身に付いて回り、また人の主張するところでは、地位のある人々からは決して離れないといわれる策謀癖から、彼は、バイロイト辺彊伯夫人に勧告して、わが身を頼りとさせ、弟国王の利害を自分に託させるために、私と結ぶ気になった。彼はプロシア王をフランス王と和解させ、和平を斡旋するつもりでいた。バイロイト辺彊伯夫人とその弟プロシア王をこの交渉に引き込むのは、大して難しいことではなかった。この交渉は成功しそうもないことが私にはよく分かっていただけに、私は喜んで仲介の労を引き受けた。

バイロイト辺彊伯夫人は弟国王の名において手紙をよこした。この王妃と枢機卿との文通は私の手を通じて行なわれた。心ひそかに、私はこの大計画の仲介者であることに満足を覚えていたが、恐らくはそのほかにも一つの喜びがあった。それは、わが枢機卿が自ら進んで大落胆の種を蒔いているのを感じる喜びであった。彼はフランス国王に立派な書簡を呈上し、それに添えて辺彊伯夫人の手紙を送った。ところが、余の意向については外務大臣〔ベルニス師〕より追って知らせるであろう、というかなり冷淡な勅答を受けて、彼はことの意外さに呆然とした。

事実、ベルニス師が枢機卿に、〔プロシア側に対して〕なすべき返答を命じた。この勅答は、交渉受け入れの断固とした拒絶であった。枢機卿はベルニス師が送ってきた返答書の原文に署名することを強要された。彼はすべてを無にしたこの悲しい書面を私に回送してきた。そして、それから二週間ののち、心痛のあまり死んでしまった。

人が心痛のあまり死ぬなどということも、また大臣とか老枢機卿とかの輩《やから》があれほど厚かましい心を持っていながら、なおかつ、小さな落胆のため打撃を受けて死ぬほどの感受性を備えているなどということも、私にはいまだによく納得がいかない。私の意図は彼をからかい、口惜しがらせるにあったので、死なせようとは思っていなかった。

プロシア王に敗られ、恥辱を受けた以上、この王に対して和平を拒絶したフランス内閣の態度には一種の偉大さがあった。またオーストリア家のためには、なおかつ犠牲を惜しまないという節義と十分な善意があった。しかし、この徳義心は長い間にわたって運命から不当な返報を受けた。

ハノーヴァー軍、ブラウンシュウァイク軍、ヘッセン軍は、われわれほど彼らの条約に忠実ではなかった。しかも彼らはそのために利益を得た。彼らはリシュリュー元帥と契約して、今後は自軍をわれわれに対して行動させないこと、退却を命ぜられたエルベ彼岸の地点まで河を渡って退くこと、を誓ったのであった。しかし彼らは、われわれがロースバッハで敗北したと知るや否や、カウディウム分岐路の和約〔屈辱的和約〕を破った。軍規の弛緩、脱走、疾病のためわが軍は潰滅し、一七五八年春におけるわが全軍事行動の成果は、かつて一七四一年の戦争にマリーア・テレージアを敵として戦ったときの損失に劣らず、今度はマリーア・テレージアを助けたために、ドイツで三億エキュの財と五万の将兵を失ったことであった。

テューリンゲンのロースバッハでわが軍を撃破したプロシア王は、直ちに、その地より二百キロの地点にオーストリア軍を討ちに向かった。フランス軍は、その時ならまだザクセンに侵入できた。勝利軍は他方面に進撃しつつあった。フランス軍を阻止するものは何もなかったであろう。しかし、彼らは既に武器を投げ捨て、大砲も、弾薬も、糧食も、そして何よりも理性を失ってしまっていた。彼らは四散した。敗残兵の集結は容易なことではなかった。フリードリッヒは、それより一カ月ののち、翌月の同じ日付のころ、ブレスラウ付近で、オーストリア軍とさらに有名な、さらに激しい会戦を行ない、一大勝利を占めた。[14] 彼はブレスラウを奪還し、その地で一万五千の捕虜を得た。シレジアのほかの地方も彼の支配下に戻った。グスターヴ・アドルフ[15]もこれほどの大事業は果たさなかった。それゆえ、彼の詩、彼の嘲笑、彼のこまごました意地悪はもとより、女性を尊重しなかった罪業でさえも、大目に見られるべきであった。人間のあらゆる欠点が、英雄の栄光の前に消え去った。

(1) **ゼノン** (Zenon, circ. 335–circ. 263B.C.) 「キュプロスのゼノン」と呼ばれている。禁欲主義を主唱するストア哲学の創始者。「不動心」(apatheia) を説く。

(2) **カトー** 小カトー (Marcus Porcius Cato Minor. 95–46 B.C.) を指すものと思われる。護民官としてローマの自由を擁護し、カエサルにポンペイウスとともに対抗、後者の敗死後自殺す。

(3) **ブルートゥス** (Lucius Junius Brutus) ローマ史に名高い政治家。ローマの王制を廃し、共和制の基礎を築いたと伝えられる。ヴォルテールは、この人物を劇化して悲劇『ブルートゥス』"Brutus, 1730" を書いている。

④ **エピクロス**（Epicure; Epicouros, 341–270B.C.）　快楽主義の代名詞とされているエピクロス哲学の創始者。「平安心」（ataraxia）を説く。

⑤ **プロメテウス**（Prometheus）　ギリシア神話の英雄。人類のために天界より火を盗んできたためゼウスに罰せられ、岩に縛られて鷲に肝をえぐられるという苦業を課せられた。

⑥ **ショーリュー師**（abbé Guillaume Aufrye de Chaulieu, 1639–1720）　アナクレオン派的詩人。

⑦ **イクシオン**（Ixion）　ギリシア神話の人物。ゼウスの怒りに触れ、黄泉の国に落とされ、そこで永久に回転する車輪に結び付けられた。ヴォルテールへの王の書簡は一七五七年十月九日付。

⑧ **カンバーランド公爵**（William-August, Duke of Cumberland, 1721–65）　イギリスの将軍。ハノーヴァー軍を率いて、リシュリュー公爵軍と戦い敗れた。前章で「カウディウム分岐路の和約」を結ばされたのはこの公爵である。なお、フリードリッヒは一七五七年九月六日、リシュリュー元帥宛に手紙を出している。ヴォルテールから王への手紙は一七五七年十一月十三日付。

⑨ **難破の危機の……**　この詩の原文は次の如し。

Quand on est voisin du naufrage,
Il faut en affrontant l'orage
Penser, vivre et mourir en roi.

しかし例によって、この引用はヴォルテールのいい加減な記憶に基づいたものらしく、彼の『プロシア王との往復書簡集』中には次の如く引用されている（一七五七・一一・一三）。

Pour moi, menacé du naufrage,
Je dois, en affrontant l'orage,

Penser, vivre, et mourir en roi.
難破の危機に脅かさるるわれなれど、
嵐に敢然と立ち向かい、王者として、
思慮し、生き、死ぬべかりけり。

⑩ **王弟ハインリッヒ太公**（Heinrich, Prinz von, 1726–1802）

⑪ **アザンクール**　一四一五年フランス軍がイギリス軍に敗れた土地の名。

⑫ **クレシー**　一三四六年、フィリップ・ド・ヴァロワがイギリスのエドワード三世に敗れた地名。

⑬ **ポワティエ**　一三五六年、フランスのジャン二世がイギリスのエドワード三世に敗れ、捕虜となった地名。

⑭ **翌月の同じ日付のころ……**　一七五七年十二月五日のロイテンの会戦を指す。フリードリッヒはこの会戦でオーストリア軍を大破した。ロースバッハの会戦は十一月五日であったから、丁度一カ月目に当たる。なお彼は同十二月十九日にはブレスラウを奪還している。

⑮ **グスターヴ・アドルフ**（Gustave II Adolphe, 1594–[1611–32]）　スウェーデン王。三十年戦争の名将。

追記I

1　カルヴィン派牧師との論争

歓喜荘《レ・デリース》(1)にて、一七五九年十月六日。

〔ヴォルテールのジュネーヴにおける生活。カルヴィン派牧師との論争に勝利を得。フランス領に土地二箇所を購入す。〕

私はここまでで、私の回想録の筆を止めておいた。ベールが彼の愛する母刀自《とじ》によせた手紙や、デ・メーゾーの著したサン＝テーヴルモン(2)の伝記や、モンゴン師の綴った自叙伝と同じく、この回想録も何の役にも立たないと考えたからである。しかし、あるいは目新しく、あるいは面白く思われる多くの事実に惹かされて、私は再び、われとわが身にわが身の上を物語るという馬鹿げたことをする気になった。

私の部屋の窓からは、ピカルディー人、ジャン・ショーヴァン、いわゆるカルヴィン③がかつて統治していた都市と、彼がセルヴェトゥス④をその魂の救いのために焚刑に処させしめた広場とが見える。

この国のほとんどすべての僧侶〔牧師〕は、今日セルヴェトゥスと同じような思想を持ち、彼以上に出てさえいる。彼らは、神なるイエス・キリストを全然信じていない。そこで、かつては煉獄《れんごく》においてさえ情け容赦をしなかったこれらの先生たちも、地獄に堕ちた魂に恵みを施すほどにまで人道化した。彼らの言によれば、それらの魂の刑罰は決して永遠ではなく、テセウス⑤はいつでも定められた席に坐っているわけではなく、シスュフォス⑥はいつまでも岩を転がしているわけではない。かくして、彼らは、もはや信じられていない地獄を化して、かつては信じられていなかった煉獄となした。これ〔宗教改革以降、新旧教義間の対立・抗争が政治とからんで、現世が煉獄と化したこと〕は人間精神の歴史におけるかなり立派な一革命である。ここにこそ、喉を突いて殺し合い、火刑台に火をつけ、サン＝バルテルミー騒ぎ⑦を演ずるだけの相当な理由があった。しかしながら、今ではお互いに悪口さえ言い合ったことがない。それほど習俗が一変しているのである。

説教者の一人⑧に罵言を受けた私だけがその唯一の例外であろう。それは、私が厚かましくも、ピカルディー人、カルヴィンは無慈悲な心の持主で、まことに不当にもセルヴェトゥスを焚《や》き殺させた、と〔『習俗試論』第一三四章（一七五六版）の中で〕公表したからであった。何とぞ、この世の矛盾に感服して頂きたい。これらの人々は、ほとんど公然とセルヴェトゥスの徒でありながら、しかもカルヴィンがセルヴェトゥスを生木の薪に乗せて、とろ火で焚き殺させたのは面白くないと、私が言ったからということで、私を罵《ののし》るのである。

彼らはカルヴィンが善良な人間であったことを私に正当な手続きで証明しようとした。彼らはジュネーヴ市参事会に、セルヴェトゥス裁判の記録を見せてくれと請願した。参事会は彼らより賢明だったので、それを拒絶した。彼らは、ジュネーヴにおいて私を誹謗する著作を書くことを禁止された。私はこの小さな勝利を、今世紀における理性の進歩の、最も見事な実例だと見做している。

哲学はその敵に対するさらに偉大な勝利をローザンヌにおいて勝ち得た。この地方で、若干の聖職者が発案して、キリスト教の名誉のためにと称し、私を誹謗した何かつまらない書物[9]を編集した。私は苦もなく対策を講じて、全印刷物を押収させ、裁判所の権威により発売禁止に処させた。恐らく、神学者たちが沈黙を強いられ、一哲学者に対する尊敬を強要されたのは、これが最初のことであろう。私がこの国を熱烈に愛さざるを得ないのも、もっともの話ではあるまいか。思索を好む人々に私は忠告したいが、国の首脳者たちに、「明日は私のところへ食事に来ませんか」と言えるような共和国に暮らすことは、まことに楽しいものである。

とはいえ、私はまだ十分に自由ではなかった。そこで、私の考えでは多少の注意に値することであるが、私は完全に自由を楽しむために、フランスに土地を購入した。ジュネーヴから四キロほどの地点に、私に恰好なのが二つあった。[10] この二つとも、かつてはジュネーヴ市のあらゆる特権を与えられていた土地であった。私は幸いにも王から証明書を貰うことができ、そのお蔭でこれらの特権はそっくり私に譲渡された。要するに、このようにして、私は、同時にスイスと、ジュネーヴ領と、フランスにあって誰にも拘束されない立場にいられるように私の前途を定めた。

(1) **歓喜荘** (Les Délices) ヴォルテールがスイス近郊の別荘につけた名。16、註(5)参照。

(2) **サン＝テーヴルモン** (Charles de Marguetel de Sain-Denis de, seigneur de Saint-Evremond, 1610–1703) フランスの軍人。詩人。文筆家。彼のローマ史論はモンテスキュー (Charles de Secondat, baron de la Brède et de Montesquieu ; 1689–1755) に影響した。モンゴン師 (abbé Montgon) の伝記とは "Recueil des Lettres et Mémoires écrits par M. l'abbé de…, 1732." 詳細未詳。

(3) **カルヴィン** (Jean Calvin, 1509–63) スイスの宗教改革者。一五四一年以来彼はジュネーヴにあって改革を行ない、新教に基づく厳格な宗教的制度のもとに統治を行なった。

(4) **セルヴェトゥス** (Michael Servetus [Miguel Serveto], 1511–53) スペインの医師、神学者。一五五三年ジュネーヴでカルヴィンに審問され、異端者として焚殺された。

(5) **テセウス** (Theseus) ギリシア神話の英雄。黄泉の国に降ってから、下界の王プルトンを怒らしたため、永久に定められた席に坐っているという罰を受けた。

(6) **シスュフォス** (Sisuphos) ギリシア神話の人物。死後冥府で、転がり落ちてくる岩を絶えず丘の上に押し上げる罰を受けた。

(7) **サン＝バルテルミー騒ぎ** シャルル十二世の治下、一五七二年八月二十三日、サン＝バルテルミー祭の前夜、パリで新教徒の大虐殺が行なわれた事件をいう。この事件はヴォルテールの長編叙事詩『ラ・アンリアード』中にも歌われている。

⑧ **説教者の一人** ラ・ボーメル（Laurent, Angliviel de La Beaumelle, 1726–73）を指す。セルヴェトゥス裁判の記録を参事会に要求したのも彼らしい。たとえば、一七五七年十月二十一日付ベルトラン宛書簡参照。

⑨ **何かつまらない書物** フランソワ・グラセ（François Grasset, 1722–89）の編集書『文芸戦、別名ド・ヴ氏の作品選集』"La Guerre littéraire ou Choix de quelques pièces de M. de V., 1759" を指す。しかし「発売禁止」にされた事実はないという。

⑩ **恰好なのが二つ……** 一七五八年十二月ヴォルテールはトゥルネー伯領に一カ所、ジェーのフェルネー（ヴォルテールは多くの場合 Ferney と書いているが、Fernex が正しいという）に一カ所（正式契約は翌五九年二月）、土地を購入している（ティリオ宛書簡一七五八・一二・二四付参照）。殊にフェルネー領は彼の気に入り、一七六〇年以後は、死の直前パリに出るまで、ほとんどここに住んでいる。

2　パリ情勢回想

〔ヴォルテール、パリの情勢を回想す。「告白証明書」事件、国王傷害事件、『百科全書』の迫害等。〕

自由についてさまざまに論じられているのを私は耳にするが、私には、私人にして私の享有しているほどの自由を勝ち得た人が、ヨーロッパに一人でもいるとは思えない。その意志なり、その能力のある人は、誰でも私の先例に倣ってもらいたいものである。

私がこの自由とこの平静をパリから遠く離れたところに求めたのは、何といっても絶好の時期においてであった。その当時パリの市民は幼稚な争いに没頭して、フロンド時代[1]にも劣らず、愚かで逆上していた。内乱が起こらなかっただけがまだしもであった。当時のパリには、ボーフォール公爵[2]のような「市場の王」も、短刀片手に祝福を述べる副大司教[3]もいなかった。市民の紛争があっただけである。

この騒動は、あの世へ行くための兌換券[4]からまず始まった。この券は、既に述べた如く、パリ大司教ボーモンが創案したものであったが、この僧侶は頑迷で、狂信のあまりにどんな悪事でも平然と行なう一徹な馬鹿で、カンタベリーのトーマス[5]といった趣の真の聖人であった。争いは養育院の一地位に関して激した[6]。この席をパリ高等法院はその指令によって決しようとし、これに対し大司教は、それを教会だけに任命権のある聖職だと主張した。全パリがそれぞれの側に荷担した。ヤンセン派とモリナ派の小党派が相互に容赦なく争いあった。国王は、往来で殴り合っている人々をよく処分するのと同じやり方で、彼らを取り扱った。つまり、喧嘩している連中を引き離すために双方にバケツの水を掛ける策である。王は、当然のことながら、両派共によろしくないと裁定した。しかしそのため彼らは一層憎み合った。

王は大司教を追放し、高等法院を追放した[7]。しかし、主人たる者は、後任として据えるべき者について、確実な腹案を持っていない限り、使用人を追い出すべきではない。宮廷は結局高等法院を呼び戻さざるを得なかった。というのは、訴訟に裁判を下すために設立された、王廷参事官や〔高等法院〕審理部委員よりなる裁判所は、王立と名付けられたものの、お顧客《とくい》を見付けることができなかったからである。パリ市民には、高等法院と呼ばれる法廷以外には訴訟を提出すべきではないと、頭に滲《し》みこんでしまっていた。かくして、高等法院の全法官が呼び戻され[8]、彼らは王に対して目ざましい勝利を得たと信じた。

彼らは、王に対する勧告書のある一つの中で、温情をこめて王に諫言して曰く、「今回の処置が悪例であった」からには、少なくとも王は二度と再び王の高等法院を追放すべきではない、と述べた。ついには、彼らが余り勧告をするので、王はせめて〔大法廷、予審部、審理部、刑事部等よりなる」高等法院部局の一つを廃止し、他を改組しようと決意した。すると彼らは、大法廷を除き全員辞表を提出した。不平の声が爆発した。人々は法廷で公然と王の非を鳴らした。

すべての人の口から発する非難の焰《ほのお》が、大会議室にしばしば出入りするダミアン⑨という一下僕の頭に不幸にして燃え移った。この法服の狂信者の裁判によれば、彼は王を殺す意図は抱いておらず、単に王を少し痛い目に遭わせるつもりであったことが明らかである。人間の頭には、どんな考えが浮かぶか分かったものではない。この下郎はかつてイェズイタ派のある学校の小使であったが、この学校で私は、生徒が小刀で切り掛かり、小使が同じ武器でそれに応戦しているのをしばしば見たことがある。そんなわけで、ダミアンは上記の如き決意を固めてヴェルサイユ宮殿に行き、羽毛ペンを削る小さな小刀を振るって護衛兵や廷臣のただ中で王を傷つけた。

この戦慄すべき事件が伝わると、人々はまず、この加害がイェズイタ派僧侶の差し金によるものだ、と非難せずにはいなかった。人々の言うところによれば、イェズイタ派僧侶は旧い慣習により、そのような事件の占有権を持っていた。私はグリフェという一神父の手紙を読んだが、その中で彼は書いていた。

「今回はわれわれのしたことではない。今や、法官諸氏の出る幕である」

暗殺者を裁判するのは当然宮廷重罪裁判所長の任であった。犯罪が王宮内で行なわれたからである。気の毒な罪人はまず高等法院予審部所属の法官七名の名を自白した。この白状を生かしたまま、犯人を処刑さえすればよかったところであった。これによって、王は高等法院を人々の永久の憎悪の的と化し、王制の続く限り高等法院に対して変わることのない優位を占めることができたところであった。人の噂によれば、アルジャンソン氏[10]が王に上奏して、王が高等法院に裁判を行なう認可を与えるよう勧告したのだという。彼はそのため立派な報酬を受けた。つまり、彼は一週間後には財産を没収され、追放された。

王は不覚にも、ダミアン事件を予審した参事官一同〔高等法院裁判官〕に、あたかも彼らが抜群で容易ならざる功績を挙げたものの如く、莫大な年金を下賜した。この行動は予審部の法官諸氏に、新たな自信を吹き込む結果をもたらした。彼らは国家にとって重要な人物をもって自認した。そして自分たちは国民を代表し、国王のお目付役であるという彼らの妄想が再燃した。この一場の事件が終わると、何もすることがないので、彼らは哲学者たちを面白半分に迫害し始めた。

パリ高等法院の検事次長、オメール・ジョリ・ド・フルーリ[11]は、無知と悪意と偽善とがかつて勝ち得た最も完全な勝利を、全高等法院部会を前にして誇り立てた。

これより先、学識においても行動においても極めて尊敬に値する幾人かの文人たちが協力して、人間精神を啓発することができる一切を盛った厖大な辞典[12]を編纂する計画を立てた。これはフランス出版社にとって非常に大きな商品であった。大法官も閣僚もこのように立派な企てを奨励した。既に七巻が出版されていた。それはイタリア語、英語、ドイツ語、オランダ語に訳されていた。かくして、フランス人の手によってあらゆる国民のために開発されたこの財宝は、当時わが国民に最大の名誉をもたらすものと見做されてよかった。『百科全書』の優れた諸項目はそれほどにまで出来の悪い項目を補って余りがあった。とはいえ、悪い項目もかなり多かった。この作品に非難すべき点としては、幼稚な演説調があまりに多すぎること以外にはなかった。この辞典を充実させるために手一杯の働きをした筆者たちが、不幸にしてそのような論文を採用したからである。しかし、これらの筆者たちの筆になるものは、いずれも優れている。

そこにオメール・ジョリ・ド・フルーリが現れて、一七五九年二月〔一月〕二十三日、気の毒にもこれらの人々を無神論者、理神論者、青年の道徳破壊者、王への反逆者等々として告発した。この告発の裏付けとして、オメールは聖パウロ、テオフィール[13]の訴訟、およびアブラアム・ショーメ*を引用している。彼は、自分が反駁して論じている当の書物を読むことだけはしなかった。もし読んでいたのだとすれば、彼はとんでもない馬鹿だった。彼は「魂」という項目に異議を申し立てて、法廷に訴え出たのであるが、彼によればこの内容は純然たる唯物論だとされている。御存知でもあろうが、この「魂」という項目はこの巻の最も出来の悪いものの一つで、ソルボンヌのあるつまらない博士の手になり、筆者は唯物論に反対してめくら滅法に必死の雄弁を振るっているのである。オメール・ジョリ・ド・フルーリの申し立ては一事が万事この種の取り違えの寄せ集めであった。彼はかくして、自分が読みもしなかった、あるいは分かりもしなかった著作を告発した。すると、全高等法院は、オメールの告発に基づいて、書物の審査はもとより、その一頁をも読まずに、この著作を禁止した。このような裁判の仕方はブリドワ[14]のやり方と比較してさえ、はるかに劣っている。なぜなら、少なくともブリドワには正しい判決に行き当たる可能性があった。

出版者は国王の出版認可書を所持していた。高等法院とても、国王陛下が賜った認可書を改造する権利は決して持っていなかった。彼らには閣議の決定をも、司法省の捺印のある何ものをも裁判する権限はなかった。それにもかかわらず、高等法院は大法官の認可したものを否決する権利を自認した。彼らは『百科全書』に含まれている幾何学や形而上学の対象に裁決を下すために、参事官〔裁判官〕を指名した。少し骨のある大法官なら、高等法院の判決を法律上全く無効として破棄したことであろう。ところが、大法官ラモワニョン⑮は、彼自身がかたじけなくも陛下の御璽を押して許可したものが、眼の前で裁判され禁止されるという不名誉に遭うのを恐れて、あっさりと認可書を取り消した。

こんな出来事はガラス神父⑯や、嘔吐剤禁止令⑰の時代のこととしか信じられないであろう。ところが、これはかつてフランスが体験したうちで、最も人知の啓発された唯一の世紀に起こった事件である。一国家を恥ずかしめるには一人の愚人で足りるということは、かくも切実な事実である。

このような情況にあって、パリが哲学者たる者の居るべき土地でないことは、容易に認められるであろう。また、狂信がアテナイを支配していたときアリストテレスがカルキスに難を避けたのは極めて賢明であったことも、容易に理解できるであろう。そもそも、パリにおける文士の地位は香具師《やし》のすぐ上ぐらいである。王より私が賜ったままになっていた国王陛下侍従の身分も大したものではない。世人は全く愚かなものである。

それにつけても、私は、私の実行したように、立派な邸宅を建て、そこで芝居を上演したり、山海の珍味を楽しんでいる方が、高等法院で裁判をしている連中や、ソルボンヌで小屋に住んでいる徒輩から、エルヴェシィユス[18]のようにパリで追い回されているよりも、よほどましだと思う。世人を今以上に理性的にすることも、高等法院をもっと半可通でなくすることも、神学者たちをもっと滑稽でなくすることも、到底私の手に負えそうもなかったので、私は彼らから遠く離れて楽しい生活を続けた。

＊——アブラアム・ショーメ（Abraham Chaumeix）は、初め酢商人であったが、ヤンセン派の痙攣教徒〔ヤンセン派の狂信的一派〕となり、当時はパリ高等法院の神託的権威者であった。オメール・フルーリは教会の一教父のごとく彼を引用した。ショーメはそののちモスクワで小学校教員をしていた。〔原典註〕

(1) **フロンド時代**　ルイ十四世が未成年で母皇アンヌ（Anne d'Autoriche, 1601–66）が摂政（一六四三—六一年）を行ない、宰相マザラン（Jules Mazarin ; Giulio Mazarini, 1602–61）が実権を握っていた時代に、政府と高等法院の対立から全国内に波及した内乱。一六四八年より一六五三年に亙った。この内乱については、『ルイ十四世の時代』“Siècle de Louis XIV, 1752” 第四—五章に詳しい記述がある。

② **ボーフォール公爵**(François de Vendôme, duc de Beaufort, 1616–69)　フロンド内乱に際して、諸君侯と結んで王党に対抗した首領。民衆に声望あり、「市場の王」(le Roi des Halles)と呼ばれた。

③ **短刀片手に祝福を述べる副大司教**　枢機卿ド・レェ(Jean-François Paul de Gondi, cardinal de Retz, 1613–79)を指す。フロンド党事件のころ、パリの副大司教。事件を引き起こした首領の一人。彼は短刀片手に高等法院に乗り込み、会議に立ち合った。

④ **あの世へ行くための兌換券**　既に本文13、註⑤で述べた告白証明書を指す。

⑤ **カンタベリーのトーマス**　トーマス・ベケット(Thomas Becket, 1118–70)。カンタベリー大司教。イギリス王ヘンリー二世(Henry II, 1133–[54–89])の王権強化政策に対抗し、国王を破門したが、ついに暗殺された。王権に対して教権(教会の権力)強化に献身する聖職者のシンボル。一一七三年ローマ教会より列聖され「聖人」となる。

⑥ **養育院の一地位……**　一七五〇年、ボーモンがパリ養育院の院長および会計係の尼僧二名を免職にした事件。『パリ高等法院史』"Histoire du parlement de Paris, 1769" 第六五章に詳しい。

⑦ **大司教を追放し、高等法院を追放……**　ボーモンは一七五四年十二月追放された。パリ高等法院は一七五三年五月追放された。同年十一月参事官その他よりなる王立裁判所が設けられた。パリ高等法院が正式に再開されたのは一七七〇年九月。この間の事情については『ルイ十五世時代史概説』第三六章、『パリ高等法院史』第六六―六九章に詳しい。

⑧ **高等法院の全法官が……**　これは一七五六年十二月のことである。『パリ高等法院史』第六五章参照。

⑨ **ダミアン**(Robert-François Damiens, 1715–57)　彼は狂信的反イェズイタ派だった。彼が王に切り付けたのは一七五七年一月五日。高等法院の裁判官がイェズイタ派と、それに操られる国王を攻撃して

いる噂話を耳にしたのが、直接の犯罪動機であったという。この事件に関しては『ルイ十五世時代史概説』第三七章、『パリ高等法院史』第六七章に詳しい。

⑩ **アルジャンソン**(Marc-Pierre, comte d'Argenson, 1696–1764) 同姓兄弟の弟伯爵の方を指す。ヴォルテールと親交があった。当時戦時大臣であった。彼はこの機に乗じて、国民怨嗟の的のポンパドゥール夫人を追放しようと企て、かえって追放された（一七五七年二月一日）というのが真相らしい。

⑪ **オメール・ジョリ・ド・フルーリ**(Omer Joly de Fleury, 1715–1810) パリ高等法院検事次長（avocat général du parlement de Paris）とあるが詳細不明。

⑫ **厖大な辞典** 『百科全書・別名諸科学、諸技芸、諸職業の合理的辞典』"Encyclopédie ou Dictionnaire raisonné des sciences, des arts et des métiers"を指す。一七四五年ディドロー（Denis Diderot, 1713–84）が立案し、少し遅れてダランベール（Jean Le Rond d'Alembert, 1717–83）が参加、この二人が中心となって、当代のあらゆる分野の権威的、革新的筆者を集合して、分担執筆を依頼した。一七五一年、第一巻刊行。迫害と闘いつつ、一七六五年に至って、第八巻より第一七巻まで一時に発刊、同時に図版四巻が世に出て、実質的に終結した。一七五七年末、第七巻が出てから、当局や反対者との対立が激しくなり、一七五九年―六〇年がいわゆる「百科全書家」とその反対派との紛争の頂点であった。

ヴォルテールは、プロシア退去後の放浪旅行中、一七五四年夏、ダランベールの依頼に応じて、「精神」の項目を引き受けたのが最初で、次第に積極的に参加し、のちには実質的に「百科全書家」の首領の形となった。ディドロー、ダランベール両者の執筆項目も極めて多いが、他の筆者には、モンテスキュー、ジャン＝ジャック・ルソー（Jean-Jacques Rousseau, 1712–78）、テュルゴー（Anne-Robert Turgot, 1727–81）、ビュフォン（Georges-Louis Leclerc, comte de Buffon, 1707–88）、コンディヤック

(Etienne Bonnot, abbé de Condillac, 1714–80)、ドルバック (Paul-Henri Dietrich, baron d'Holbach, 1723–89) 等々当代の一流科学者、思想家、文筆家が、それぞれの専門分野を分担している。なお、本文の二月二十三日は、一月の誤りと思われる。

⑬ **テオフィール** (Théophile de Vian, 1591–1626) 新教よりカトリックに回心。そのために非難を受く。

⑭ **ブリドワ** (Bridoie) ラブレーの著作中に登場する人物。彼は骰子《さいころ》を用いて、その目により判決を下した。なお、「つまらない博士」とはイヴォン師 (abbé Yvon)。

⑮ **ラモワニョン** (Guillaume-Henri de Lamoignon, 1683–1772)。

⑯ **ガラス神父** (François Garasse, 1585–1631) イエズイタ派神父。

⑰ **嘔吐剤禁止令** les arrêts contre l'émétique とあるが何を指すか不明。

⑱ **エルヴェシィユス** (Claude-Adrien Helvétius, 1715–71) フランスの哲学者、「百科全書家」の後援者、思想家。その著『精神論』(De l'Esprit, 1758) は唯物論をもって一七五九年二月六日焚書の判決を受けた。

3 ヨーロッパの惨状

〔ヨーロッパの惨状。ヴォルテール、フリードリッヒよりフランスに対する諷刺詩を受け取る。ショワズール公爵これに応ず。ヴォルテール、プロシアとフランスとの和議を計らんとす。〕

私は、港の中からさまざまな嵐を眺めながら、楽しく暮らしているわが身をほとんど恥ずかしくさえ感じた。私はドイツが血にまみれ、フランスが徹底的な破滅に陥っているのを見た。わが陸軍も、わが海軍も戦いに敗れ、わが大臣は次から次へと免職になり、しかもわが国状は少しも良い方に進んでいないのを見た。ポルトガル国王が暗殺されようとしたのも見た。[1] 下手人は下僕ではなく、その国の貴族たちであった。そして今回こそはイェズイタ派僧侶も、「われわれのしたことではない」とは言えなかった。彼らは彼らの〔教権による暗殺の〕権利を依然として保持し続けていたのであった。そして、この権利は、善良なる神父たちが主君殺しの手に短刀を神の名において授けたときこのかた、立派に実証されてきている。[2] 彼らはその言い分として、自分たちはパラグアイでは主権者なのである、だからこれまでもポルトガル王とは代々王者対王者の話し合いでやってきた、と称している。

以下に述べる小さな出来事は、かつて地上に王侯とか詩人とかが存在して以来、世に知られている珍事中の珍事である。

フリードリッヒは難攻不落な陣地にあって、シレジア国境をかなりの長期にわたって守備していたが、陣中で退屈し、暇潰しにフランスとフランス国王を諷刺した一小詩《オード》を書き上げた。彼は、一七五九年五月の初頭、フレデリック[3]と署名したその小詩《オード》を私に送ってきた。それは散文や詩の大きな包みに同封されて届いた。私は包みを開いてみて、私が初めてそれを開けたのではないのに気付いた。途中で開封されたことが歴然としていた。この小詩《オード》の中に次のような数節を読んで、私は恐怖のためぞっとした。

おお、愚かにしてうつけたる国民よ、
何事ぞ、リュクサンブール[4]やテュレンヌ[5]のもと、
不滅の桂冠に覆われしもののふどもの
かつての面影いずこにありや？
彼らは栄誉を心より愛し、
勝利のためには、危険をも死をも、
敢然として怖れざりしものを……。
わが今見るは烏合の衆にして、

戦闘では卑怯未練なれど、
掠奪には剛勇無双なり。

何事ぞ、汝らが無能なる国王は
ポンパドゥールに操られ、
情事の悪評一再ならず、
恥ずべき刻印押されたり。
労苦を厭う彼なれば、
国政統治も定見なく、
国家を窮地に落とし入る。
この奴隷めが主君とは、
山毛欅《ぶな》の木蔭で、このセラドン⑥めが
王侯君主の運命を左右する気でいようとは。

この調子なのであるから、私はこの数行を見て慄然とした。この中には極めてよく出来ている数行や、少なくとも良い詩として通用する数箇所がある。不幸にして私は、プロシア王の韻文をこれまで校閲してきたという有難い名声を持っている。包みが途中で開封されたのであるから、詩は世間に知れ渡ることであろう。フランス王はそれを私の筆になったものと信ずるに相違ない。かくして、私は大逆罪を負わされるであろう。さらに、それより悪いことには、ポンパドゥール夫人に対して罪を犯したことになるであろう。

この窮地に陥った私は、フランスのジュネーヴ駐在員に頼んで自宅に来てもらった。私は彼に包みを見せた。彼はそれが私の手に届く前に開封されたことを認めた。彼の判断では、事は私の首にかかわっているのであるから、問題の包みをフランスの大臣、ショワズール公爵[7]閣下に送る以外には、私として取るべき手段はないとのことであった。ほかの場合であったなら、どんなことがあっても、私はこのような処置には出なかったことであろう。しかし、私もわが身の破滅を防がなければならなかった。私は宮廷にフランスの敵の性格を洗いざらい知らせた。ショワズール公爵が私の報告を悪用しないことは、私にはよく分かっていた。私は、彼がフランス王に、プロシア王は不倶戴天の敵であり、できるものなら、粉砕すべきである、と勧告する程度に止めるであろう、と考えていた。

ショワズール公爵はその程度には止めなかった。彼は非常な才人で、自分でも詩を作り、また詩を作る友人も持っていたので、プロシア王に同じやり方で仕返しをし、フリードリッヒを諷刺した一小詩《オード》を私に送ってきた。この詩は、われわれに対するフリードリッヒの作品に劣らず辛辣で痛烈なものであった。その中から抜萃した実例を以下に示そう。

そはもはや、ゲルマニアにおいて

芸術の火をともすべき任を負いし
かの恵まれたる天才にあらずして、
罪の夫、罪の息子、罪の兄なる人、
揺籃にありし時、公正なる父の
息止めて殺さんとせしその人なり。

しかも彼は、厚顔にも、己が身に
九人の姉妹とトラキアの神[8]の
特技が兼ね備われりと信ず。
軍事においても、文人界でも、
ゾイロスとメヴィウス[9]の中間に
席を占めしにすぎざる彼が……。

見よ、ローマの護衛兵も甲斐なく、
ネロは軍団の侮蔑を浴び、
舞台の上で追求さる。
見よ、シラクサの圧迫者[10]は

むなしく詩神にへつらいつつ、
諸国民より侮辱を受くるを。

自然と愛の罪なき戯言《ざれごと》を、
かくもおぞましき批判者たらずして、
今に至るまで寛容せよ。
汝に情愛を否認しうるや、
少年鼓手の腕のうちにあらざれば
かつて恋の陶酔を知らざる汝に？

ショワズール公爵は、この応答を私のもとに届けさせたとき、もしプロシア王が自作を公刊するなら、自分もこの詩を出版させるつもりである、そして剣で打ち懲らしたいところだが、筆によってフリードリッヒに膺懲《ようちょう》を加えてやろう、と私に決意を述べてきた。[11] もし私がその気になりさえしたならば、フランス国王とプロシア国王が詩戦を交える姿を、私の一存で楽しめるところであった。これは、世界を舞台にした新たな一幕であったろう。だが、私にはそれ以外の喜びもあった。それは私がフリードリッヒよりうわ手だという愉快さであった。

私はプロシア王に手紙を出し、彼の小詩《オード》は非常に美しいが、しかしそれは公刊すべき筋合いのものではない、またそんな名誉を必要ともなさるまい、フランス王の感情を取り返しがつかないほど害《そこ》ねて、フランスとの和平の道をすべて閉ざし、死力を尽くして正当な復讐を企てざるをえない立場にフランス王を追い込むのは当を得た策ではない、と書いてやった。私はさらに、王の小詩《オード》の責任が私に負わされるのではないかと非常に恐れて、私の姪〔ドゥニ夫人〕はその詩を燃やしてしまった、と書いた。王は私の言葉を信じ、私に感謝した。もっとも彼の一世一代の傑作を燃やしてしまったことについては、多少非難の口吻を洩らさないでもなかった。一方、ショワズール公爵も約束を守り、軽率な行動は取らなかった。

この冗談に有終の美を与えるために、私は、上記二つの作品を土台としてヨーロッパの平和に最初の基礎を置こうと思い付いた。この二篇の詩が原因となれば戦争が長期化し、フリードリッヒが粉砕されるまでは、いつ果てるとも知れなくなるに相違なかった。この考えは、ショワズール公爵と文通しているうちに浮かんだ。この思い付きはまことに滑稽でもあり、また当時のあらゆる事態に極めて相応しかったので、ついに私はそれを取り上げた。それに、諸王国の運命というものが、いかに小さな軸の上で回転するものか、私自身の力で立証して見せることができるという満足も得られた。

ショワズール氏は私に幾本かの公式な書簡をよこしたが、その内容によれば、フランス内閣の態度についてオーストリアに疑念を抱かれることなく、プロシア王が和平交渉に乗り出せそうな意向が窺われた。またフリードリッヒも同じ趣旨の手紙を私によこしたが、その中で、彼はロンドン宮廷の感情を害ねるような危険を冒してはいなかった。この極めて微妙な交渉はなお続いている。それは、一方では柔らかい掌を見せ、他方では磨ぎすました爪を見せている二匹の猫の顔付きに似ている。ロシア軍に敗れ、既にドレースデンを失ったプロシア王は和平を必要としている。[12] 陸上ではハノーヴァー軍に、海上ではイギリス艦隊に敗れ、甚だ無意義に国費を喪失したフランスは、国を破産させそうなこの戦争を終結せざるをえない立場にある。

われらが事どもは、美しきエミリーよ、既にここまで到りぬ。[13]

(1) **ポルトガル国王が暗殺……** 一七五八年九月三日、ポルトガル王ホセ一世（José I, 1715–[50–77]）はイェズイタ派の策謀のため暗殺を企てられ、瀕死の重傷を負った。この事情については、『ルイ十五世時代史概説』第三八章に詳しい。

(2) **善良なる神父たちが……** たとえばアンリ三世（Henri III, 1551–[74–89]）の暗殺などを指すのであろう。アンリ三世は一五八九年、ドミニック派修道僧ジャック・クレマン（Jacques Clément, 1567–89）に暗殺された。クレマンは同輩の僧侶たちに使嗾されて、この大罪を犯すに至ったという。『ラ・アンリアード』第五歌でヴォルテールはこの事件を述べている。

(3) **フレデリック** フリードリッヒの仏語化。ここの原文には Frédéric とあるが、王はヴォルテール宛のフランス語の手紙で常に Fédéric（フェデリック）と署名している。なお、この詩がヴォルテールに届いた日付は五月初頭より早かったと思われる。「四月」の思い違いか。

(4) **リュクサンブール**（François-Henri, duc de Luxembourg, 1628–95）　ルイ十四世配下の名将。

(5) **テュレンヌ**（Henri de La Tour d'Auvergne, vicomte de Turenne, 1611–75）　ルイ十四世時代の名将。

(6) **セラドン**（Céladon）　ユルフェ（Honoré d'Urfé, 1568–1626）の小説『アストレ』"L'Astrée"に登場する人物。小心翼々たる忠実な恋人の代名詞となっている。

(7) **ショワズール公爵**（Etienne-François, duc de Choiseul, 1719–85）　一七五八年より七〇年に亙り、ルイ十五世治下で外務大臣を務めた。ヴォルテールと親しかった。

(8) **九人の姉妹……**　九人の姉妹とは九人のミューサイ、すなわち九人の学芸神のこと。トラキアの神とはアレキサンダー大王（アレクサンドロス）（Alexandros, 365–323 B.C.）であろう。

(9) **ゾイロスとメヴィウス**　ゾイロスはホメロスを酷評したので有名なギリシアの凡庸批評家。メヴィウスについては不明。

(10) **シラクサの圧迫者**　既出。14、註(6)の小ディオニュシオスのこと。

(11) ――この詩はショワズールが詩人パリソー（Charles Palissot de Montenoy, 1730–1814）に作らせたもの。ヴォルテールはその原典をかなり訂正して引用。パリソーは二流詩人で、この直後、喜劇『哲学者たち』"Les philosophes, 1760"により、ディドロー、ルソー、エルヴェシィユス等を諷刺し、ヴォルテールの怒りを買った。原詩については、C.-A. Collini : op. cit., pp. 343–6を参照。

(12) **ドレースデンを失った……**　一七五九年九月四日、フリードリッヒはドレースデンを占領された。

(13) **われらが事ども……**　コルネイユ（Pierre Corneille, 1606–84）の代表的傑作悲劇『シンナ』（第一幕、第三場、二四九行）"Cinna, 1640," I, 3, v. 249. 主人公シンナ（ポンペイウスの孫）が恋人エミリーに、皇帝アウグストゥス暗殺計画の完成を洩らすシーンの最後の言葉。皇帝を倒して、ローマ共和制を回復しようとした二人の計画には、皇帝に対する二人の家族的遺恨も介在していた。この計画は失敗。しかし、皇帝はかねて目をかけていた二人を赦すのみか、結婚させることになる。ヴォルテールは故シャトレ夫人――エミリーを偲び、かつ諸国王の「寛仁」を暗示して、この一句を引用したのであろう。

追記II　異様な出来事

歓喜荘《レ・デリース》にて、一七五九年十一月二十七日。

〔プロシア王の敗戦。フランス艦隊の潰滅。フランス国家財政の窮迫。〕

私はさらに筆を続けるが、それは相変わらずの異様な出来事のみである。

プロシア王が十二月〔十一月〕十七日に手紙をくれた。[1]

「仔細は三日もしてドレースデンに入ってのち、その地よりお知らせするつもりです」

ところが、それから三日目に彼は、ダウン元帥[2]に敗られ、一万八千の兵を失った。

私には、私の眼前で起こるすべてが「牛乳壺」の寓話[3]のように思われる。わが偉大なる海将ベリエ、[4]かつてはパリ警視総監を務め、その地位より、サン＝クルーの帆前船やオーセールの連絡船以外には艦隊らしいものを見たこともなしに、国務大臣兼海軍大臣に昇進したベリエ、ほかならぬこのわがベリエが、イギリス上陸作戦を決行するために立派な艦艇を装備しようと考え付いたのであった。わが艦隊は、ブレスト港から鼻先を出すか出さないうちにイギリス海軍に攻撃されて敗れ去り、岩礁に当たって砕けたり、風に難破したり、海に呑まれたりしてしまった。

　われわれは大蔵大臣として、シルエット[5]とかいう人物を戴いていたが、この男についてわれわれは、かつて彼が、ポープの詩若干を散文に翻訳したことがあるという以外には何も知らなかった。彼は鷲〔辣腕家〕として通っていた。しかし四カ月もたたないうちに、鷲は鵞鳥〔愚物〕と化してしまった。彼の発見した秘策により国家信用は完全に失墜し、たちまちにして政府は軍隊に支払う金銭にさえ事欠くに至った。国王は余儀なく食器類を貨幣鋳造用に放出した。国内の大多数の者もこの先例に倣った。

(1) **十二月十七日に手紙を……**　これは明らかに誤記。十一月二十七日付の「追記」に十二月十七日の出来事を書くはずはないし、また『書簡集』によれば、この手紙が一七五九年十一月十七日付王発のものであることは疑う余地がない。例によってヴォルテールの引用は不正確。王の手紙には、「われわれの外征もいよいよ終わりに近づきました。成功に終わることでしょう。ですから、あと七、八日もしたら、今よりも落ち着いた、まとまった手紙をドレースデンから差し上げるつもりです云々……」とある。なお、フリードリッヒはそれから四日目（本文には三日目とある）の十一月二十一日、ダウン元帥の指揮するオーストリア軍に敗れている。なお、一七五九年十二月五日付ティリオ宛、同年同月十一日ショーヴァラン侯爵宛書簡等によっても、この王の手紙が十一月十七日発のものを指すことは明らかである。

(2) **ダウン元帥**（Leopold, Reichsgraf von Daun, 1705–66） オーストリアの将軍。

(3) **「牛乳壺」の寓話** ラ・フォンテーヌ（Jean de La Fontaine, 1621–95）の『寓話』“Fables, 1668, 1678, 1694”の中の「牛乳配達婦と牛乳壺」‘La Laitière et la Pot au lait’（ibid., Liv. VII, 10）を指す。牛乳配達婦が壺を頭上に乗せて運びながら、牛乳の売上げで卵を買い、鶏を育て、次には豚を買い、これを売って牛を買い……と空想しているうちに、転んで元も子もなくし、亭主に叱られ、殴られるという寓話。

(4) **ベリエ**（Nicolas-René Berryer, ?–1762） 一七四七年パリ警視総監、一七五八年海軍大臣、のち一七六一年国璽尚書となった。一七四八年八月ヴォルテールは、ある用件で書簡を出している。なお、フランス海軍の潰滅については、『ルイ十五世時代史概説』第三五章参照。

(5) **シルエット**（Etienne de Silhouette, 1709–67） 一七五九年三月八日より同年十一月二十一日まで大蔵大臣。彼がポープ『人間論』“An Essay on Man, 1733–34”の訳本を出版したのは一七三六年。また、彼が贅沢禁止の趣旨から影絵を流行させて以来、影絵をシルエットと呼ぶようになった。

追記Ⅲ　和平の提案

一七六〇年二月十二日。

〔プロシア王、和平の斡旋をヴォルテールに乞う。フリードリッヒの著作集、パリで出版され、物議をかもす。〕

プロシア王は私が彼を信じて託した書簡類をロンドンに回付したり、わが国とわが同盟諸国との間の離間策を振り撒いたりして、さまざまな裏切り行為を行なったが、といっても偉大な王には、しかも戦時においては、いずれも大いに容赦されてよい裏切り行為ではあったが、ともあれ、その後ついに私は、プロシア王の手から和平の提案を受け取った。例によって若干の詩が交えてあった。彼はいつでも詩を書かずにはいられないのである。私はそれをヴェルサイユに送るつもりである。この提案が受け入れられるかどうか、私は疑問に思っている。プロシア王には少しも譲歩する意志がない。かつ彼は、マインツ選挙侯領有のエルフルトが、損害賠償としてザクセン選挙侯に割譲されることを提案している。彼はいつでも、誰かから掠奪せずにはいない。それが彼の常套手段である。この意見がどのような結果を生むか、特に今や行なわれんとしている会戦からどのような事態が起こるか、それはいずれわれわれに分かることであろう。

　この偉大にして恐ろしい悲劇は、相も変わらず多少の喜劇味を交えている。というのは、最近パリで、フライタークが言ったところの『主君国王陛下御製《ごせい》集』が印刷されたのである。[1] そこにはカイト元帥[2]によせた一書簡詩があるが、その中で王は、魂の不死性とキリスト教徒とを大いに嘲笑している。信心家たちは不満の意を漏らし、カルヴィン派僧侶〔牧師〕たちは不平の声をあげている。これらの似而非《えせ》学者どもは、かつては王を大義名分の支柱と見做していた。王がライプツィッヒの司法官たちを地下牢に投げ込み、彼らの金を捲き上げるために彼らの根城を売り払ったとき、これらの僧侶は彼に拍手喝采を送った。しかし、王がセネカ[3]や、ルクレティウスや、キケロの数節を翻訳する気を起こして以来、彼らは彼を怪物扱いしている。僧侶たち〔牧師たち〕はカルトゥーシュ[4]でも、敬虔であれば聖列に加え〔聖人として祀り〕かねないのである。

①　**最近パリで……**　一七六〇年一月フリードリッヒの著作集が、パリで出版されたことを指す。

②　**カイト元帥**　フリードリッヒの親しい友であったカイト元帥（Georg Keith, 1686–1778）。一書簡詩とは「カイト元帥に寄せる書簡詩。死についての空しい恐怖と来世についての戦慄について」'Epître au maréchal de Keith : Sur les vaines terreurs de la mort et les frayeurs d'une autre vie.' — Œuvres, Tome X, Epître XVIII, pp. 194–203. 一七六〇年全集版には、この詩の表題の下に「ルクレティウス〔『自然論』〕第三巻の模倣」と註あり。なお、カントが『判断力批判』（一七九〇年）第一部、第一編、二章、49の中で、この詩の最後六行を独訳して示し、今は亡きフリードリッヒ大王（一七八六年歿）が「世界市民的見地の理性理念」を見事に活写している、と讃えていることに注意。

(3) **セネカ**　哲学者セネカ（Seneca, Lucius Annaeus, circ. B.C. 4–A.D. 65）を指す。書簡、対話編、劇作等多数あり。暴君ネロに憎まれ、ストア哲学者として平然と自殺した。

(4) **カルトゥーシュ**（Louis-Dominique Bourguignon, 1693–1721）　彼は通称をカルトゥーシュ（Cartouche）と呼ばれ、盗賊団の首領であった。彼はついに捕らえられて車裂きの刑を受けたが、その大胆さと神出鬼没さにより有名であった。

〈参考文献Ⅰ〉

『フランクフルト事件の詳細』　コジモ・コッリーニ

〔訳者解説〕

「フランクフルト事件」は当代のヨーロッパ政治界、学芸界を代表する「二人の王」、フリードリッヒ大王とヴォルテールの鞘当て的事件であった。そのため全欧州の政界、社交界、文芸・思想界にとって絶好の一大ニュースとして取り上げられ、事件発端直後から無数の報道が流布された。その間、率直に言って、当事者ヴォルテール自身が、半ばは「恋人リュック〔フリードリッヒ〕」に裏切られたという遺恨から、半ばはフランス当局に対する配慮から、お手のものの書簡・文書作戦を活用して世間の関心をあおり立てたことも否定できない。現にヴォルテールは「二人の国王〔プロシア王とフランス王〕の間で〔落馬して〕尻餅を搗《つ》いている」（一七五三年九月一四日付リュツェルブールク伯爵夫人宛書簡）形の窮地に立たされていた。

　ヴォルテールはしかし、さすがにヴォルテールである。間もなくその衝撃から立ち直り、初めスイスに、次いでスイス国境付近の仏領フェルネーに活動の基地を設定するや、いよいよ覚悟を決めて一大文書作戦を開始した。かくして、古い表現をあえて用いれば、社会の木鐸《ぼくたく》〔文筆による指導者〕としての「無冠の帝王」ヴォルテールが、新しい情報社会擬似術語《ジャルゴン》を適用すれば、「ヨーロッパ・マスコミ界の王者」のヴォルテールが「完成」する。後代のわれわれが（良い意味にせよ、悪い意味にせよ）高く評価しないわけにはいかない一大先駆者ヴォルテールが誕生する。かくして、この時代の代表的作品、たとえば『カンディード』（小説、一七五九年）が世に送られる。また、『習俗試論』（世界史、一七六九年決定版）が完結する。

一小説『カンディード』は一体どのような思想史的役割を果たしたのか。極めてプロシア的な一例を挙げよう。そもそも「プロシア王」フリードリッヒ大王はその肩書にもかかわらず、国王としては生涯一度もプロシアの地を訪れず、その首都ケーニッヒスベルクの大学をも継子扱いした。それかあらぬか、一七五六年勃発した七年戦争の渦中において、プロシアは約四年半に亙って（一七五八年一月より一七六二年七月まで）ロシア帝国軍の占領下に置かれた。この占領はしかしフランス的教養を身に帯びたロシア将軍たちの下で、極めて文化的、人道的に行なわれ、プロシア上流社会に啓蒙的成果をさえ及ぼしたと言われている。さて、この一七六〇年代前半ごろ、この北僻の領域プロシアの一田舎大学にすぎなかったケーニッヒスベルク大学哲学部、すなわち新入学生コース「下位学部」（当時の公用語）に四十歳前後の一中年「私講師」が勤務していた。彼は同時代の最新流行に即して、大型仮髪《かつら》の束髪《ポニーテール》を背中に長々と垂らし、装飾用小帯刀を左腰にたばさみ、痩身・短軀ながらロココ風に気取った服装で社交界に出入りし、「粋な先生」と愛称されて得意気であった。この万年「私講師」が、もし『カンディード』を読まなかったとしたならば、果たして、のちの大哲学者カントに「変身」できたであろうか？　カント自身一著の中で、「心構え（性格）」の確立が一種の「革命」ないし「変身」であると説き、自分が四十歳前後にこれを体験したことを暗示している――カント『人間学』（一七九八年）第二部参照――。事実、これとほぼ同時期に、カントはそのころ一世を風靡していた一見霊術師の大著の弊害を厳しく批判し、空疎で怠惰な世評眩惑的幸福論を弾劾している。そして、この論文の最後を、「われわれの幸福を自ら獲得しよう、庭〔自分の畑〕へ行って、耕そうではないか！」と結んでいる――カント『見霊者の夢想』（一七六六年）――。「〔この世は善だ云々とは〕立派なお説ですな」とカンディードは言った、「しかし、われわれの庭〔畑〕を耕さなければなりませんよ」。小説『カンディード』の結びの言葉と手法をカントはそっくり活用した。ただ「楽天論者」パングロス先生が「見霊者」スウェーデンボルクに、「小説」が「論文」（ヴォルテール流に軽妙な）に置き換えられている。それはともあれ、この小説がカントの味読したルソーの諷刺書でもあることを考え合わせれば、『カンディード』なしにはカントはのちのカントに成りえなかったことがほぼ確実であろう。

以上の一例が示唆している如く、「フランクフルト事件」を契機に「哲学者」ヴォルテールの最終的で真に実りの多い学芸的・哲学的かつ実践的啓蒙活動が開始される。その意味で、この事件の経過はできる限り正確にその実態が究明されなければならない。ところが、この奇妙な出来事に関して残されている諸記述は、生《なま》々しい当事者の記事であればあるほど客観性に乏しい（現在においても実情は本質的に同じであろうが）、という情報伝達に固有の本質的限界を露呈している。そこで、ここでは従来余り紹介されていない一記録を訳出して、あえて参考に供したい。

筆者コジモ・コッリーニはフィレンツェ人でフィレンツェ大学博士課程在学者、当時ヴォルテールの秘書を務め、この事件全過程の唯一の目撃者、生き証人であった。しかも彼は主人ヴォルテールの心酔者でも、批判者でも、金で買われた代弁者でもなく、執筆態度は極めて客観的であり、デノワールテールも、その大著の中でコッリーニ記録を高く評価している。――ただし、この人自身のこの事件の解釈は狭義の「愛国心」や雑多の情報に振り廻されて、主張が明確でない（Gustave Desnoiresterres: "Voltaire et la société au XVIIIe siècle, 1871–6," 〔rep. ed., 1967〕, Tome IV, 'Voltaire et Frédéric,' X, pp.445–514）――。コッリーニの回想記はヴォルテールの歿後かなりのち、いわば反ヴォルテール時代に公刊されているが、特にヴォルテール弁護の態度も窺われない。以下では、このコッリーニ回想記（Côme-Alexandre Collini: "Mon Séjour auprès de Voltaire, 1807" 〔rep. ed., 1970〕pp. 71–91）から「フランクフルト事件の詳細」'Détail sur l'affaire de Francfort' を訳出した。ヴォルテール『回想録』の本文、註記中に略記した「日誌」（本訳書、15、註(3)）と対比すれば、この事件の実態がかなり公正に把握できるのではあるまいか。訳出に当たって、事件に直接関係の乏しい若干の節は省略した。底本としては上記原典のほかヴォルテール全集M版の『伝記文献』（éd. Moland, Tome I, 'Documents biologiques, XLIII', pp. 320–6）に依った。

われわれ一行がポッダムを出発して以来、ヴォルテールがどのようなやり方で旅行を続けたかについて、私は今気付いたが、まだ説明していなかった。彼は専用の乗物を所有していた。それは二人乗りの大型幌付四輪馬車で、車内は広く、快適で、バネの調子もよく、あちらこちらに物入れや物置場所が備わっていた。馬車の後部には旅行用大鞄《かばん》が二個、前部には幾つかのトランクが積まれていた。外部の腰掛には二人の従僕が席を与えられていたが、その一人はポッダム出身者で〔草稿〕書写生の役を務めていた。駅馬車の借馬が四頭で、道路の性質によっては六頭で、この乗物を曳いた。このような細目はそれ自体何の意味も持たない。しかし、一文人でも、自分の声望に相応《ふさわ》しい一財産を築き上げる術《すべ》を心得ていたとすれば、どのようなやり方で旅行できるかを教えてくれる。ヴォルテールと私は馬車の内部に席を占め、二、三の書類入れを手に持っていた。それらの中には彼がこの上もなく大切にしていた草稿類が収められていた。貴重品用小箱もあったが、その中には彼の金貨、書簡類、為替手形類、および身の回りの最貴重品が入っていた。彼がその当時ドイツを駆け抜けたのは、このような出で立ちによってであった。そのお蔭もあったのか、われわれ一行は、立ち寄る馬車駅ごとに、泊まる宿屋ごとに、豪勢な外観に世人が捧げる敬意の念の極致をもって、馬車の扉口まで出迎えられ、案内を受けた。出迎えの言葉は、ある所では、ド・ヴォルテール「男爵様」、他の所では「伯爵様」あるいは「侍従様」であったが、ほとんど到る所では「ド・ヴォルテール閣下殿」の御到着であった。私は今なお、宿の主人たちが「ド・ヴォルテール伯爵閣下殿、並びに秘書官およびお供御一行様」と掲示する様子を覚えている。これらすべての光景はわが哲学者〔ヴォルテール〕を面白がらせたものであった。彼はこの種の称号を人の虚栄心に付け込んで悦に入らせるものにすぎないとして軽蔑していた。そこで、この有様をわれわれ主従は声を揃えて心から笑ったのであった。

……………

われわれはわれわれの行程を続け、ギーセン、ブッツバッハおよびフリートベルクを走り抜け、この町では塩田を訪れたのち、フランクフルト・アム・マインに〔一七五三年五月三十一日〕夜八時ごろ到着した。

われわれはその翌日出発しようとして、駅馬車の馬と乗物も既に準備ができていた。その時フライタークとかいう名前のプロシア王駐在員が一名の兵隊募集士官と一名の人相の悪い町人を連れて現れた。この一行の出現はヴォルテールを非常に驚かした。駐在員はヴォルテールに近付き、下手なフランス語で、自分は王より命令を受けているのだが、功労十字勲章、侍従の鍵、フリードリッヒ直筆の書簡類ないし諸文書、および御主君陛下の「御製《ごせい》」(l'œuvre de *poëshie*)を自分に渡してほしい、(1)と述べた。

ヴォルテールは直ちに勲章と鍵は返却した。それから彼は旅行用大鞄や貴重品用小箱を開いて、これらの紳士たちに、王直筆の全文は持ち去ってもらいたい、しかし、「御製《ごせい》」に関しては、シュトラスブルク〔ストラスブール〕宛の箱の中に入れて、ライプツィッヒに置いてきてしまった、しかし、自分は直ちにそれをフランクフルトに届けるようにに手紙を書くことにしよう、そして、それが到着するまで自分も当市に滞在していよう、と述べた。この処置は双方側から承認され、署名された。フライタークは次の文章を書いた。「わが国王陛下返却御希望の御製《ごせい》在中なるライプツィッヒ所在大荷物当地に到着の上、右御製《ごせい》を小官受領次第、貴下は随意に随所に向い出発さるべき事。フランクフルト、一七五三年六月の一日、国王陛下派遣駐在員フライターク②」ヴォルテールは文書の下部に、「貴国王御製のため承認す」と書いた。

駐在員〔フライターク〕側からの以上の如き確約を貰って、ヴォルテールは荷箱の到着まで静かに滞在していなければならないと信じた。彼はこの不時の出来事をシュトラスブルクで待っていたドゥニ夫人に知らせた。そして、過去への遺恨も未来への不安もなしに、『帝国年代記』の執筆を続けた。ドゥニ夫人は手紙を受け取るや否や、一瞬をも惜しんでフランクフルトにやって来た。私はこの時初めて夫人に会ったのだが、夫人がその献身の犠牲になって、彼女の叔父を脅かしている災難に巻き込まれようとは予想もしていなかった。

御製《ごせい》が入っている荷箱は六月十七日〔夜半〕到着した。この荷箱はその日〔朝〕のうち〔翌十八日早朝〕にフライタークのもとに運ばれた。私はその翌日荷箱の開封に立ち会い、かつ、フライタークがかねて署名してくれた文書に即して、ヴォルテールは三時ごろ出発する予定でいると予告に行った。彼は荒々しく私に答えて、自分は今時間がない、荷箱は午後開けさせよう、と言った。私は約束の時間に再び訪れた。王より新しい命令があり、一切を一時中止し、事態を現状のままにしておくようにとの厳命だという。私はほとんど落胆して取って返すや、ヴォルテールにまた会いに行き、私の処置を報告した。彼は駐在員のもとに駆け付け、国王の命令を見せて欲しいと要求した。フライタークは口ごもり、拒否し、多くの悪態をついた。

ヴォルテールは、いら立たされ、これ以上の不吉な出来事が生ずるのを恐れ、かつ駐在員フライタークの文書が約束している権限を〔御製を引き渡した以上〕自由に行使してよいはずだと思い込んで逃亡する決心をした。以下が彼の計画であった。彼は問題の荷箱をフライタークの手元に残したままにしておく手筈であった。ドゥニ夫人はわれわれの幾つかの旅行用大鞄とともに残留して、この忌《いま》わしい、独特の異常事の結末を見とどけることになっていた。ヴォルテールと私は若干の旅行鞄、草稿類、そして貴重品箱に入れた金銭だけを手にして立ち去る予定であった。私はこの計画に応じて一台の貸馬車を呼び止め、われわれの出発のため一切の準備を整えたが、それはまるで二人の犯罪人の逃亡計画にそっくりであった。

取り決めた時刻に、われわれは人目に触れることなく宿からうまく逃げ出せた。われわれは運良く貸馬車に辿り着いた。一人の従僕が二個の書類入れと貴重品用箱を担いでわれわれのお供をしていた。われわれはこれでついにフライタークと彼の手先たちから解放されたという安堵に溢れて出発した。(3)

マインツへの街道に通じている市の城門に到着するや、われわれは停止させられ、誰かが走り去ってわれわれの脱走の試みを駐在員〔フライターク〕に報告した。彼がやって来るのを待っている間に、ヴォルテールは自分の従僕をドゥニ夫人のもとに走らせた。フライタークは間もなく兵士たちに護衛された一台の馬車に乗って現れた。そして、われわれを例の罵詈雑言まじりの命令とともに、その馬車に乗せた。彼は自分が御主君国王陛下を代表していることを忘れて、われわれと同乗し、まるで下役警官のようにわれわれに付き添って町を通り抜け、群がって来た野次馬の真只中を掻き分けつつ、われわれを連行して行った。

　われわれはこんなやり方でシュミット〔スミス〕という名の一商人の家に連れて行かれた。この男はプロシア王参事官の称号を持ち、フライタークの代理人でもあった。入口はバリケードと、集まった群集を阻止するために配置された番兵たちによって固められた。われわれは帳場に連れ込まれた。店員たち、下男たち、下女たちがわれわれを取り巻いた。シュミット夫人はヴォルテールの目の前を軽蔑した素振りで通り、フライタークの話を聴きに来るのだった。フライタークは威張り返った態度で、自分がどのようにしてこの重大な逮捕に成功するに至ったかを得々として物語り、自分の腕前と勇気とを声を高めて誇るのだった。

　何という対照であろうか！『ラ・アンリアード』〔長編叙事詩〕の、『メロープ』〔名作悲劇〕の作者、フリードリッヒ〔プロシア王〕がわが友と呼んできた人物、その生前パリにおいて、熱狂で陶酔した大群集の只中で〔パリ帰還を祝して、フランス座の桟敷で月桂冠によって〕戴冠式の栄誉を〔一七七八年三月三十日〕受けた人物が、このような下郎どもに取り囲まれ、悪罵を浴びせられ、下賤な悪党の扱いを受け、人間の中でも世にも粗野で世にも悪辣な奴輩の侮辱の的として放置され、激怒と憤慨以外に返すべき武器ももたない有様を、できるものなら何卒心に描き出して頂きたい！

彼らはわれわれの荷物類と貴重品用小箱を奪った。彼らはわれわれがポケットの中に持っていた貨幣を全部引き渡させた。彼らはヴォルテールから彼の時計、〔嗅ぎ〕煙草入れ、身に帯びていた幾つかの宝石を取り上げた。彼は受取書を要求した。それは拒否された。

「この金を勘定してくれ」

とシュミット〔スミス〕は店員たちに言った。

「何しろ、前にはこれの倍ぐらいあったなどと、主張なさりかねない、やくざ様方だからな」

私は一体どういう権利でわれわれを逮捕するのか、と訊ね、調書を取ってもらいたい、と強く主張した。私は護衛兵部隊の中に放り込むぞとおどかされた。ヴォルテールは、煙草なしではいられないのだから、自分の煙草入れを返してほしいと言った。それに対する返答は、習慣は「何ごとにも打ち勝つ」ものである、であった。

彼の目は憤怒に輝き、私の目の方に、問いかけるが如く、時々向けられた。突如として、戸口が半開きになったのを認めるや、彼は突進して、姿を消した。シュミット夫人は店の肥満漢たちや三人女中の一隊を編成し、その先頭に立って、逃亡者の跡を追った。

「一体この私は」

と彼は叫んだ。

「用便にも行けないのかね？」

それは許可された。人々は輪を成して彼を取り囲んだ。問題の作用が終ると彼は連れ戻された。ヴォルテールが帳場に帰ると、シュミットは個人的に侮辱されたと思い込んで、彼に叫んだ。

「お気の毒様！　今後は情も容赦も致しませんぞ」

すると、下郎どもは再び喚《わめ》き立て始めた。ヴォルテールは、我を忘れて、今一度中庭に飛び出した。人々は彼を今一度連れ戻した。

この光景は駐在員〔フライターク〕とその一党全員の態度を変化させるに至った。シュミットは葡萄酒を持って来させ、彼ら一同はフライターク閣下の健康のため乾盃し始めた。こんなことをしている所へ、ドルンとかいう男がやって来た。これは一種の空威張り屋で、われわれを追跡するため二輪荷馬車で派遣されていたのだった。〔フランクフルト〕市の城門で、ヴォルテールが逮捕されたところであると知るや、彼は取って返して、帳場に着くと、叫んだ。

「私が奴を途中でひっ捕《つか》まえていたならば、奴の頭にピストルをぶっ放していたろうよ！」

間もなく分かるであろうように、彼は他人の頭にとって恐怖の的であるどころか、自分自身の頭に関して心配していたのだった。

二時間ほど待たされたのち、われわれ捕虜たちの移送が問題になった。書類入れと貴重品用小箱は一つの空の大鞄の中に投げ込まれ、この鞄は南京錠で閉められ、ヴォルテールの紋章とシュミットの花文字で封印された一枚の用紙で密封された。〔フライタークの下役〕ドルンがわれわれの連行の任を負わされた。彼はわれわれを「雄山羊館《デュ・ブーク》」とかいう一軒の木賃宿に入らせたが、そこでは十二人の兵士が一下士官に指揮されてわれわれを待っていた。この宿で、ヴォルテールは一部屋に閉じ込められ、先端に銃剣がついた銃を担いだ三人の兵士が見張っていた。私は彼から隔離され、同じやり方で監視された。しかも、人がヴォルテールを侮辱したのは、神聖な万民法を犯したのは、街道の泥棒に対してさえ守られなければならないはずの手続きを忘れたのは、フランクフルトにおいて、「自由」都市と名付けられている一都市においてなのである！　この都市は私が逮捕されるのを許容した。私はこの事件については第三者であり、私に対しては、私の金を奪えとか、また、私が一犯人のごとく目を離さずに監視されなければならないとかの、何らの命令も存在しなかったのである。私はたとえ何百年生き続けたとしても、この残虐行為を決して忘れないであろう。

　ドゥニ夫人は自分の叔父を見捨てたりはしなかった。彼女はヴォルテールが逮捕されたと知るや否や、急いで市長に抗議を申し立てに出かけた。市長は気の弱い、知能の足りない人物で、かねてよりシュミットに籠絡《ろうらく》されていた。彼は公正を守り、ドゥニ夫人に耳を貸すことを拒否したばかりか、夫人に自分の宿屋で禁足令を守っているように命令した。このような理由から、ヴォルテールは、〔シュミット家の〕帳場においての破廉恥な光景の間中、わが姪からの救援を絶たれていたのである。

　バスティーユでの彼の拘留から彼の死去に至るまでの間に、ヴォルテールはこれほど不愉快な取り扱いを我慢させられたことはかつてなかった。ラ・ボーメル[4]が彼と彼の作品に反対して執筆したとすれば、彼はラ・ボーメルとこの男の批評を立ち所に粉砕した。フレロン⑤が定期的に〔雑誌の中で〕悪口を発表したとすれば、『哀れな奴』（諷刺詩、一七六〇年）や『スコットランド女』（喜劇、一七六〇年）がこの不公正で非寛容な〔文芸界の〕独裁者に反対して文学のため仇討ちをした。ソルボンヌ〔大学神学部〕や高等法院が彼の諸作品を焚書に科し、彼を無神論の廉《かど》で告発したとすれば、彼は永遠者〔としての神〕に対して寺院を建立し、もろもろの善行を行なって復讐したものだった。C①しかし、フランクフルトでは、ヴォルテールは偉大な才能に対する敬意を知らない人間どもの手にたまたま託された。彼らの常軌を逸した行動は粗暴に類しており、しかも彼らは、彼らの主君フリードリッヒからの〔逮捕の〕要求は一種の失寵であるという理由だけによって、自分たちの目に大犯罪人と映じた一人物をこの上もない残酷なやり方で侮辱すれば、御主君に忠勤の証《あかし》を示せると信じていた。下っ端役人が彼らの主人の名を濫用し、主君の命令を誇張して実行したのは、何も今始まったことではない。下役の無知は主君の見識のある厳格さ以上に警戒されなければならない。何事にも一種の節度が存しているのであるが、それを見抜ける人はほとんどいない。

C①――ルイ十五世が司教たちやソルボンヌ〔大学神学者たち〕により熱心に責め立てられたため、遂にはヴォルテールに対して逮捕状が発布されようとしたことは明らかである。彼が無事だったのは、彼が周囲に振り撒いた善行が彼の友人たちによって国王に打ち明けられたお蔭であった。彼が巨額の金を貸

していた大貴族たちは彼の迫害者たちの数に加わっていた。（コッリーニ原註）

私はヴォルテールの無私無欲がどんなものであったかを示している一つの逸話を書き忘れてはなるまい。われわれがフランクフルト城門で逮捕されたときのことであるが、われわれが「フライターク閣下」の判決を馬車の中で待っている間に、彼は自分の書類入れの一つから数枚の紙片を引き出し、それを私に手渡しながら、

「これをあなたの身に付けて隠しておきなさい」

と言った。私はそれらの紙片を例の衣服の中に隠した。この衣服はある気のきいた作家が「必需衣服」と名付けたもので、今回の収容所でどれほどの捜索が行なわれようとも、それを確実に切り抜けられるように出来ていた。その夜「雄山羊館《デュ・ブーク》」では、三人の兵士が私の部屋の中で私を見張っており、私から目を離さないでいた。私はしかし受け取った数枚の紙片を確かめてみたくて仕方なかった。それらは、言葉の本来の意味通りに、最大限の重要さを持っていると、私は信じていた。私の好奇心を満足させ、しかも私の監視人の警戒心を欺くために、私は着の身着のままベッドに横たわった。ベッドの垂れ幕の蔭で、私は大切な預り品を私がそれを隠しておいた場所から引っ張り出した。それはヴォルテールが長編〔英雄〕詩『オルレアンの乙女〔ジャンヌ・ダルク〕』について書いた一部分であった。もしこの作品が失われるようなことになったとすれば、あるいは彼の敵たちの支配に落ちたとすれば、それを今一度創作し直すことは自分にとって

不可能であろう、と彼は予見していたのであった。私はこの詩を救出した。この偉人の自分の著作に対する情熱はこれほどまでも強烈であった。彼は己れの天才の所産の喪失よりも、財産の損失の方をまだしも好ましいとしていた。

　彼の心情は善良で思いやりがあり、自分の同類たちからも同じ性質を期待していた。彼がシュミットの中庭で用便を済ましにかかっているとき、私は呼び出されて、手伝ってやれ、と言われた。私が出て行くと、彼が中庭の片隅で、彼を逃がしてはならじと見張っている連中に囲まれたままでいるのを見出した。次いで、彼が身をかがめ、数本の指を口の中に突き入れて、吐こうと努めているのが見えた。私はぞっとして、叫んだ。

「気分がお悪いのではありませんか」

　彼は私に視線を向けた。彼の両眼からは涙が流れ出ていた。彼は低い声で私に言った。

「フィンゴ……フィンゴ」⑥〔振リヲシテ見セテイルノダヨ〕

　この言葉は私を安堵させた。私も、彼は気分が良くないようだと思い込んでいる振りをした。そして、帳場に戻って行くために彼に腕を貸した。彼はこの戦略によってこの下郎どもの熱狂を鎮め、彼らが自分を今少しの節度をもって取り扱うようにさせたいと思っていた。

「恐るべき」ドルンは、われわれを「雄山羊館《デュ・ブーク》」に降ろしたのちに、兵士たちと「金獅子館《デュ・リオンドール》」に向かったが、ここではドゥニ夫人が市長から受けた禁足令を守っていた。彼は自分の隊員たちを階段で待たせ、同夫人に自己紹介して、彼女の叔父が彼女に会いたがっているので、叔父のもとに彼女を案内するため訪れた、と言った。彼女はシュミット家で起こったばかりのことを知らなかったので、大急ぎで部屋を出た。ドルンは彼女に腕を貸して案内した。宿屋から彼女が一歩踏み出すや否や、三人の兵士が彼女を取り囲み、彼女を彼女の叔父のもとにではなく、「雄山羊館《デュ・ブーク》」に連行し、そこでは小さな寝台付きの屋根裏部屋の一つに泊まらせられ、ヴォルテールの表現を借りて言えば、腰元の代わりに兵士たちだけを、寝台カーテンの代わりに彼らの銃剣を与えられた。ドルンは無礼にも夕食をこの部屋に運ばせ、このような不測の出来事のためドゥニ夫人が陥った恐ろしい身震いを全く気に掛けずに食べ始め、次々と葡萄酒の瓶を空にした。

しかしながら、フライタークとシュミットは反省した。彼らも、醜悪な違反行為が、この事件を彼ら自身にとって非常に不利と化しかねないのに気付いた。ポッダムから届いた一書簡は、プロシア王が王の名で犯された侮辱行為を全く知っていないことを明瞭に示していた。上述の場面の翌日、ドゥニ夫人と私は家の中を自由に歩いても構わない、しかし、外出は許されない、と伝言された。「御製《ごせい》」は返却され、ヴォルテールとフライタークが交わした文書は相互に交換された。

フライタークはわれわれが泊められている木賃宿に、文書類、金銭および宝石類が収められている大鞄を運搬させた。それを開けさせる前に、彼はヴォルテールに一文書を渡し署名を求めたが、これによってヴォルテールは逮捕と監禁の費用を支払う義務を負った。この奇妙な書類の一条項には、双方の当事者は今回生じたばかりの出来事について、今後全く言及しないこと、というのがあった。費用は百二十八ドイツ・エキュに決められていた。私が公式文書の写しを作成にかかっているとき、シュミットが到着した。彼は文書を読んだが、ヴォルテールがそれに唯々諾々と署名する態度から、他日それが恐ろしい利用の種になりかねないのを予測したらしく、

「われわれのような人間の間では、その種の用心は無用ですな」

と言いながら、原稿と写しを破り捨てた。

フライタークとシュミットは百二十八ドイツ・エキュを持って立ち去った。ヴォルテールは、先日何らの法的手続きも結ばずに奪い去られた大旅行鞄を検査した。彼は、例の紳士たちがこの鞄を開封し、彼の金銭の一部を横領したのを認めた。彼はこの詐欺行為を声を高めて嘆じたが、プロシア王代理諸紳士たちはフランクフルトにおいて立派に確立された声望を持っていたので返却を獲得することは不可能であった。

その間にも、われわれはドイツ随一の汚ならしい木賃宿になお監禁されたままであり、一切が片付いたのに、なぜ拘留され続けているのか、われわれは理解できなかった。その翌日ドルンが現れて、フライターク閣下に嘆願書を提出してもらわなければならない、と言い、シュミット氏にも同時に出すべきだと付け加えた。

「私の確信するところでは、この二人は貴下の欲する一切をして下さるであろう」

と、彼は付言した。

「私を信用して頂きたい。フライターク氏は恵み深き貴族である」

ドゥニ夫人はそんなことを何もする気がなかった。この下らない男は幾らかの金銭が貰いたくて親切ぶっているだけのことであった。一ルイで彼は世にも謙遜な人間と化した。そして、彼の感謝の言葉の極端さは、彼が他の機会に際しても自分の奉公《サービス》を非常に高く売ってはいないことを裏付けていた。

〔フランクフルト〕市の秘書が訪問して来た。情報を集めたのち、彼は市長が騙されていたことに気付いた。彼はドゥニ夫人と私に出発の自由を与えさせてくれた。ヴォルテールはポッダムから確実な命令が届くまでは住所が牢獄であった。しかし、彼はこれらの紳士たちを頼りにしていたならば、監禁を長らく続けることになるであろうと心配して、フリードリッヒの侍講、プラド師(7)に手紙を書いた。一七五三年七月五日、彼は明確な返答を受け取り、この手紙がこの全騒動を終結させ、彼に完全な自由を与えた。しかし、それはフライタークやシュミットの職権によってではなく、市の役人の権限によって行なわれた。

翌〔七月〕六日、われわれは「金獅子館《デュ・リオンドール》」に戻った。ヴォルテールは直ちに公証人に来てもらい、彼の前で自分に対して犯された一切の侮辱と不正について厳粛に抗議を言明した。私も同様、私自身の抗議言明を行ない、それから翌日のわれわれの出発の準備を行なった。

ヴォルテールの激しい感情の動きのため、すんでのことで、われわれはなおフランクフルトに引き留められ、新たな不幸に投げ込まれるところであった。翌朝出発前に、私は普段われわれが馬車の中で持っている二つのピストルに弾を込めた。その折も折、ドルンが廊下とわれわれの部屋の前をこっそりと通った。部屋の戸は開いていた。ヴォルテールは彼が様子を探りに来た人間の身のこなしをしているのを認めた。過ぎ去った事どもの想い出が彼の怒りを燃え上がらせた。彼はピストルの一つを摑み取るやドルンに向かって飛び掛かった。私は辛うじて叫んで彼を引き留めることができた。この「勇者」〔ドルン〕は震え上がって逃走した。そして、危うく階段の上から下まで転げ落ちるところだった。彼は警官のもとに駆け込み、警官は直ちに職務上の口述書を取り始めた。市秘書官は、この全事件の中で公平な態度を示した唯一の人物だったので、万事を調停してくれ、かくして同日われわれはフランクフルトを後にした。ドゥニ夫人は若干の後始末のためなお数日同市に留まり、その後パリに向かって出立した。

① **御主君陛下の「御製《ごせい》」**…… 本文15、註⑷参照。poëshie は poésie のドイツ人的訛り。仮に「ぎょせい」を「ごせい」と訳した。

② 本文15、註⑷以下の本文参照。この「文書」については、一応のフランス語で書かれたテキストも他に残されている。ヴォルテールとコッリーニの文面がほとんど同文面であることから、この二人は文書と、それを読んだフライタークの発音とを（多少意図的に）混同して述べたのかもしれない。

③ 当時のプロシア側文献によると、ヴォルテール一行はフランクフルト到着以前からプロシア密使により一挙手一投足に至るまで監視されていた。

④ **ラ・ボーメル** ヴォルテールの論敵。本文、追記I、1、註⑧参照。

⑤ **フレロン**（Élie-Catherine Fréron, 1719–76） ヴォルテールの論敵。『文芸年鑑』“Année littéraire”

の主宰者。『スコットランド女』の中に、ヴォルテールは「フレロン」(Frélon) という悪辣下賤な職業文士を登場させて、フレロンを嘲笑している。

(6) **フィンゴ** (fingo) ラテン語。「私ハ振リヲシテイル」の意。周囲の連中に分からないようにラテン語が用いられた。

(7) **プラド師** (Jean-Martin, abbé de Prade, 1720–82) フランス文人。カット (Henri Alexandre Catt, 1725–95) の前任者としてフリードリッヒの側近、かつ侍講 (一七五二—五八年)。

〈参考文献Ⅱ〉

『ヴォルテール頌辞』 フリードリッヒ大王

（一七七八年十一月二十六日ベルリン王立科学・文芸翰林院特別公開会議において朗読）

〔訳者解説〕

フリードリッヒ大王がヴォルテールのパリでの死（一七七八年五月三十日夜十一時）を最初に耳にしたのは同年六月十三日と言われているが、少し遅れてダランベールからも報告が届いている（同年六月二十九日付王宛書簡）。王から直ちに詳報を求められて、ダランベールは六月三十日より七月三日まで数日に亙ってヴォルテールの最期とその後のパリの情況を書き綴って王に送っている。この文書により、ダランベールがいわば「哲学者たち」を代表して、この偉大な指導者の死に際しての政界、学芸界、宗教界、さらには「カラスの恩人」（註⒁参照）に対する一般大衆の熱狂等をどのように受け止めたかが、また、従来ほとんど取り上げられていないが、ダランベール自身がヴォルテールの最期を看取ったことなどが細目に至るまで明らかになる。ダランベールにとっては殊に政府当局の冷たい対応が悲憤の種であり、仮に自分が二十歳若かったとすれば、「天才がその存命中にも、その死後にも、不当に取り扱われる国」など見捨てたことであろう、と断言している——ダランベール（Jean le Rond d'Alembert, 1717-83）は当時六十一歳——。そして、「文学、哲学、フランスそしてヨーロッパそのものまでもが被った損失」にフリードリッヒが深い関心を寄せてくれたことに心から感謝し、次のように締め括っている。

陛下はしばしば私たち二人〔ダランベールとヴォルテール〕の対談の対象でございました。氏は陛下の御人物を高く買い、尊敬しておりました。そして、陛下を真理と理性の源泉でもあり、期待でもあると見倣しておりました。氏は、陛下が陛下の首都［ベルリン］と陛下の翰林院《アカデミー》において、氏の祖国が故人に拒否した名誉を、氏に与えさせて下さるのに値しております。哲学を慰め、フランスを赤面させ、そして狂信を打倒する何らかの崇高な行ないによって、この偉人の追憶に敬意を表するのは、他の君主たちへの先例と規範の役を果たす定めを負っておられる、ヨーロッパ最大の君主、すなわち陛下にとっての責務であります。（七月一日付部分）

以上の文面、さらに、その後八月十五日付書簡に照らしても、フリードリッヒがヴォルテールの死去とパリの情況を知るや否や、『ヴォルテール頌辞』の執筆を決意したことが明白である。例の侍講カットによると（有名な『対話編』は一七六二年度で終結しているが）、フリードリッヒは、折しも勃発したバイエルン継承戦争に参戦中で、アルンシュタット、トラウテンバッハ、およびシャッツラーの戦陣にあって、一切参考文献もなしに、同じ一七七八年九月十四日から十月十五日の間にこの頌辞を書き上げたという。cf. "Œuvres citées," T. VII, p. x.

周知の如く、翰林院《アカデミー》の頌辞にはルイ十四世時代からの伝統があり、極言すればそれは一種の儀礼的な故人礼讃であった。しかし、フリードリッヒ大王がヴォルテールの頌辞を（フランス翰林院に代わって）、自ら執筆し、朗読するという場合、そのこと自体全ヨーロッパ学芸界にとって一大事件であり、一片の儀礼どころではなかった。それと同時に、そこにはフリードリッヒが哲学や文芸に関する限り、最後まで文字通り「師事」した故人への追悼と哀惜の真情が働いていた。事実フリードリッヒは、武人としての才能は別としても、その時代におけるドイツ民族の生んだ最高の教養人であった。それと言うのも、フリードリッヒはヴォルテールの強い影響もあって、心中ひそかに、時には明確な表現で、自分の理想がルイ十四世的君主国の建設にあることを示唆している。もっとも、名著『ルイ十四世の時代』に展開されている絢爛豪華《けんらんごうか》な一大宮廷文化のイメージは、歴史的に批判すれば、もともとがヴォルテールの史観の産物ないし創作であったと言えなくもない。その意味でこの名作がヴォルテールのポッダム滞在中に最終的に完結したことはまことに象徴的であった。しかし、フリードリッヒは、恐らく王自身は明確に意識していなかったであろうが、私淑した太陽王をはるかに越えた高い理想を抱いていた。それは何であったか。

それはヴォルテールが（殊にその晩年において）主唱した「人間性」ないし「人道」(**humanité**) の理念である。この理念による具体的、現実的、つまり社会的実践活動が、「恥ずべきものを叩き潰せ！」(**Ecrasez l'infâme!**) を標語《モットー》として、老ヴォルテール、「フェルネーの長老」の絶叫とともに行なわれた運動である。では「恥ずべきもの」とは何か？

ヴォルテールや「哲学者」たちの、デカルトも驚いたであろうほどに「明晰判明」な実践的哲学に対して、理論的、体系的で難解きわまるドイツ哲学の創始者カントが、終始フリードリッヒ大王の熱烈な讃美者であったことは広く知られている。カントによれば（一七八三年においてさえ）、「人間」ないしドイツ民族（？）は「未成年」状態から抜け出していない。つまり、「自分の悟性」を十分に行使できるまでに至っていない。この、自ら愚民に甘んじている人間どもに自信と自覚と、さらに、自力で一人前の人間、悟性を活用できる人間になろうという覚悟と勇気を与えること、これこそ国民の指導者の真の任務であり、これを「あえて行なわせる」――「覚悟を決めて自力で賢明になれ、まず踏み出せ！」(**Sapere aude! incipe!**)（ホラティウス『書簡詩』I、ii、40）――のが「啓蒙」(**Aufklärung**) である。「この意味で今の時代は〔なお〕啓蒙の時代、つまりフリードリッヒの時代である。」（カント『啓蒙とは何か』〈一七八三年〉）。ここまでは啓蒙哲学者カントの主張として知らない人はいない。

しかし、カントのフリードリッヒへの心服はさらに深い理念に基づいていた。カントが晩年一種の宗教、「理性宗教」(**Vernunftreligion**) を主張したことは知られているが（カント『単なる理性の限界内の宗教』第三部、第一章、4節等）、その実体（？）についてはこれまで公正に究明されていない。この「宗教」はいわば「神〔創造神〕」の代わりに「人間理性」を置き換えた宗教であり、どのようにカント自身が弁解しようと、またのちのカント哲学信奉者が詭弁を弄しようと、それは伝統的キリスト教の「創造神」ではなく、ましてカントがその中で生育したとされている「敬虔主義」ではありえない。のち詩人ハイネが後期ロマン主義の風潮の中で、社会主義にかぶれていたとは言いながら、まことに鋭く指摘している如く、カント批判哲学の発端『純粋理性批判』（一七八一年）は「ドイツにおいて理神論〔ハイネの用法では、キリスト教的創造神認識の理論〕が処刑された剣」――ハインリッヒ・ハイネ『ドイツにおける宗教と哲学の歴史論』（一八三四年）第三巻――であった。従って、後期カント宗教哲学が「理性宗教」と化したのは、一種の必然的帰結と言えるであろう。

では、その実体は何であったのか。小心、臆病、細心なカントは驚くべき韜晦《とうかい》的才能の持主であった。たとえば、彼はさまざまな著作家を引用する場合、問題になりそうな対象に関しては、ほとんど書名、時には著者名さえ明示していない。この戒心もフリードリッヒ大王の在世中は王の名において、かなりの自由をカントに与えた。その好個の実例が従来注目されなかったのは、むしろ不可解としか考えられない。

周知の如く、カントは、ただでも問題の多い第三批判『判断力批判』（一七九〇年）の中で、フリードリッヒの詩を表題その他を一切明示せずに引用し、あまつさえ、この長編書簡詩の末尾六行を（余り上手とは言えない）散文に独訳して絶賛している（同書、第一部、第一編、第一章、四九）。カントの「美学」論は周知の如く、判断力の次の如き分析に基づいている。

1「限定的判断力」(das bestimmende Urteilskraft)
2「反省的判断力」(das reflektierende Urteilskraft)
　①「美学的判断力」※ (das ästhetische Urteilskraft)
　②「目的論的判断力」(das teleologische Urteilskraft)

※『純粋理性批判』（一七八一年）では‘Ästhetik’が「感性論」、ここでは‘ästhetisch’が「美学的」と恒例的に訳されているので混乱が生じやすい。前者を「限定的感性論」ないし「悟性感性論」、後者を「反省〔的〕感性的」ないし「理性感性的」と訳出すれば、いくらかカント判断力の在り方が明瞭化するであろう。

かくして、いわゆる「美学的判断力」と「目的論的判断力」とは本性上相関的であり、その必然的帰結として「芸術」に「適用」されるべき「合目的性」（Zweckmäßigkeit）の「原理」と「自由」に適用される「窮極目的」（Endzweck）の「原理」はいわば有機的に関連している。上記の如き、余りにもカント的で難渋な理論的論拠の当否はともあれ、カントはフリードリッヒのこの詩を作者フリードリッヒ大王の、「世界市民的見地の理性理念」（seine Vernunftidee von weltbürgerlicher Gesinnung）を活写した見事な作品であると讃美している。それはそれでよいとして、ではフリードリッヒのこの詩の表題と内容は何か。それは、一七六〇年に公刊された『プロシア王御製集』中の代表的一長編書簡詩《エピートル》で、全表題は、

「カイト元帥に寄せる書簡詩・死についての空しい恐怖と来世についての戦慄について」

であった。そして、同全集版には「ルクレティウス〔『自然論』〕第三巻の模倣」と註記が付されていた。ルクレティウスと言えば、その著『自然論』“De Rerum Natura”をもって当時敬虔な宗教人、信者の憎悪の的であった。殊に問題の「第三巻」は人間論を取り扱っており、「カクモ大ナル闇ノ中ヨリ、カクモ明ルキ光明ヲ初メテ取リ出シ、人ノ世ノ恵ミヲ輝カシツツアル人ヨ」とエピクロスに呼び掛ける有名な詩句で始まっている。そこに開陳されているのは、徹底的な感覚論、その帰結としての「死」への恐怖の克服論、自然的物体としての人間存在に関する冷徹な認識、魂独自の永世の否認、従って「来世」、まして、「永世」を期待する人間中心的妄想の打破である。

奇《く》しくも、全くの偶然の暗合から、ヴォルテールは本『回想録』の末尾でフリードリッヒの上述の書簡詩《エピートル》に言及し、「その中で王は魂の不死性とキリスト教徒とを大いに嘲笑している云々…」と言明し、『回想録』全体の結びの言葉としている。これは古典劇の第五幕（最終幕）の「結末」（dénouement）にも似て、本『回想録』に展開されてきた「二人の王」の間の「愛憎と和解」という一悲喜劇（tragicomédie）の一応の「大団円」であった。事実、この詩こそ、一切の発端であった。諸君侯・顕官相互間の諷刺や悪口とは異なり、この種の「真に危険な」作品が収載されていたればこそ、フリードリッヒは、ヴォルテールによる万一のその濫用を危惧して、フライタークに命

じ『主君国王陛下御製《ごせい》集』の回収を強行し、フランクフルト事件が惹起された。この事件が契機となって、ヴォルテールは本『回想録』を書き始めた。今や、問題の『御製集』も堂々と（?）公刊される時勢となった。ヴォルテールのフリードリッヒへの怨念も、その最後の一かけらに至るまで、その根拠を失った。すべては既に「回想」と化し、本『回想録』が完結し、「二人の恋人」はここに完全に（?）和解した。

　カントが本『回想録』を読み、問題の書簡詩についてのヴォルテールの批評に目を留めたとは考えられない。とすれば、ヴォルテール、フリードリッヒ、さらにカントは、いわば目に見えない同一の理念に導かれて、同一の目的を目指して緊密に結ばれていた。ただ、性格的に批判すれば、この「危険な詩」を、さりげなく、それも末尾の六行のみを引用して（詩の真意を大袈裟な用語によって糊塗しつつ）、澄ました顔で通したカントが一番の「悪《わる》物《もの》」ないし「曲物《くせもの》」だったと言えようか。

　なお、以上により明らかかと思われるが、ヴォルテール、カントはもとより、武人フリードリッヒさえ、ないし武人なればこそ、「武」の限界、その脆弱《ぜいじゃく》さを身にしみて体得していたのではあるまいか。恐らく、この歴史的大英雄の心中には武力による世界制覇などという理念は早くより存在していなかったのではあるまいか。では何がこの比類なき武人の理想であったのか？　本『ヴォルテール頌辞』こそ、ヴォルテールという「余りにも人間的な」（allzu menschlich）一偉人の業績を辿りつつ、フリードリッヒの「理性宗教」、「理性理念」はもとより、その「古典主義」的限界（本書巻末「訳者解説」参照）までを示してくれるであろう。

　なお、本『頌辞』はその性質上個別的な細目にこだわる必要がないと思われるので、註は最小限度に止めた。ギリシア、ローマ、フランスその他の古典に関する引用については、「本文」その他で既に解説されているものも多い。従って、現在では専門家以外に知られていない人名、作品名等にのみ註を付す。その他余りにも著しい誤記も指摘、訂正する。人名、およびそれにまつわる細目については巻末に付した「人名索引」を活用してほしい。

原典表題は

"Éloge de Voltaire, 1778"

底本には

"Œuvres de Frédéric Le Grand," Tome VII,（1847）, pp. 50–68――F版

を用い、他に

"Œuvres complètes de Voltaire,"〔éd. Moland〕Tome I,（1883）, pp. 131–44――M版

"Frédéric II, roi de Prusse: Œuvres philosophiques, 1985"〔corpus des Œuvres de Philosophie en Langue Française〕, pp. 403–22――C版

を参照した。

F版、M版にはわずかに註あり。C版には註なし。

節（段落）についてはF版、M版は同じ。C版は自由に改訂している。

本訳ではF版に依拠する。

諸君

あらゆる時代において、特に最も創意に富み、最も洗練された諸国民のもとでは、卓抜で稀有な天稟《てんぴん》を備えた人々は、彼らの生涯を通じて尊敬され、彼らの死後にはさらに一層敬意を払われてきたのであります。これらの人々は、彼らの光輝を彼らの祖国に降り注いでいる特異な現象と見做されていたのであります。人々に社会を成して生活することを教えた最初の立法者たち、己が同胞を守護した英雄たち、自然の深淵に侵入し、また幾つもの真理を発見した哲学者たち、己れの同時代人たちの素晴らしい諸行為を未来の世代へと伝達した創作家〔詩人〕たち、これらす

べての人々は人類を超越した存在として見做されたのであります。彼らは神よりの特別な霊感に恵まれていると信じられていました。ここよりして、人々はソクラテスに幾つもの祭壇を建てるに至りました。ヘラクレス〔伝説的英雄〕は神の一人として通用しました。

ギリシアではオルフェウス〔ホメロス以前の伝説的詩人〕が讃えられました。そして、七つの都市が、ホメロスが生まれた都市という栄誉を争い合うに至りました。アテナイの国民は教育が最も完備していましたので、『イリアス』を暗記しており、この叙事詩の諸詩編の中でホメロスが歌った英雄たちの栄光を、豊かな感受性をもって賞讃しました。同じく、ソフォクレス〔悲劇作家〕は演劇の栄冠を獲得して、彼の才能に対して大いに尊敬され、あまつさえ、アテナイ国家からこの上なく重要な職務に任ぜられたのが見られます。誰でもが知る如く、アイスキネス〔雄弁家〕、ペリクレス〔大政治家〕、デモステネス〔大雄弁家〕は尊敬され、また、ペリクレスはディアゴラス〔ボクサー、オリンピック優勝者〕の命を二回に亙り救いました。すなわち、最初はソフィスト〔詭弁家〕の憤激に対して彼を保証することにより、二度目には彼に恩恵を施して助けることによってでありました。誰にもあれ、ギリシアにおいて才能を持っていた者は、賞讃者たちを、熱狂家たちをさえ見出せることが確実でした。これこそが、天稟《てんぴん》を発達させ、また精神に飛躍を与え、高揚させ、かつ凡庸の限界を突破させる強力な激励でありました。マケドニアのフィリッポス〔フィリップ〕王が、〔王子〕アレクサンドロス〔アレキサンダー〕を訓育するのに値する唯一の〔家庭〕教師としてアリストテレスを選んだことは、哲学者たちにとって何という競争心の種だったことでしょうか！　この素晴らしい時代においては、あらゆる能力はその報酬を、あらゆる才能はその名誉を得ていました。良き著作家たちは判別されていました。トゥキュディデス〔歴史家〕、クセノフォン〔哲学者、歴史家〕の諸作品はすべての人の手に行き渡っていました。要するに、どの〔アテナイ〕市民も、ギリシアの名を当時他のすべての国民の名を越えて高めていた、これらの天才たちの名声に与《あずか》っていたかの如くでありました。

その後間もなく、ローマが同じような光景をわれわれに提供します。そこにはキケロが見られます。この人物は彼の哲学的精神と雄弁によって名誉の頂上にまで登りつめました。ルクレティウス〔哲学者〕はその名声を享受できずに夭折しました。ウェルギリウス〔詩人〕とホラティウス〔詩人〕はこの諸国民の王である国民〔ローマ国民〕の全国民的賛同によって賞讃されました。彼らは〔ローマ皇帝〕アウグストゥスと親しい交際を許され、この器用な専制君主が振り撒く褒賞に与りました。これに与った人々は皇帝の諸美徳を讃えることにより、その諸悪徳について人目を欺いた連中でした。

わが西洋における文芸の再生《ルネサンス》の時期において、メディチ家一族や幾人かのローマ教皇が文芸人たちを迎えたときの熱意は今なお嬉しく思い出されます。人も知る如く、ペトラルカ〔詩人〕は詩人として〔名声の〕王冠を戴くに至り、また、タッソ〔詩人〕は、かつて全世界の勝利者〔ローマ皇帝〕たちが凱旋式を挙行した同じカピトリウムの丘〔ローマのユピテル神殿の所在地〕で王冠を戴く名誉を〔不幸な〕死のため奪われました。〔フランス王〕ルイ十四世は、あらゆる種類の栄光に貪欲でしたので、己れの治世下において自然が産み出した非凡な人々に報いるという栄光をもなおざりにしませんでした。ルイ大王はボスュエ〔大司教、文筆家〕、フェヌロン〔哲学者〕、ラシーヌ〔劇作家〕、〔ボワロー＝〕デプレオー〔詩人〕に有り余るほどの恩恵を与えたに止まりませんでした。王はその気前のよさをあらゆる文人たちに、彼らがどの国の人間であれ、彼らの名声がわずかにもせよ自分の耳に入りさえすれば、及ぼしました。

以上の如きが、人類を向上させると思われる、かの恵まれた天才たち、その作品がわれわれの疲れを癒《いや》し、人生の惨めさを慰める天才たちについて、あらゆる時代が行なってきた評価であります。ヨーロッパがその永別を哀惜している一偉人の今は亡き霊に、人も知る如くこの人物が受けるに値する追悼と感嘆の思いを捧げるのは、それゆえ当然のことであります。

私はここで、諸君、ド・ヴォルテール氏の私生活の細目に立ち入る意図は持っておりません。およそ国王の歴史は彼が己れの諸国民に広く施した恩恵の列挙に、戦士の歴史は彼の諸戦役に、文人の歴史は彼の諸著作の要約〔分析〕に存しております。逸話は好奇心を楽しませ、行為は教え示します。しかし、われわれがド・ヴォルテール氏の多産な活動のお蔭で与えられている多種多様な諸作品を細目に亙って吟味するのは不可能ですので、諸君のお許しを願って、軽い下絵とも申すべきそれらの概略で御満足頂くことに致します。それを描くに際して、もとより、同氏の生涯の主な出来事については、ことのついでに触れる程度に止めざるをえません。同氏の家族にしか関係のない探究に重きを置くことは、事実ド・ヴォルテール氏を辱めることになりかねません。一切を祖先に負い、自分自身には何一つ負うところのない人々とは正反対に、同氏は一切を天性に負っていました。氏は氏自身の運命と名声の唯一の用具でした。氏の両親が法服界〔法律界〕に職業を持ち、氏に立派な教育を授けた、と知ることで足りるとすべきでありましょう。氏はルイ・ル・グラン学校において、ポレー神父やトゥルスミーヌ神父のもとで学びました。これらの神父こそ、氏の諸作品を満たしている輝かしい火焔の火花を発見した最初の人たちでした。

　若年にもかかわらず、ド・ヴォルテール氏は通常の一少年とは見做されていませんでした。氏の能弁は既に人に知られていました。このお蔭で氏はリュペルモンド夫人邸に紹介されました。この貴婦人は〔『ユラニーに寄せる書簡詩《エピートル》』を捧げられ〕若い詩人の才智と才能の活潑さに魅せられて、パリの最上流社会に氏を連れ出しました。社交界は氏にとって、氏の趣味が例の繊細な手練、例の礼節、および例の都会風を獲得した学校となりました。このような粋《いき》な垢抜《あかぬ》けには、単に博学で孤独な学者たちは決して到達できません。この種の人たちは洗練された社交界に気に入られることとは何であるかについて正しく判断できないからです。上品な社交界は彼らの視野から余りにも遠いので、彼らの理解の埒《らち》外なのであります。ド・ヴォルテール氏の諸作品が持てはやされて大流行した理由は、善い仲間付き合いの調《しら》べに、つまり、全作品の中に振り撒かれていることの色艶《いろつや》に主として存しております。

　既に同氏の悲劇『エディープ』〔エディプス王、一七一八年初演〕や若干の心地よい社交的詩作品が世に出たのちのことですが、当時フランス王国の摂政であったオルレアン公爵に対する不謹慎な一諷刺詩《サティール》がパリで流布されました。ラ・グランジュ[1]とかいう、この暗黒界の詩の作者は嫌疑を避けるために、ド・ヴォルテール氏の名のもとに問題の詩を通用させる策を思い付きました。政府は早急に行動しました。若き詩人は全く無実であったにもかかわらず、逮捕され、バスティーユ監獄に連行され、数カ月そこに留まりました。しかし、真実の特性とは遅かれ早かれ人目に明らかになることであります。真犯人は処罰され、ド・ヴォルテール氏は反証が認められ、釈放されました。ところで、諸君、諸君にとっては思いもよらないことでありましょうが、わが若き詩人が彼の『ラ・アンリアード』〔長編叙事詩、フランス王アンリ四世の歌〕の冒頭の二歌を創作したのは、実にバスティーユ監獄においてなのであります。それは厳然たる事実であります。彼の牢獄は彼にとって一つのパルナス山〔文芸の聖地〕と化し、この神域において九人の芸術神《ミューズ》が彼に霊感《インスピレーション》を吹き込んだのでした。確実なこととしましては、〔この長編叙事詩の〕現在の第二歌は、氏がその当時書き下ろした草稿がそのままの姿で残されております。紙もインクも〔獄中には〕なかったので、氏は〔自作の〕詩句を暗記し、記憶に留めたのでした。

釈放のわずかのち、氏は己が祖国において恥ずかしくも甘受を余儀なくされてきた理不尽な取り扱いや恥辱に反撥して、イギリスに引きこもりました。[2]この国において、氏は公衆の非常に好意的な歓迎を受けたばかりでなく、氏は同地において、たちまちのうちに多数の熱狂的支援者を作り上げました。氏はロンドンで『ラ・アンリアード』に最後の手を加え、それを当時『神聖同盟』という表題で公刊しました。[3]わが若き詩人は一切を巧みに利用することを心得ていましたので、イギリス滞在中に、主として哲学の研究に専心しました。その地には当時、最も賢明で、最も深遠な哲学者たちが栄えていました。氏は用心深い〔哲学者〕ロックが形而上学の迷路の中で行方を探るのに用いた頼りの綱を捉えましたが、また、血気にはやる己れの想像力を抑えながら、不滅のニュートンの骨の折れる計算に想像力を屈服させました。氏はこの〔自然〕哲学者の諸発見を極めて見事にわがものとし、氏の進歩は非常に急速でしたので、その結果として、氏はこの偉人の〔自然哲学〕体系〔引力説〕を一概説書〔『ニュートン哲学綱要』一七三三年〕で極めて明快に解説し、すべての人々の理解力の及ぶ範囲にもたらすことができたのであります。氏以前には、フォントネル氏が〔フランス思想界における〕唯一の哲学者であり、この人物こそが〔『世界の多様性の対話』（一六八六年）によって〕天文学の不毛乾燥の地に目に鮮やかな花々を撒き散らして、この学問を女性の余暇を楽しませるに足りるものとしたのでした。イギリス人たちは一フランス人が彼らの哲学者たちを賞讃するだけでは満足せずに、自国詩に翻訳しているのを見て、誇りを満たされた思いがしました。ロンドンのおよそ著名な人々がすべて、氏を独占しようと競いました。かつて外国人がこの国民によって、これほど好意的に迎えられたことはありませんでした。しかし、この勝利が自尊心にとってはどれほど心地よかったとしても、祖国への愛情がわが詩人の心の中で勝利を占め、氏はフランスに帰りました。

パリ市民たちは、賢明かつ深遠な一国民〔イギリス人たち〕がわが若き詩人に示した賛同によって目を開かれて、自分たちの只中に一人の偉人が生まれているのではあるまいか、と感付き始めました。その時に当たって、『イギリス人に関する手紙』〔『哲学書簡』の副題、一七三三年刊、同三四年パリで発売〕が世に出たのですが、その中で著者は強力で簡潔な筆致により、この国民の習俗、技芸、宗教および政府〔統治〕を描いております。この自由な国民を喜ばすために創作された悲劇『ブルートゥス』〔事実は一七三〇年パリで初演〕が『マリアンヌ』〔一七二四年初演〕およびその他多数の戯曲とともにその後すぐ引き続いて現れました。

そのころフランスに、技芸や科学に対する趣味によって有名な一貴婦人がおりました。諸君の御推察通り、私が申し上げたいのは著名なデュ・シャトレ侯爵夫人です。同夫人はわが若き詩人の哲学的諸作品を読んでいたのですが、やがて〔一七三三年〕詩人と識り合いました。知識をわがものとしたい欲望と、人間精神の手に届くところに存在している僅かな真理を深く探究したいという熱意がこの友情の絆《きずな》を引き締め、解《ほど》きえないものと化しました。デュ・シャトレ夫人は直ちに〔それまで熱中していた〕ライプニッツの『神義論』〔一七一〇年〕とこの哲学者の気のきいた諸空想譚《ロマン》を放棄し、それらに代わって〔哲学者〕ロックの慎重で賢明な方法を採用しました。この方法は餓《かつ》えた好奇心を満足させることよりも、厳しい理性を納得させるのに適していたからであります。夫人は幾何学〔数学〕を十分学んでいましたのでニュートンを抽象的な計算の中で辿って行けました。夫人の一意専心は十分に持続的でしたので、この〔ニュートン〕体系の要約を夫人の令息用に執筆するまでに至りました。間もなくシレーがこれら二人の友人の哲学的隠遁地になりました。その地で二人は銘々が自分なりに、異なった種類の諸著作を執筆し、それらをお互いに見せ合い、相互の批評によって、それらの成果を到達できる限りの完成度にまで仕上げるのに努めたのでありました。その土地で創作されたのは『ザイール』〔一七三二年初演〕、『アルジール』〔一七三四年初演〕、『メロープ』〔一七四三年初演〕、『セミラミス』〔一七四八年初演〕、『カティリナ〔別名、救われたローマ〕』〔一七五二年初演〕、『エレクトラ〔別名、オレスト〕』〔一七五〇年初演〕の諸悲劇でした。

ド・ヴォルテール氏は自分の活動領域にあらゆるものを取り入れていましたので、悲劇の創作によって演劇界を豊かにする喜びのみに仕事を制限しませんでした。同氏が『普遍史試論』を執筆したのは本来デュ・シャトレ侯爵夫人用にでした。『ルイ十四世の歴史』〔諸断片〕および『カルル十二世の歴史』〔一七三一年〕は既に世に出ていました。

これほどの天稟、かくも多様かつ公正な作家がフランス翰林院《アカデミー》から外されることはありえませんでした。同翰林院《アカデミー》は同氏を同団体に所属する一財産として求めました。氏は〔一七四六年〕この著名な団体の会員となりましたが、その最も美しい飾りの一人でした。ルイ十五世はさらに、氏を引き立てるために、王室付侍従官およびフランス国史料編集官の重職を授けました。もっとも、氏は『ルイ十四世の歴史』を執筆することによって、史料編集官の職務をいわば既に果たしていたと申せましょう。

ド・ヴォルテール氏はこれほどまでに目覚ましい賞讃の印に大いに感激したのではありますが、なおかつそれ以上、友情に対して敏感でした。デュ・シャトレ夫人と離れることなく結ばれている限り、大宮廷の光輝に氏の目が眩まされることはなく、〔親しい前ポーランド王の〕リュネヴィル宮廷への滞在とか、ましてシレーの野趣豊かな隠遁生活よりも、氏にヴェルサイユ宮殿の豪華さを好ませるには至らなかったのでした。この二人の友人は人間として、享受できる限りの幸福の分け前を平和に楽しんでいたのですが、デュ・シャトレ夫人の死去〔一七四九年九月十日〕がこの素晴らしい結合を終焉させました。これはド・ヴォルテール氏の感じやすい心にとっては生死にかかわりかねない一撃でした。これに耐えるためには氏の全哲学が必要とされたのです。

同氏がこの苦悩を鎮めるため全力を用いていた正にこの時期に、氏はプロシア宮廷に招かれました。プロシア王は一七四〇年に既に同氏に会っていましたので、この貴重で卓絶した天才を獲得したいと切望していました。氏がベルリンに着いたのは一七五二年〔七月十日〕のことでした。氏の諸知識には何らの欠落も見られず、氏の会話は楽しいと同時に教えるところが多く、氏の想像力は華麗かつ多彩であり、氏の才智は常に当意即妙で、同時に迅速でした。氏は創作の優雅さによって主題の無味乾燥さを補うのでした。一言に尽くせば、氏はすべての社交界の歓喜の源でした。一つの不幸な論争が氏と〔ベルリン翰林院長〕ド・モーペルテュイ氏の間に発生し、相互に敬愛し合いこそすれ憎悪を向け合う性質には出来ていなかったこの二人の学者を仲違いさせました。それに、一七五六年に勃発した戦争〔七年戦争〕はド・ヴォルテール氏に住居をスイスに定めたいという願望を抱かせました。氏はジュネーヴに、ローザンヌに赴きました。次いで「歓喜荘《レ・デリース》」を購入し、[4]最後にフェルネーに定住しました。氏の余暇は研究と著作に配分されました。氏は読書し、執筆し続けました。氏はこのようにして、氏の天稟の豊饒さにより、〔スイス〕全諸州の書店を〔自著により〕占領していたのであります。

ド・ヴォルテール氏の当意即妙、氏の天稟の沸騰度、氏の創作活動の容易さは氏の周囲のすべての人々に、人は欲しさえすれば才子《ベル・エスプリ》になれるはずであると思い込ませました。これは一種の伝染病とも申すべきものですが、スイス人たちは、もともと非常に鋭敏な人たちとしては通用しておりませんので、この病気にたちまち冒されました。彼らは最早、どれほど日常的な事柄でも、対句法とか諷刺詩によってしか表現しませんでした。ジュネーヴ市がこの伝染病に最も激しく冒されました。市民たちは、自分たちが少なくともリュクルゴス〔古代スパルタの伝説的大立法者〕であると信じていましたので、自分たちの祖国に新しい法を与えることには大乗り気でしたが、誰一人として、現在の諸法に服そうとはしませんでした。この種の動向は自由への取り違えられた熱意によって生み出されたもので、滑稽としか申しようのない一種の暴動ないし内戦の契機となりました。ド・ヴォルテール氏はこの出来事を不滅と化さずにはいませんでした。それは氏がこの自称戦争を、〔英雄詩『ジュネーブの内戦、別題、ベール・コベルの愛』（一七六八年）の中で〕かつて鼠と蛙の戦争がホメロスにより不朽と化された口調を用いて歌うことによってでした。氏の豊かな筆力はある時は演劇用諸作品を、ある時は哲学や歴史の論文集を、ある時は寓意的かつ道徳的な小説類を産み出しました。しかし、氏はこのようにして文芸を氏の新所産によって富ませると同時に、農村の経済にも努力を注ぎました。ここに一才人《ボン・エスプリ》がどれほどまでに、ありとあらゆる形式を受け付けることができるかが見られます。フェルネーは、われらの哲学者がその土地を入手したとき、ほとんど荒廃し果てた一地域でした。氏はその土地を再び耕地に戻しました。氏はその地区に再植民しましたが、さらにまた氏はそこに多くの製造業者と職人たちを定住させたのでした。

われわれの悲しみの諸原因を、諸君、慌てふためいて回想するのは止めておきましょう。暫くのところ安住の地のド・ヴォルテール氏を忘れて、差し当たり、氏の厖大な数にのぼる各種各様の作品に、これまで以上に注意深い、これまで以上に考え深い視線を向けましょう。歴史が伝えるところによりますと、ウェルギリウスは、自分が欲していたほど十分に完成できなかったというので、自著『アエネイス』〔長編叙事詩〕にほとんど満足できず、死に際してこれを焼却しようとしたと言われています。ド・ヴォルテール氏は長寿に恵まれましたので、『神聖同盟』という氏の詩作を磨き上げ、訂正することができ、この詩編を現在『ラ・アンリアード』の名称のもとで見られる完成の域にまで到達させることができました⑤。わが作家に対する嫉妬者たちは、氏の詩作品は『アエネイス』の一模倣作品にすぎないと氏を非難しました。また、その主題が相互に類似している諸詩編が存していることは認められなければなりますまい。しかし、それらは盲従的な模写ではありません。ウェルギリウスがトロヤの壊滅を描いているとすれば、ド・ヴォルテール氏はサン＝バルテルミー〔新教徒虐殺〕事件の残虐行為を白日の下にさらけ出しております。〔カルタゴ女王〕ディドーとアエネアス〔主人公〕の恋愛事件には、アンリ四世と美女ガブリエル・デストレの恋愛が対照されています。アエネアスの冥府への降下と、この黄泉界においてアンキセスが彼に彼から生まれるはずの子孫たちを明かす情況には、アンリ四世の夢と、彼に聖ルイ〔ルイ九世、一二一四－（二六－七〇）〕がブルボン王家の運命を宣告して示している同王家の未来が対比されます。私の所感をあえて述べれば、私はこれらの詩編のうち二編、すなわちサン＝バルテルミー事件の編とアンリ四世の夢の編では、フランス詩人〔ヴォルテール〕の優位を裁定したいものです。ウェルギリウスがヴォルテールより優れているのが見られる場面は、ディドーの恋愛だけです。なぜならラテン作家は心情に働きかけ、語りかけ、フランス作家は寓話しか用いていないからであります。しかし、人がこれら二編の詩を古代人に対しても近世人に対しても何らの先入見を抱かず誠実に吟味すれば、『アエネイス』の多くの細目がわれわれの同時代人たちの作品の中で現在では許容されないことが認められるでありましょう。例えば、それは、アエネアスが彼の父親アンキセスに与える葬礼の栄誉、半鳥鬼女《ハルフィアエ》の寓話、この怪物がトロヤ人たちに、彼らは自分たちの皿を食べるに至るまで追い詰められるであろうと告げる預言、しかも実現するこの預言、アエネアスの労苦が終結するはずの定着の地を指示する九匹の子を持つ雌豚、水精《ニンフ》たちを乗せた彼の船舶、〔アエネアスの息子〕アスカニウスに殺されて、トロヤ人とリトゥリ人の戦争の起因となる一頭の雄鹿、アマータとラヴィニアの胸中に神々によって植え付けられたアエネアスに対する憎悪、しかも、最後にはこのラヴィニアのアエネアスとの結婚などであります。恐らく、ウェルギリウス本人も不満であった、これらの欠点こそが彼に自分の作品を焼却したいと決意させたのでありましょうし、また、それらの難点こそが公正な批評家たちの所見に従えば、『アエネイス』を『ラ・アンリアード』より低く評価させずにはいなかったのでありましょう。もし、征服された諸困難が[6]一作家の功績をなすとするならば、ド・ヴォルテール氏がウェルギリウス以上に多くの困難に打ち勝たなければならなかったことは確実であります。『ラ・アンリアード』の主題はパリの衰退であり、そもそものその原因は〔フランス国王〕アンリ四世の〔カトリック教からカルヴィン派への〕回心であります。詩人は従って、〔神々が活躍する〕神秘的な体系を自分の思うがままに活用する自由を持てませんでした。詩人は〔この点に関して〕キリスト教徒たちの秘儀に対象を限らなければならない窮地に追い込まれていました。しかも、これらの秘儀は異教徒〔古代ギリシア、ローマ人たち〕の神話の在り方に較べて、心地よい、絵画的な映像《イメージ》の豊かさの点ではるかに及びませんでした。しかしながら、およそ『ラ・アンリアード』の第二歌を読む人は誰でも、この詩の魅力がそこで取り扱われている一切の主題を気高いものと化す力を備えていることを認めずにはいないでありましょう。ド・ヴォルテール氏ただ一人が自作の詩に不満足でした。氏は自作の主人公が十分な数の大危険にさらされていない、その結果として、この主人公〔アンリ四世〕はアエネアスほど人の興味をそそらない、と見ていました。事実アエネアスは一つの危機から脱出したかと思うと必ず次の危険に落ち込んでおります。

ド・ヴォルテール氏の悲劇の吟味についても同じ公平の精神を適用しますと、同氏が若干の点でラシーヌより優れており、他の点ではこの著名な劇作家〔ラシーヌ〕より劣っていることが認められるでありましょう。同氏の『エディープ』は氏の最初の創作悲劇でした。氏の想像力にはソフォクレスとユゥリピデスの諸傑作が早くより刻み込まれていましたし、氏の記憶はラシーヌの絶えることのない流れるような優雅さをいつでも氏に想い出させました。〔古代ギリシア悲劇と近世フランス悲劇の美点という〕この二重の利点に支えられて、[7]氏の最初の創作〔『エディープ』〕は一傑作として舞台に上りました。若干の批評家は、恐らく余りにも気難しすぎる人たちだったのでしょうが、老婦人ジョカストがフィロクテートの出現に接して、ほとんど消え去っていた情念が再燃してくるのを感じるという情景に難癖を付けました。しかし、フィロクテートの役割が削除されたとしたならば、この人物の性格とエディープの性格との対照が生み出す魅力を人は味わえないことでありましょう。同氏の『ブルートゥス』はパリの舞台よりもむしろロンドンの劇場で上演されるのに適していると批判されました。なぜならば、フランスにおいては、わが息子を冷然として死刑に処するような父親は野蛮人と受けとられますが、イギリスでは、己れの血そのものとも言うべき人間を己れの祖国の自由のために犠牲にする執政官は神と見做されるからであると言うのです。氏の『マリアンヌ』およびその他多数の戯曲は氏の筆力の技術と多産さをさらに示しました。しかしながら、隠さずに付け加えておかなければなりますまいが、批判家たちは、恐らく厳しすぎる人々であるにせよ、わが詩人を非難して、これらの悲劇の組立てはラシーヌの諸悲劇の自然さと真実味に遠く及ばないと言っております。彼らは申します。「〔ラシーヌの〕『イフィジェニー』、『フェードル』、『アタリー』の上演を見給え。諸君は諸君の眼前にわだかまりなく展開してゆく一行為[8]を目撃している気がするであろう。これに反して、〔ヴォルテールの〕『ザイール』の観劇に際しては諸君は〔演じられている行為の〕真実味に関してわれとわが身を欺かなければならず、諸君に違和感を与える若干の欠陥を軽く見逃して行き過ぎなければならないではないか」。彼らはさらに付け加えて、〔この悲劇の〕第二幕は前菜《オードブル》〔省略してよい部分〕である、と言います。「諸君は老リュジニャンのたわごとを否応なしに我慢して聞かされる。この老人は自分の宮殿に居るのに、自分がどこに居るのかが分からない。自分の古い武勲をペロンヌ州知事になった、一ナヴァール連隊陸軍中佐〔捨て扶持を貰っている旧軍人〕のように語っている。この老人がどのようにして自分の子供たちの見分けが付くのか一向分からない。自分の娘をキリスト教徒にするために、彼は娘に言う。『お前はアブラハムがそこでわが息子イサクを主《しゅ》〔たる神〕に犠牲として捧げた、あるいは捧げようと決心した山の上にいるのだ』。彼はわが娘に、シャティヨンが自分自身でその娘に洗礼を施したと証言しているのちに至って、洗礼を受けよ、と勧めている。しかもこれが、この作品の核心なのである。つまり、リュジニャンはこの冷たく、活力に欠けた行為を果たしたのち、卒中で死ぬが、誰一人彼の運命に関心を寄せない。この筋立て〔劇の中心をなす出来事〕を形成するためには、一人の僧侶か〔宗教的〕秘儀《サクラメント》が必要だったのであるから、洗礼の代わりに聖体拝領を採用することもできたのではないかと思われる」。しかし、以上の如き指摘がいかに堅固なものでありうるにせよ、第五幕において、それらは人の目から消え失せます。この偉大な詩人が身に備えたあれほども卓抜な技術で喚起する関心、同情、恐怖[9]は聴衆〔観客〕を魅惑し、彼らはかくも強力な情念に揺り動かされ、かくも偉大な魅力に免じて小さな欠点を忘れるのであります。かくして、ラシーヌ氏がその諸戯曲の中で、より自然で、より真実味に富む何かしらを持つという長所を備えており、また、その後の詩人の誰一人としていまだに傍にも寄ることもできない彼の作詩法の中に、絶えることのない優雅さ、柔らかさ、神秘な流れが支配していることは認められるでありましょう。他方、ド・ヴォルテール氏の諸戯曲の中の余りにも叙事詩的な若干の詩句を除けば、『カティリナ』の第五幕以外では、氏が一つの場《じょう》から次の場《じょう》へ、一つの幕から次の幕へと関心を成長させてゆき、それを大詰《カタストローフ》めの頂点にまで押し上げてゆく技術を持っていたことは認められなければなりません。これこそ、まことに技術の絶頂であります。

氏の普遍的な天才はすべての種類《ジャンル》を包括していました。ウェルギリウスに対抗して、力量を試したのち、そして、恐らくこの詩人を超克したのち、氏はアリオスト〔イタリア詩人〕と腕を競い合おうと欲しました。氏は『オルレアンの乙女』を〔アリオストの〕『狂乱のオルランド』〔英雄喜劇〕の趣向で執筆しました。この長編詩は決して後者の模倣ではありません。筋、驚異、挿話等、そこでは一切が独創的であり、一切が輝かしい想像力の快活さを息付かせております。

氏の社交的詩作品はすべての趣味人士〔芸術愛好家〕の歓喜の種でした。作者その人だけがそれらを全く重んじていませんでした。ところがアナクレオン〔ギリシア詩人〕、ホラティウス〔ローマ詩人〕、オウィディウス〔ローマ詩人〕、ティブッルス〔ローマ詩人〕、素晴らしい古典時代のすべての作家たちも、氏が匹敵できないほどのいかなる先例をもこの種の詩作の中に残しておりません。氏の才智はこれらの作品を苦もなく生み出したのでした。それが氏には不満足だったのです。氏の信念によれば、十分に値する名声を所有するためには、最大の諸障碍を打破して、それを獲得しなければならないのでした。

　氏の詩人としての諸才能について要約を諸君に示しましたので、歴史家としての氏の諸能力に移りましょう。『〔スウェーデン王〕カルル十二世の歴史』が同氏執筆の最初の歴史書でした。氏はこの〔現代の〕アレキサンダー〔アレクサンドロス〕のクウィントゥス＝クルティウス〔『アレキサンダー伝』著者〕となりました。氏が氏の素材の上に振り撒いている華飾は真実の根柢を少しも損ねておりません。氏はこの上もなく生き生きとした色彩で、この北国の英雄の輝かしい武勇を、ある機会では王の堅忍不抜を、他の情況下では王の執拗さを、王の栄華を、そして王の諸不幸を描いています。氏はカルル十二世に関して氏の力量を立証したのち、ルイ十四世の時代史にあえて挑《いど》みました。氏が用いたのは最早クウィントゥス＝クルティウスの空想小説《ロマネスク》的な文体ではありません。氏はこれに代わってキケロ〔ローマの文人、哲学者〕の文体を採用しました。キケロはマニリア法を弁護しつつポンペイウスの頌辞を行なっているのであります。それはこの素晴らしい時代の有名な出来事を熱狂をもって取り上げている一人のフランス人の姿にほかなりません。著者は当時氏の同国民に他の諸国民に対しての優位を付与した諸利点を最も輝かしい光彩のもとに展開しております。それらの利点とは、ルイ十四世の手元に集まっていた多数の大天才たちです。洗練された宮廷により庇護された技芸〔芸術〕と学問〔科学〕の世界です。あらゆる種類に亙っての産業の発展です。そしてフランス国王をある意味ではヨーロッパの調停者と化していたフランス国家固有の強力さです。この独特な著作はド・ヴォルテール氏にフランス全国民の愛着と感謝を惹きつけるのに役立ちました。氏はフランスの他の作家の誰一人によっても行なわれたことがなかったほど氏の祖国を素晴らしく引き立てたのです。またさらに、これは氏がのち『普遍史〔一般史〕に関する試論』で用いているのとは異なった一文体〔の作品〕です。この文体は強力で単純です。氏の精神の性格が他の諸著作の中においてよりも、この歴史の取り扱い方の中では一層鮮やかに表明されています。そこには優れた一天才の血気が見られ、この天才が偉大なものの中に一切を見出し、重要なもののみに愛着し、あらゆる微小な細目を度外視しているのが知られます。この作品は歴史を研究したことのない人々に歴史を教えるためにではなく、歴史を知っている人々の記憶の中に主要な諸事実を想起させるために執筆されています。氏は歴史の第一法則、すなわち、真実を語ること、に一意専心しています。そして、そこに振り撒かれている諸反省は前菜《オードブル》〔あらずもがなの付け足し〕ではありません。それらは素材それ自体から生まれています。

われわれにはなおド・ヴォルテール氏の多くの他の論文が残されておりますが、それらを分析することはほとんど不可能です。あるものは文芸批評の主題にかかわっております。他のものの中には、形而上学的主題を同氏が解明しているものがあり、また、その他の論文中には、天文学、歴史、自然〔物理〕学、雄弁〔修辞〕学、詩学、幾何学のものがあります。氏の小説そのもののさえ独創的性格を帯びております。『ザディーグ』、『ミクロメガス』、『カンディード』は、軽薄さに溢れているように思われますが、道徳的寓意とか、若干の現代的体系〔独断的主張〕の批判を含んでおり、そこでは有益が楽しさと不可分に結ばれています。[10]

これほどの諸才能、これほどのさまざまな知識がただ一人の人物に結集されている有様は読者を啞然とした驚嘆に突き落とします。

諸君、われわれに名前が伝えられている古代の偉人たちの生涯を調べ直して頂きたい。諸君は、彼らの各々がそれぞれ自分の一才能に限られているのを見出されるでしょう。アリストテレスとプラトンは哲学者でした。アイスキネスとデモステネスは雄弁家でした。ホメロスは叙事詩人、ソフォクレスは悲劇詩人〔作家〕、アナクレオンは恋愛詩人、トゥキュディデスとクセノフォンは歴史家でした。同じように、ローマ人のもとでも、ウェルギリウス、ホラティウス、ルクレティウスは詩人でしかなく、ティトゥス・リウィウスとウァッロは歴史家、クラッスス、大アントニウスおよびホルテンシウスは彼らの演説で精一杯というところでした。キケロ、この雄弁家執政官、祖国の守護者にして父、この人物だけがさまざまな才能と知識を結集していた唯一の人物です。彼は言論の偉大な技術によって彼のすべての同時代人より優れていたのですが、この術に、彼の時代に知られていた程度にもせよ、哲学の奥深い研究を合体させました。この事実は彼の『トゥスクルム討論』、『神々本性論』という素晴らしい論文、『義務論』という論考によって明白なのであります。特にこの『義務論』は、恐らくわれわれが所有している最善の道徳論と申せましょう。キケロはまた詩人でさえもありました。彼はアラトス〔ギリシア詩人〕の詩をラテン語に訳しましたし、また彼の訂正によってルクレティウスの詩〔『自然論』〕は完成されたと言われています。[11]

われわれはかくして、十七世紀にも及ぶ期間を次々と溯った末に、人類を形成している莫大な数の人々の中から、キケロただ一人をついに発見することができたのでありますが、この人物の知識だけが、われらの著名なる作家の博識と対比できるのではないかと思われます。このような表現が私に許されるとすれば、ド・ヴォルテール氏は一人にして、全翰林院《アカデミー》に値していた、と申せましょう。氏の手に成る著作には、〔『歴史的・批判的辞典』（一六九五―六年）の著者〕ベールが彼固有の弁証法によって武装した姿を偲ばせるものがあります。その反面、〔歴史家〕トゥキュディデスを読んでいるとしか思えない作品もあります。ここには一自然学者〔形而下学者〕がいて、自然の秘密を発見しております。彼方には一形而上学者がおり、類比と経験に頼りつつ、〔経験主義哲学者〕ロックの足跡を一歩一歩慎重に追っております。その他の作品の中で、諸君は〔劇作家〕ソフォクレスの好敵手《ライバル》を見出します。彼方では、御覧のごとく、氏は己が足跡に花を振り撒いております。此方では、氏が喜劇役者の舞台用靴を穿いて〔舞台の上に上って〕おります。しかし、氏の精神の高揚はテレンティウス〔ローマ喜劇作者〕ないしモリエール〔フランス喜劇作家〕に匹敵する飛翔だけでは満足できなかった様子です。やがて、氏が天馬《ペガサス》に打ち跨《また》がっているのが見られます。天馬はその両翼を広げて飛び立ち〔学芸神の座〕ヘリコン山の頂上にまで氏を運びます。そこでは学芸神《ミューズ》たちの主神〔ゼウス〕がホメロスとウェルギリウスの間に氏の席を授与します。

これほど多くの異なった作品と、こんなにも偉大な天才的努力はついに人々の精神の上に一種の生き生きとした感動を生み出しました。そして、全ヨーロッパがド・ヴォルテール氏の卓絶した才能を喝采しました。嫉妬や羨望が氏に向けられなかったと考えてはなりますまい。それらの感情はその矢を研ぎ澄まして氏を傷付けようとしました。人々の心中に生まれながらに与えられている例の自主精神は、どれほど合法的な権威にも反抗して人々に嫌悪を鼓吹するものでありますから、自分の無力さが原因で到達できない天才的優越性に対しては、それだけ一層の辛辣さをもって、人々を反抗させるものです。しかし、羨望の叫びはそれ以上に強力な喝采によって圧殺されるのでした。文人たちはこの偉人と識り合うことをわが身の名誉と受け取るのでした。およそ、十分に哲学者であり、その結果として、個人としての価値しか認めない人は誰でもが、ド・ヴォルテール氏を、先祖、称号、慢心、富裕などだけがその人の全価値を成している人々よりも、はるかに高い地位に置いていたのでした。ド・ヴォルテール氏は、「私ハ一切ヲワガ身ニ帯ビテイル[12]」と言うことのできる哲学者たちの少数の一人でした。君主たち、領主たち、君侯たち、女帝たちが彼らの尊敬と感嘆の印を氏に浴びせました。もとより、地上の高位高官が人間の価値の最善の評価者たちであるなどとほのめかすつもりで私は申しているのではありません。しかし、この事実は少なくとも、われわれの作家の名声が極めて広範囲に亙って確立されていることや、その結果として諸国民の元首たちまでが公衆の声に反駁するどころか、それに適応するべきであると信じていることを証拠立てております。

しかしながら、およそ、この世では悪がどこにおいても善と混合されているものであります。さて、ド・ヴォルテール氏も到る所で味わっていた喝采に敏感だっただけに、ヒィッポクレーネ泉〔ヘリコン山の泉〕の泥水の中を這いずっている例の虫けらどもの刺し傷をも鋭く感じ取ったのでした。氏は彼らを罰するどころか〔彼らを無視しなかったので〕、誰も知らなかった彼らの姓名を氏の諸作品の中に書き残して不朽と化したのでした。しかし、氏がこれらの虫けらどもから受けたのは、氏が聖職者たちから彼らずにはすまなかったさらに激しい迫害と較べれば、泥水の軽い跳ね返りにすぎませんでした。聖職者たちは、身分上平和の代理者にほかならないのですから、ひたすら博愛と善行を実践するべきはずだったのです。一方では誤った熱意に盲目化され、他方では狂信により愚鈍化されて、彼らは氏に襲いかかり、氏を中傷することによって圧倒しようと欲しました。彼らの無知は彼らの計画を挫折させました。知識という光明の欠如から、彼らはこの上もなく明晰な諸観念までをも混同しました。その結果として、われわれの作家が〔宗教上の〕寛容を暗示している諸文章は、無神論の教義《ドグマ》を含んでいるかのごとく、彼らにより解釈されるに至りました。かくして、己れの天才のあらゆる能力を用いて一神の存在を力強く証明しようと努めてきた、この同じド・ヴォルテール氏が、彼自身非常に驚きましたが、神の存在を否認したという弾劾を聞かされたのでした。

これらの信心深い魂たちが、氏の身の上にかくも不器用に振り撒いた毒汁は、彼らの同類の連中のもとでは賛同を得ました。もちろん、わずかにもせよ弁証法〔経験主義的論考法〕を身に着けている人々のもとではそのようなことはありませんでした。氏の真の犯罪〔なるもの〕は、氏が氏の歴史書の中で、教会の名誉を汚した多くの高位聖職者たちの悪徳を卑劣に秘匿しなかったことに存していました。つまり、氏がフラ゠パオロとともに、フルーリとともに、またあれほど多くの他の人々とともに、しばしば情念は精霊の霊感以上に聖職者たちの行動に影響を及ぼすものである、と言ったこと、氏が氏の諸著作の中で、偽りの熱意が犯させた憎むべき虐殺に対して嫌悪を鼓吹していること、要するに、氏があらゆる教派の神学者たちによって、あれほどの重要性を付与されている不可解で下らない論争を軽蔑をもって取り扱ったことが、問題とされたのでした。この一連の情景を締め括《くく》るために、以上に加えて申しておきたいのですが、ド・ヴォルテール氏のすべての著作は印刷所から世に出るや、直ちに売れてゆくのでした。そして他方、この同じ時期に、司教たちは彼らの本屋の店の中で自分たちの〔教区住民への〕教書が虫に食われたり、あるいは、腐って行くのを神聖な遺恨をもって見ていたのでした。これが、馬鹿な僧侶たちの論考法なのです。彼らの出来の悪い三段論法〔論考法〕が個々の人間の安静に影響を及ぼすことがなかったとすれば、彼らの戯言《たわごと》も許されてよかったことでありましょう。物事の真実が言わせずにはいないことは、これらの下賤で軽蔑すべき連中たちの性格を、これほどにまで誤っている弁証法が十分に裏付けているということに尽きます。彼らは人々の理性を捕らえることを言明していながら、良識との乖離《かいり》を公然と行なっているのであります。

ここで問題なのはド・ヴォルテール氏の弁護ですから、私たちは氏に科された非難を何一つ包み隠すべきではありません。似而非《えせ》信心家どもは現に、氏がエピクロス、ホッブズ、ウールストン、ブーリングブルック〔ボーリングブローク〕卿およびその他の哲学者[13]たちの見解を述べ立てたとして氏の責任を追求しました。しかし、これらの人々の主張を赤の他人の誰にもせよがそれに付け足すことができたかもしれないことによって強化したりせずに、氏が一係争事件の報告者の立場で補足し、その裁定を読者の判断に任せていることは明らかではないでしょうか。そればかりではありません。仮に、宗教というものが真理〔具体的事実〕を基盤として持つとすれば、嘘言が宗教に対して何を考え出そうとも、そのようなものの一切を宗教が何で恐れる必要があるのでしょうか？　ド・ヴォルテール氏はこの点について強い確信を抱いていましたので、若干の哲学者たちの〔宗教に対する〕懐疑などが神的な霊感に打ち勝つことがありえようとは思っていなかったのであります。しかし、さらに進んで、氏の諸作品の中に散在している道徳を氏の迫害者たちの道徳と対比してみましょう。

氏は述べております。

「人間たちは兄弟のようにお互いに愛し合うべきである。人間たちの義務は人生の重荷を支えるために相互に助け合うことである。人生においては、悪の総計が善の総計を越えているからだ。

人間たちの意見は人間の顔付き同様に様々である。人間たちは、〔他の〕人間たちが同じように考えないからと言って、迫害し合うのではなく、それどころか、誤っている連中の判断を是正するのに留めなければならない。それには論考を用いるべきであり、議論による証明の代わりに鉄鎖や焚殺を用いてはならない。一言で表現すれば、人間たちは己れの隣人に対して、自分自身がその人からそうして貰いたいと欲するように、行動しなければならない」

こう話しているのは、ド・ヴォルテール氏なのでしょうか。それとも、使徒聖ヨハネではありますまいか。それとも福音書の言葉ではありますまいか。

以上の言葉に、偽善、つまり偽りの熱意の生んだ実践道徳を対比してみましょう。この道徳は次のように主張しております。

「われわれがそう考えてほしいと欲することを考えない連中は皆殺しにしよう。われわれの野望とわれわれの悪徳を暴露する連中はとっちめてやろう。神がわれわれの不正行為の後楯であらんことを。人々たちがお互いに引き裂き合おうと、血が流れようと、そんなことは、われわれの権威が増大する限りにおいて、どうでもいいのではないのか？〔来世における〕煉獄〔今世での罪人の贖罪の場〕や天国〔今世の善人の至福の国〕への入国税収入〔教会関係者への献金〕の総額がわれわれ〔聖職者たち〕の〔今世での〕儲けを増大させるようにと、神を情け容赦を知らない残酷な存在と化そう」

以上が、人間たちの情念にとって、どのように宗教がしばしば役立つか、また、善の最も純粋な源泉〔真の宗教〕が人間たちの倒錯した邪悪さにより、どのようにして悪の起源となるかの実情であります。

ド・ヴォルテール氏の大義名分は私が以上に述べた如く立派なものでしたので、氏は神秘的な詭弁よりも理性に耳が傾けられていたすべての法廷において、賛同を勝ち得ました。神学からの憎悪から氏がどれほどの迫害を被ったにせよ、氏は常に宗教そのものを、宗教を辱《はずかし》めている人々から区別しております。氏は聖職者たちに対しても、彼らの美徳が教会の真の飾りであった場合には、正しい評価を与えております。氏が非難したのは、その邪悪な習俗〔品行と習性〕によって公衆の嫌悪の的と化した聖職者たちに限られていました。

ド・ヴォルテール氏はこのようにして氏の羨望者たちからの迫害と氏の熱狂的支持者たちの感嘆の間で、前者の嘲笑に屈辱を覚えることもなく、後者の喝采のために氏自身が自分に関して抱いていた意見が高揚されることもなしに、その生涯を過ごしました。氏は世の中を明るくする〔世人の蒙を開く〕ことで、そして、自分の諸作品によって文芸と人間性〔人道〕〔神性に対して〕への愛を鼓吹することで満足していました。道徳の規範を提供するだけで足れりとせずに、氏はわが身の実例によって善行を説いたのでした。勇気ある支援によって不幸なカラス一家の救援に向かったのは氏でした。シルヴァン事件を弁護し、この一家の人々を彼らの裁判官たちの野蛮な手から奪い取ったのは氏でした。シュヴァリエ・ド・ラ・バルも、氏に奇蹟を行なう天与の能力が備わっていたとすれば、氏は復活させていたことだったでしょう。⑭一哲学者がその隠遁地の奥底から、その声を高めるとは、そして、人道が、彼により代弁機関を買って出てもらったお蔭で、裁判官たちに不公正な判決の破棄を強請するとは、何と素晴らしいことではありませんか！ ド・ヴォルテール氏がわが身が果たした仕事として、この比類のない行ないだけしか持たなかったとしても、氏は人道の数少ない恩人の中に数えられるに値したことでしょう。哲学と宗教はこのように力を合わせて美徳への道を教えてくれているのであります。

諸君、以下の二人のどちらが、より立派なキリスト教徒とお考えでしょうか？ それは、残酷にも一家族に祖国を見捨てることを強制する司法官でありましょうか、それとも、その一家を受け入れ、支援する哲学者でありましょうか。一人の軽率な人間を虐殺するために法律の剣《つるぎ》を用いる裁判官か、それとも、この若者の命を救った上で矯正しようとする賢者か、カラスの処刑人か、それとも非嘆に暮れている彼の一家の庇護者か。そのどちらでありましょうか。

以上が諸君、およそ感じやすい心情と、感動を受け付ける心奥を備えて生まれているすべての人々にとって、ド・ヴォルテール氏の想い出を永久に貴重なものとしている事どもであります。精神と想像力の天与の賜物《たまもの》、天稟《てんぴん》の高尚さ、そして広大な知識、これらの贈り物は自然が滅多に濫費しないものではありますが、しかしなお、人道と慈善の行為には決して及ばないのであります。前者は賞讃の的であり、後者は祝福と崇拝の対象であります。

諸君、ド・ヴォルテール氏との永別が私にとって、いかに苦痛であるとはいえ、氏を失ったことが諸君に与えている苦痛を再び味わって頂かなければならない時期が、ついに近付いたと私は思います。今までのところ、われわれは氏にフェルネーで平穏に暮らしてもらっていました。さて、財政上の用件で氏はパリまで出掛ける気になったのですが、かねてから氏も巻き込まれていた破産から、氏の財産の多少の残骸を救出するのにどうやら間に合うように同地に着けるだろうと氏は期待していました。氏は空手で祖国に再登場したくありませんでした。哲学と文学の間に配分されていた氏の時間は、多数の作品を世間に供給し続けてきましたが、その中の幾つかは何時でも氏の手元に保留中でした。イレーヌを主題とする新しい悲劇『イレーヌ』を執筆し終えたので、氏はこの劇をパリの舞台で上演しようと欲しました。氏の習慣は自作劇を公衆に公開する前に、最も厳しい批評に服させることでした。この原則に従って、氏は自作を後世に値するものに仕上げたいという願望の前に、つまらない自惚れなどは捨て去りつつ、パリに居住している知人中のすべての趣味人に相談しました。人々から与えられた見識に富む意見には従順に応じながら、氏は一種独特の熱意と情熱をもって、この戯曲の訂正に献身しました。氏は自作を改訂するため幾夜をも朝まで過ごしました。その上、眠気を追い払うためにでしょうか、己が感覚を活気付けるためにでしょうか、氏はコーヒーを程度を超えて飲用しました。日に五十杯[15]でも氏にはほとんど足りなかったのです。この飲物は氏の血を非常に激しい興奮状態に置き、氏に極めて異常な発熱を生じさせたので、その高い熱を鎮めるために、氏は阿片剤に頼り、余りにも強度の服用量を飲用しました。その結果として、阿片剤は氏の病気を回復させるどころか、氏の最期を早めたのでした。この薬がこのように節度を超えて服用されるや、その後わずかにして、一種の麻痺が現れ、次いで卒中の発作が発生し、これによって氏の生涯は最期を迎えたのでした。[16]

ド・ヴォルテール氏は虚弱な体格であったにもかかわらず、憂鬱、心労、また非常な勤勉が氏の気質を弱体化したにもかかわらず、氏は氏の生涯を八十四歳まで到達させました。氏の生活の様子によりますと、正に氏においては精神が万事において物質に打ち勝っていたと申せます。それは、その活力をほとんど透明な〔痩せこけた〕肉体に伝達している一つの強力な魂でした。氏の記憶力は驚異的でした。そして、氏は最期の息を引き取るまで、思惟と想像力の一切の能力を維持していました。パリ市民たちがこの偉人に祖国での彼の最後の滞在中に寄せた賞讃と感謝との表明、諸君、この事実を諸君にここで想い出して頂くことができるのは、私にとって何という歓喜でしょうか！　大衆が公正であるということ、それは稀であります。しかし、それは美しいことであります。自然が長い間を置いてしか産み出してくれない、これらの異例な人たちを、彼らの存命中に大衆が正しく評価するということ、その結果として、これらの人々が後世から受けることが確実な賛同を自分たちの同時代人たちからさえ受け取るに至るということ、これは素晴らしいことであります。自己の天才の全明敏さを自国民の栄光を讃えるために用いた一人の人物に、この栄誉の幾条かの光線がわが身の上に降り注ぐのを見てもらいたい、と人々は期待せずにはいられなかったのでした。フランス国民たちは、それを感じ取ったのです。そして、彼らの熱狂によって、彼らは、彼らのこの同胞が、彼らとその時代の上に振り撒いた光輝に自分たちも与《あずか》る資格を得たのでした。

しかし、異教の国ギリシアなら祭壇を建てて捧げたことであろう、このヴォルテール、ローマにおいてなら立像を受けていたことであろうこの人物、諸学問の庇護者、偉大なる〔ロシア〕女帝[17]がペテルスブルクに記念碑を建立しようと欲している、その相手の人物、私は繰り返して申しますが、これほどの人物がその祖国において、その遺骸を覆うための僅かの土地にも事欠こうとしているとは、誰が信じるでありましょうか？　何ということでありましょうか！　十八世紀において、知識がかつて見られなかったほど普及した時代において、哲学的精神がこれほどにも進歩した時世において、ヘリュール人[18]たち以上に野蛮で、フランス国民の中よりもタプロバーンの人民たちと生活するのに一層相応しい、神秘儀礼導士《ヘロファンテス》たちが存在していて、偽りの熱意に盲目化され、狂信に酔い痴れた挙句、かつてフランスの土地が生んだ、最も有名な人物の一人に人道の最後の義務が果たされるのを阻止することがあろうとは！　とは申せ、これは全ヨーロッパが憤激を伴った一種の苦痛をもって実見したことであります。しかし、死骸の上にまでこのように襲いかかる、これらの熱狂徒の憎悪と彼らの復讐の卑劣さがどのようであれ、羨望の叫びも、彼らの野蛮な遠吠えも断じてド・ヴォルテール氏への追憶を曇らせることはないでありましょう。これらの連中が期待できる、最も穏やかな運命は、彼らと彼らの卑劣な策謀が忘却の闇の中に永久に埋もれたままになることでありますが、その間に、ド・ヴォルテール氏の想い出は時代から時代へと次第に大きくなり、氏の名を不朽の名声へと伝えてゆくことでありましょう。

① **ラ・グランジュ……** フリードリッヒの記述は全面的に誤り。ラ・グランジュ（La Grange-Chancel）は諷刺的小詩《オード》『専制王弾劾』"Philippiques"を書いて投獄された。しかし、これがヴォルテールの作とされたことはない。一般にはF版、M版ともに註記している如く、諷刺詩『われは見たり』"Les j'ai vu, 1715"がヴォルテール投獄の原因とされてきた。現在では、この詩の作者はル・ブラン（Antoine-Louis Le Brun, 1680–1743）であると確認された。ヴォルテールの問題作はラテン語の諷刺詩『幼君ノ御世ニ』"Puero regnante, 1717."バスティーユ投獄一七一七年五月十七日、出獄一七一八年四月十一日。

② **イギリスに……** これも誤り。貴族の息子ロアンとの決闘未遂事件の結果、二度目のバスティーユ投獄（一七二六年四月）、イギリス亡命を条件に出獄、五月初旬イギリス着。七月から八月末にかけ三週間ほどひそかにパリに戻ったが再びイギリスへ。そして一七二九年初めまでイギリスに滞在。

③ 『神聖同盟』は一七二三年六月オランダで公刊。これを全面的に改訂、補筆、『ラ・アンリアード』として一七二八年三月ロンドンで刊行。フリードリッヒの書き間違い。以下では正しく記述している。

④ 「歓喜荘《レ・デリース》」購入は一七五五年一月ごろ。すなわち七年戦争の勃発（一七五六年）以前であり、フリードリッヒの記述は話の筋が通らない。ヴォルテールのベルリン逃亡、「フランクフルト事件」等を一切省略したためである。

⑤ 上記註⑶参照。

⑥ **征服された諸困難**（les difficultés vaincues） ヴォルテールの古典主義的ないし擬古典主義的、形式主義的文芸論の有名な格率「克服された困難さ」（la difficulté surmontée）の言い換え。ヴォルテールの悲劇処女作『エディープ』（一七一八年）の出版に際して付された「序文」（一七一九年—一七三〇年追加）の追加部分にこの表現あり、文芸界に風靡した。この原理はイギリスにまで及び、ヒュームやア

ダム・スミスにも影響した。

(7) **二重の利点に支えられて** (fort de ce double avantage) この句の主文章へのかかり結びは破格。

(8) **一行為……** フランス古典劇の金科玉条とされた「三一致」、「三単一」ないし「三統一の法則」(les lois des 3 unités) ――「行為」、「場所」、「時間」の「統一」への言及。主人公一人の「行為」を中心に、「時間」は最長で二十四時間内、「場所」は宮殿ならその一室、せいぜい隣室ぐらい、という設定の中で、五幕劇が展開される。例えばコルネイユの『三演劇論』(一六六〇年) 参照。Pierre Corneille.: "Discours du poème dramatique,"; "Discours de la tragédie,"; "Discours des trois unités."

(9) **関心、同情、恐怖** 主人公への観客の「関心」(l'intérêt) の源は「恐怖」(la terreur ; la crainte) と「同情」(la pitié) の二つ。この両者に基づいて最終的に「カタルシス」(感情の「浄化」ないし「純化」) が成立する。以上がアリストテレス『詩論』に基づく古典悲劇論。各用語に無数の解釈あり。

(10) **有益が楽しさと不可分に結ばれ……** ホラティウス『詩論』"Ars poetica" はアリストテレス『詩論』(前註(9)参照) と並んでフランス古典主義原理の双璧。その主張は同詩論中の次の二行。「誰ニモセヨ有益ヲ楽シサト混ゼ合セタル人ハ読者ヲ／楽シマセツツ同時ニ教エルコトニヨリ、スベテノ票ヲ獲得セリ〔高イ世評ヲ得タリ〕。」'omne tulit punctum, qui miscuit utile dulci / lectorem delectando pariterque monento.' Horatius : "Ars poetica," v. 343-4.

(11) **アラトスの詩を……** キケロによるギリシア詩人アラトス (Aratos, circ. 315 B.C.) のラテン訳がルクレティウスに影響したとか、キケロがルクレティウスの詩作品を訂正したという伝説は十八世紀に一般的。フリードリッヒ自身がヴォルテールに自作を添削してもらった体験もこの文章に表明されている。ルクレティウス『自然論』がフリードリッヒに強烈な影響を与えたこと、それこそが、そもそもの「フランクフルト事件」の発端的原因であったことを注意（「訳者解説」参照）。

⑫「**私ハ一切ヲワガ身ニ帯ビテイル**」（Omnia mecum porto.）　ギリシア七賢人の一人ビアス（Bias 紀元前五世紀ごろ）の言葉と伝えられている。故国が敗れ、市民たちが山ほどの家財を抱えて逃亡して行く中で、ビアスは手ぶらで悠々と歩いて行く。何も持ち出さないのか、と市民に訊ねられるや、ビアスは己が頭を指で示して、「私ハ私ノモノ一切ヲワガ身ニ帯ビテイル」（Omnia mea mecum porto.）と答えた、という。通常「私ノモノ」（mea）なしでも引用される。

⑬**エピクロス、ホッブズ……**　エピクロスはギリシア哲学者、ホッブス（Thomas Hobbes, 1588–1676）、ウールストン（Thomas Woolston, 1660–1724）、ブーリンブルック〔ボーリングブローク〕（Henry St. John, Bolingbroke, 1662–1751）はいずれもイギリス思想家、哲学者。学説的には経験主義、宗教的には「自然宗教」（「啓示宗教」に対して）の主唱者。ヴォルテールが哲学的、反既成宗教的論文でしばしば引証する思想家たち。

⑭カラス事件――一七六一年十月十三日トゥールーズの一商人ジャン・カラスの息子マルク＝アントワーヌ自殺。新教徒父親カラスは、息子を旧教への回心を怒って殺したとされ、一七六二年三月九日車裂きの極刑を受く。一家は監禁。ヴォルテールの大活躍で一七六五年三月九日無実決定、国王よりカラス一家に下賜金下る。

シルヴァン事件――カストル市の役人ピエール＝ポール・シルヴァンの精薄娘エルザベート、一七六一年十二月十七日井戸に投身自殺。この一家も全員新教徒。娘の改宗阻止のため一家が謀殺を計ったとして告発される。逮捕直前に一家はスイスに逃れた。ヴォルテールは全力で一家を支援。一七六四年三月二十九日一家全員の名に下された絞首刑の判決を一七七一年十二月ついに覆《くつがえ》す。

ド・ラ・バル事件――アブヴィル市の名門一族の青年シュヴァリエ・ド・ラ・バルは仲間二、三人と面白半分に、ある橋の上に立っている木製十字架像を毀した（一七六五年八月九日）。この悪戯が重大な瀆神不敬罪と弾劾され、犯人たちを代表してド・ラ・バルは同市裁判所で一七六六年二月二十八日「通常ならびに特別拷問」ののち斬首の判決を受けた。パリ高等法院でも一七六六年六月四日死刑判決、七月一日残酷な拷問ののち瀕死のまま斬首、死体は焚刑に処せられた。ド・ラ・バルの瀆神行為の原因は「哲学者」の悪影響である、との狂信者たちからの非難の風評もあり、ヴォルテールも一時は身の危険を感じた。この事件はヴォルテールに宗教的寛容、刑法の人道化、狂信の打破等について多数の作品を執筆する契機となったが、事件の性質もあって、もとより無実の判決はなかった。

⑮ ヴォルテールのコーヒー好きは有名。しかし「日に五十杯」は思い違い。ダランベールの一七七八年七月一日付、同八月十六日付プロシア王宛書簡に「過度のコーヒー飲用」の言及あり。M版註記によれば、パリでの「辞典」編纂計画の翰林院《アカデミー》での会合で、五回に亙って二杯半のコーヒーを飲用したとあり、フリードリッヒはこれを聞き間違えたらしい、とあり。

⑯ ヴォルテールの死去は、一七七八年五月三十日夜十一時。誕生日には諸説あり。一般的定説では一六九四年十一月二十一日。（最近のポモーらの一六九四年二月二十日、「私生児」として誕生、という新説は穿《うが》ちすぎで採れない。cf. René Pomeau : "D'Arouet à Voltaire, 1985," p.17 et suiv.）。享年八十四歳六カ月余。

⑰ **ロシア女帝** エカテリーナ（Ecatherine, 1729–[62–96]）。この女帝がヴォルテールの蔵書を一括購入し、「小さな寺院」を建てさせて収納し、その真中にヴォルテール記念碑を建立する、という計画については、一七七八年八月十五日付ダランベール発プロシア王宛書簡を参照。

⑱　**ヘリュール人**　「ヘリュール人」（Herules）は古代ゲルマン民族の一族。二世紀ごろより歴史に登場した。黒海沿岸からライン河口に住み、ローマ皇帝軍に敗れる。四世紀ごろイタリアの各地にまだ見られたが、その後絶滅ないし他民族と同化。タプロバーン（La Taprobane）はアメリカ大陸の地名か、未詳。

訳者解説

本一九八九年はフランス革命二百年記念年次に当たる。この時点において、本『回想録』の意義を広い見地から解説したい。併せて、ヴォルテールの主張した「革命」の真意、彼の理念の現代的意義、ヴォルテールに啓発されたフリードリッヒ大王の啓蒙君主思想、さらにはそのナポレオンへの余波等について略述しよう。

『回想録』の伝記的、作品的価値

『ヴォルテール回想録』の原名は『ド・ヴォルテール氏の生涯に関する資料として氏自身によって書かれた回想録』と題され、その一部は初め断片的に彼の全集の「文学編」に収められた。底本その他の「編集者緒言」によれば、この『回想録』はフランクフルト事件直後に書き始められ、逐次執筆されたが、その後中絶したまま一時は忘れられていたらしい。ヴォルテール自身も早くより出版の意図を放棄していた。それゆえ、彼の生前、本作品の存在はほとんど世に知られていなかったが、完結直後に盗まれた一草稿が、紆余曲折の末一七八四年、一巻の書物として刊行されたのであるという。

この『回想録』の内容は痛烈極まるフリードリッヒ大王の諷刺である。上記編集者の言葉によれば、草稿写本はかなり以前から出廻っていたのであるから、フリードリッヒがこの手記を読んだことは確実であるという。果たして王がこの辛辣な悪口からどんな印象を受けたかは不明である。フリードリッヒはこの『回想録』の内容に関して直接何らの弁明もしていない。強いて求めればカット（Henri Alexandre Catt, 1725–95）の残した『フリードリッヒ大王対話編』（"Friedrich der Große: Gespräche mit Henri de Catt,（1940）1981"）の中で、この王が随所で述べているヴォルテール批判などが、本『回想録』への間接の応答と言えようか。

ヴォルテールの著作には、事物のある一面を取り上げて皮肉と嘲笑で完膚なきまで滑稽化する傾向が見られる。そのため、彼の敵として彼の鋭い筆尖の的にされた者は、永久に文人界のもの笑いと化してしまうのが常であった。ではあるが、ヴォルテールの諷刺は、その徹底的辛辣さにもかかわらず、一般的には相手の立場をかなり公平に見、かなり正当な人物評価を行なっている。この意味で、本書においても、ヴォルテールは比較的公平に大王の性格や人物を描き出している。さまざまな罵詈雑言をフリードリッヒに叩き付けながらも、大王の偉大な点にはわれにもあらず感嘆して、つい賞辞を洩らしてしまうところなど、いかにもヴォルテールの性格の良い面が窺われて、むしろほほえましい印象をあたえる。

このほほえましいヴォルテールも、彼自身に関した事柄については相当に主観的である。否、我田引水的、自己弁護的、自画自讃的とでも言うべきであろう。たとえば、密使として派遣されたヴォルテール（本文10）がどれだけ政治的に貢献したか、明らかに疑問である。しかし、彼自身の言葉によれば、国家のために重大な使命を遂行したように取れる（本文12）。もっとも、これらの点に関しては、最近多くの新資料により活潑な論議が行なわれつつあるが、依然決定的評価は定まっていない。いずれにせよ、ヴォルテールのかなり強引な自己主張は、彼の全作品に関して、多くの評者から反撥を買った。しかし、これは元来彼に対する読者の好意、あるいは悪意のいかんによって決定されるべき問題ではない。むしろ、歴史的事実、ないしは芸術的見地の問題である。では、その真相は何か？

　現に、生前既に一種の神話的人物と化していたほどの著作家の中で、ヴォルテールほど自己を隠して著述した文人は稀である。彼は絶えず他人の眼に映ずる自己のみを考え、最後まで自分自身の本然の姿を作品の上で他人に見せようとしなかった。その意味でヴォルテールは、『詩と真実』"Dichtung und Wahrheit"――「〔創作上の〕うそとまこと」――という表題のもとに平然と美しい自叙伝を書いたゲーテとはよい対照をなしている。人柄の相違はもとよりとしても、それは一つには環境の差に由来したとも言えるであろう。同じ市民階級《ブルジョワジー》出身者ではあれ、ゲーテは自由都市フランクフルトの貴族市民の出自であり、小さいながらも一国の宰相として、権力と名声とを享受しつつ創作した。ヴォルテールは、土台が緩んで混乱した大国の中で「鉄床《かなとこ》」に生まれ、叩かれるべく運命づけられた身で迫害と戦いながら最期まで文筆活動を続けた。次には時代の相違も考慮されるべきであろう。当時のフランスにおいて、文士がどのような社会的地位にあったか、彼らがどのような苦境のもとにその活躍を続けたか、従って彼らがなぜあれほどまで自己を隠そうとし、またその反動として自己防衛を考えなければならなかったか、これらの諸点を無視して当時の作品を論じ、作家を語ることはそれ自体不可能である。

たとえば、ジャン＝ジャック・ルソーは明らかにヴォルテールと対蹠的な性格の持ち主であった。ではあるが、ルソーが生涯苦しんだ被害妄想的強迫観念、あのような『告白』を書かずにはいられなかった気持は、その現れ方は異なっているにせよ、ヴォルテールの中にも確かに存在していた。現に、ヴォルテールが匿名で書いた誹謗文書『一市民の意見』“Sentiments d'un citoyen, 1764”が主な原因となって、ルソーは書きかけの自叙伝を中止し、例の『告白』を執筆し始めた。しかし、『告白』を書いて感情的に他人に訴えるには余りにも理性的（十八世紀の意味において）であり、客観的な『自叙伝』を著すには余りに主観的であり、さればとて、自己を中心として『うそとまこと』を創作するには余りに啓蒙家であったヴォルテールは、その強烈な自我と旺盛な筆力にもかかわらず、ついに彼自身の「生涯に関する資料として」役立つような完全な記録を残さなかった。

それゆえ、極言すれば、彼の作品だけによって、彼の人物を全面的に窺うことはまず不可能と考えてよい。それに、とかく誤解を生みやすい「性格」とか「人物」とかいう言葉がヴォルテールの時代に何を意味していたかをわれわれは十分に注意しなければならない。ラ・ブリュイエールやラ・ロシュフーコーのいう「性格」(caractère)とは何であったか？　スタンダールさえ、「人は孤独の中にあっても、性格以外のものはすべて獲得することができる」(『恋愛論』第二巻、断想1、'On peut tout acquérir dans la solitude, hormis du caractère.' "De l'amour," Liv. II, Fragments divers 1) と言っている。この極めてフランス的、いわば社会的な「性格」は、十八世紀の作家に関する限り、決して、今日一般的である如く、作家と作品を密接に結び合わせ創作の謎を解く鍵と考えられてはならない。ヴォルテールの著作の中には、もとより彼の思想、主張、芸術観等を通じて彼の人物が浮かび上がってはいるであろう。しかし彼はいわゆる「性格小説」(Charakterroman) を書いたのでもなければ、そのような芸術的見地ないしは人格主義的立場から個人の覚醒を説いたのでもなかった。彼にとっては、あらゆる創作様式が「読者ヲ楽シマセツツ、同時ニ教エル」(ホラティウス『詩論』三四四行、'lectorem delectando pariterque monendo,' "Epistula ad Pisones De Arte Poetica," v. 344) ための道具であった。彼は一個人ヴォルテールとしてではなく、一つの大きな時代思想の代表者、代弁者として時に応じ必要に即して筆を執った。時代はいまだに近代的自我の確立以前であった。そして、ヴォルテールはあくまで世人を頭においてしか著述しない啓蒙家であった。

われわれが十九世紀以降の文芸批評に馴れた眼をもってヴォルテールに接するとき、彼の言辞の矛盾撞着に驚く一つの大きな原因も主として以上のような点に存している。彼に対する多くの誤解が生じたことも、そこにその真因があったと思われる。

以上の如き理由から、彼の人物を知る最上の手掛かりが、彼の残した厖大な書簡集であることは明らかである。この貴重なヴォルテール資料は、主としてベスターマンなどの努力により過去二、三十年間に五、六割以上増加した。書簡は本来特定の個人にあてた文書であるだけに、そこには比較的偽りのない彼の姿が現れている。しかし、ヴォルテールの場合、書簡さえしばしば彼の文書による啓蒙作戦の重要手段であり、あまつさえ当時の厳しい出版物検閲の反動として、改竄、贋作、改訂が日常茶飯事であったので、迂闊に信頼を寄せられない。事実、問題の多い重要書簡に関しては、厳重な再検討が既に行なわれ始めている（たとえば、本文14、註(7)参照）。

さて、これに次ぐ重要な伝記資料を彼の作品中より求めるとすれば、それは本『回想録』であろう。ヴォルテールのフリードリッヒに対する恨みが深刻であっただけに、彼はこの作品では相当に彼自身の姿を暴露している。彼がこの著作をついに公表しなかったことには、フリードリッヒに対する遠慮のほかに、自己を現しすぎたことに対する懸念も働いていたかもしれない。もし、この推察が幾分でもヴォルテールの真意に当たっているとすれば、本作品の伝記的価値の重大な裏付けと見做されてよいであろう。

また事実、本『回想録』はその後の多くのヴォルテール伝執筆者の貴重な資料とされてきた。たとえば、ヴォルテール歿後の最初の代表的伝記は、周知のごとくコンドルセ（Marie Jean Antoine Nicolat de Caritat, marquis de Condorcet, 1743–94）の『ヴォルテールの生涯』“La vie de Voltaire, 1789”であるが、この著者がいかに本『回想録』に負うところが大であったかは、一目瞭然である。

ほかにヴォルテール自身の執筆らしい重要な文献には、『「ラ・アンリアード」著者の諸作品に関する史的註解』“Commentaire historique sur les œuvres de l'auteur de La Henriade, 1776”がある。この『歴史的註解』をベスターマン（Theodore Besterman）は「ヴォルテール自叙伝」‘Voltaire's Autobiography’という表題を付して、自著英文伝記『ヴォルテール』“Voltaire, (1969) 1976[3]”の「付録」にしている。この英文大著はもともと系統的な伝記ではないので、このような補足的追加が行なわれたと推測されるが、『ラ・アンリアード』の作者「詩人」ヴォルテールは、この「文人」のほんの一面にすぎない。

最後に、本『回想録』の文学作品としての意義も決して無視しえない。資料的価値を抜きにしても、本書は極めて興味のある一編の好読物である。ヴォルテールの生涯の中で、最も有名で最も劇的な一情景、ヴォルテールとフリードリッヒという世紀の二大偉人の対決を、その一方の当事者が、諧謔と皮肉と怨恨と、そして遺憾ながら賞讃の念までを込めて、書き下ろした内容であるだけに、そこには下手な小説や劇などの及びもつかない面白さが溢れている。「ヴォルテールの筆は笑っている」と言われるが、彼の詩、小説《コント》、評論、まして哲学書や悲劇だけでは、この言葉の真意は摑み難い。ところが、本書の内容は、まず主役が当の御本人とフリードリッヒ、脇役もまた王侯、貴族、寵姫、僧侶、学者、文人という、当代の代表的人物が演ずる一大ドラマである。背景は全ヨーロッパ。それを舞台に、戦争と国際外交の表裏とからんで、人間生活のあらゆる悲喜劇が華々しく展開される。その間を縫って、ヴォルテール一流の哲学的述懐が一つの主流をなして流れ、たくまずしてそこに哲学小説の趣をも与えている。また随所に詩を交えた形式からいえば、ヴォルテールが愛好した文学評論の文体が活用されており、事件の因果付けや解釈は彼の歴史哲学の片鱗を窺わせる。劇あり、詩あり、散文あり、哲学あり、歴史あり、挿話あり、逸話あり、要するに本『回想録』にはヴォルテールが駆使したあらゆる文学ジャンルが巧みに応用され、利用され、渾然《こんぜん》として一体を成している。

従って、読者はこの作品一つで、ヴォルテールの文筆活動の全面にわたり、ほぼ誤りのない見通しを得ることができるであろうし、さらに、登場人物の描写を実在の姿と対比することにより、ヴォルテールの諷刺、皮肉、機智、諧謔がどのようであったかを如実に知ることができるであろう。

『回想録』の歴史的意義

次に本『回想録』の歴史的意義ないし価値を検討しよう。前章で詳述した如く本著作は貴重な伝記的価値を持っているが、本来の意味の「自叙伝」ではない。そればかりではない。実はヴォルテールの真骨頂は、本『回想録』が終結している時点、すなわち一七六〇年以降の約二十年間に発揮された。この期間における全ヨーロッパ的文筆活動がなかったとすれば、真の意味での啓蒙家ヴォルテール、つまり、フランス革命に際して国民的英雄として遺骸がパリに凱旋し、パンテオンに移葬されたヴォルテールは存在しなかったことであろう。しかし、この歴史的人物としてのヴォルテールへの最終的脱皮と成長の契機が記録されていればこそ、フランクフルト事件を中心に、それに至る前段階、その後の一切の「結末」(le dénouement)を「含蓄」し「要約」している本『回想録』が、貴重な「歴史的」意義を持つのである。

ヴォルテールを以上の如く歴史的見地から考察するのはよいとして、さて、そもそもヴォルテール個人とは何であろうか？　最近のヴォルテール伝や作品研究に見出される一般的傾向は、個人的側面に拘《こだわ》りすぎているように思われる。その種の探究も無用ではない。ではあるが、思想家、芸術家、文学者、政治家、宗教家等の真価は、彼らの業績や成果がどの程度まで単なる個人の域を超えて、時代的、歴史的に普遍性を持っているかによって決定される。この種の理念ないし理想が欠如している場合、思想は空論に、芸術は芸能に、文学は雑文に、政治は民衆煽動《デマゴギー》に、宗教は狂信か迷信に堕するであろう。

もとより、広く十八世紀フランス思想史という立場から当時のフランス学芸界を考察するためには、たとえばモルネの古典的名著の参考文献に明示されている如く(Daniel Mornet : "La pensée française au XVIIIe siècle, 1936," p. 216)、今日なおトックヴィルとテーヌを両極とし、両者の「総合」(synthesieren)ないし「揚棄」(aufheben)を図る各種の研究法を用いるほかはないであろう。そして、同時代の歴史的過程において、たとえばヴォルテールの果たした役割が検討されるであろう。

ところが、全ヨーロッパ的な見地より考察した場合、問題の在り方は一変する。

「その当時、ヨーロッパは二人の王を持っていた。プロシア王とヴォルテール王である」。オリィユーの大著『ヴォルテール・副題、精神の王権』(Jean Orieux : "Voltaire, ou la royauté de l'esprit, 1966," p. 377) の後半、第二部はこのような見出しで始まる。この多分に読物風の伝記は思想史的、文芸史的には深くないが、それだけにある意味では時代相をかなり正確に捉えている。ただ、ヨーロッパの「ヴォルテール王」はそれ以前に「フランス王」と対等、ないし、時としてこの王を超越した一王者であったことが注意されなければならない。ベルトーの特異な十八世紀文学史(文学生活史)にも「ヴォルテール王」と題された一章がある。同じくそこには、十八世紀中葉のフランスには「世俗権王」(un roi temporel) と「教権王」(un roi spirituel) という「二人」の王がいた、というベルソール (André Bellesort : "Essai sur Voltaire, 1925") の言葉が引用されている。そして、「世評によれば」、ルイ十五世の政府がヴォルテールを祖国から亡命させたことは「重大な過誤」であった、と述べられている (Jules Bertaut : "La vie littéraire en France au XVIIIe siècle, 1954," pp. 205-6)。

ベルソール、ベルトー、また最近のオリィユーも決して研究書的著作ではないが、それだけにその視野の広さには取るべきところがある。ただ、そこには、一亡命者ヴォルテールをヨーロッパの一王者たらしめた基本的原因が十分に説明されていない。

その原因とは、フランス語と、この言語を介してのフランス学芸の全ヨーロッパ的普及という、歴史的、社会的事実である。簡潔に表現すれば、当時のヨーロッパはフランス語情報社会であった。ことほど左様に、フランス語を介してフランス文化、学芸は全ヨーロッパはもとよりロシア帝国にまで普及していた。この汎ヨーロッパ文化の頂点にヴォルテールは立っていた。

ヴォルテールはかくして、祖国を亡命した一文人の身でありながら、ついにはジュネーヴ近郊のフェルネーに「小王国」を築き、文筆だけの力によって、フランス王とプロシア王に、時に応じて対抗し協力する、二重の意味での「ヴォルテール王」となった。殊に、フランス国王の影が薄れ、それに反比例するかの如くプロシア王の富国強兵的ドイツ民族統一政策が成果を挙げるや、十八世紀後半、なかんずく六〇年代以降のヨーロッパ思想界、学芸界の歴史的一大転機は、フリードリッヒとヴォルテールという二人の王者の交友関係と、その在り方、さらにその次代への屈曲した影響に在ったと見做されなければならない。そして、正にこのフランス語情報社会の生成と成立、さらにはその終結に関してさえ、本『回想録』は他に類のない貴重な資料である。

ヴォルテールとフリードリッヒ——ヨーロッパの「二人の王」

フリードリッヒ大王とヴォルテールの、対決と親愛の関係や、哲学、文芸、史学等を介しての両者の思想的・政治的交渉、さらに両者それぞれの立場からの文化的・社会的理想の達成の努力と協調については、これまでも一般的にしばしば論じられてきている。しかし、両者の予測をある意味でははるかに超越した、驚異的な全ヨーロッパ的一帰結については、従来ほとんどその実情が究明されていない。この意味から、本『回想録』の解説の範囲を若干逸脱しかねないが、その拡大的註解として、「二人の王者」の理念とその影響ないし「余波」の一端にまで触れたい。最初にフリードリッヒを生んだ「プロシア王国」について略述したい。周知のごとく、プロシア王国は十九世紀末葉（一八七二年）において、ついに神聖ローマ帝国皇帝（ホーエンツォレルン家）の座を占めるに至ったが、この王国の源泉は比較的新しい。そもそも、この王国の称号となったプロシア〔プロイセン〕さえ、ブランデンブルク選挙侯が一六六〇年に獲得した一飛び領土であり、それは本領土ブランデンブルクより北東に数百キロ離れて東海〔バルト海〕に面した僻地であった。ともあれ、かくして「ブランデンブルク＝プロイセン選挙侯」、いわゆる「大選挙侯」フリードリッヒ・ウィルヘルム（Friedrich Wilhelm, der Große Kurfürst, 1620–88）が誕生し、のちの「プロシア王国」の最初の礎石が置かれた。

同「大選挙侯」は、バルト海貿易の基地としてのプロシアの開拓に着手すると同時に、選挙侯領土の首都ベルリンの開発に努めた。ベルリンは現在においても正確には「ベルリーン」と語尾にアクセントを置いて発音されている。この呼称は外来語系を明示しているが、事実首都ベルリンさえ当時はドイツ系移住民を中核に十七世紀末期より急成長した一新興都市であった。折しも吹き荒れた「反宗教改革」（die Gegenreformation ; la contre-réforme）の嵐の中で、「大選挙侯」は旧教諸国よりの亡命外国人移民の受け入れと庇護に力を注いだので、「ナント勅令」廃止（一六八五年）後のフランスからは約三十万人の「新教徒《ユグノー》」が、オーストリアからは皇帝家首都ウィーンで追放されたユダヤ人百家族、続いて六千人のユダヤ人がベルリンに定住したと言われている。

これらの亡命外国人移民の豊かな財力（ユダヤ人）、優秀な技術（フランス「新教徒《ユグノー》」）に助けられつつ、全移住民たちの刻苦勉励によって、この一植民地国家はたちまちにして一王国へと発展して行った。「苦難なくしては誰もプロシア人にはなれない」（Niemand wird Preuße denn durch Not.）――Benet Engelmann : "Preußen : Land der unbegrenzten Möglichkeiten, 1981," S. 62.――。

すなわち、「大選挙侯」を継いだブランデンブルク＝プロイセン選挙侯、フリードリッヒ三世はドイツ皇帝家を支援して初めは対トルコ戦争に参加し、次いで率先して強敵フランス王ルイ十四世に対抗した功績により、時の皇帝（ハープスブルク家）レオポルト一世（Leopord I., 1640–〔85–1705〕）より国王の称号を勅許され、一七〇一年プロシア国王、フリードリッヒ一世（Friedrich, I., König von Preußen, 1657–〔1701–13〕）に昇格した。かくして、ヨーロッパ東北の一辺疆伯「ブランデンブルク選挙侯」は約四十年の間に、「ブランデンブルク＝プロイセン選挙侯」、次いで「プロイセン王」（プロシア王）へと躍進した。

初代プロシア王、フリードリッヒ一世はフリードリッヒ大王の祖父であり、大王の父がフリードリッヒ・ウィルヘルム一世、俗称「兵隊王」（Friedrich Wilhelm I., Soldatenkönig, 1688–〔1705–40〕）である。この王については以下で触れるとして、プロシア王国のこれほどの急成長にもかかわらず、フリードリッヒ大王自身の記録によれば、王の即位当時（一七四〇年）全プロシア王国の総人口は二二四万人、プロシア王国全領土の面積は（ブランデンブルク領を中心に、北東ではプロシアから西方ではライン河沿岸のゲルダーラントまで点々と散在している全領地を総計して）、一

一二、五〇〇平方キロメートルにすぎなかった（フリードリッヒ大王著『ブランデンブルク家史』註記その他）。これに較べて、同時期の主要三国の総人口は、オーストリア皇帝家は一、三〇〇万人、イギリス王国が九五〇万人、フランス王国が二、〇〇〇万人と推定されている。当時のプロシア王国は、全ヨーロッパ的に見て成り上がり的三流新興国であり、ドイツ皇帝家の見地からすれば一種の外様《とざま》大名的存在にすぎなかった。

プロシア王国は、しかし、武力的には卓越していた。フリードリッヒ大王の同じ記録によると、即位時期の兵力は兵員総数七六、〇〇〇名、内傭兵二六、〇〇〇名と記されている。これに対して、オーストリアはプロシアの六倍の人口で総兵員数一〇七、〇〇〇人、フランスは同じく九倍以上の人口で総兵員数一八〇、〇〇〇人にすぎなかった、と推定されている。

異常に過大なこの兵員数は、ひとえにフリードリッヒ大王の父、フリードリッヒ・ウィルヘルムの遺産であった。この「兵隊王」ないし「下士官王」(le Roi-Sergent) は粗暴・頑迷な専制君主で、文字通りの北方野蛮人《ヴァンダール》であった。「兵隊王」も、その当時の王廷の慣例に倣って、一フランス貴族未亡人の手で幼少年期は養育された。この皇太子御養育係ド・ルークール夫人は完璧な教養人であったが、生涯ドイツ語は話せず、話そうともしなかった。ドイツ人の自嘲的箴言、「フランス語は女と話す言葉、ドイツ語は馬と話す言葉である」がなお生きていた（のちフリードリッヒ大王も幼少年期同夫人に養育された）。このようなフランス流宮廷文化の伝統にもかかわらず、「下士官王」の唯一の「趣味」は宮廷地下倉庫を金貨の樽で充満させることと、平均二メートルを超す大男を全欧州から狩り集めて巨人連隊を編成することであった。

この逸話は二つの歴史的な事実を暗示している。その一つは、十六世紀以降活潑化し始めたバルト海沿岸貿易の驚異的経済成長である。これより一世代後のカントの時代においてさえ、プロシアはヨーロッパ北東の「アメリカ」と呼ばれ、イギリス、オランダ、フランスその他の商人たちが、この「新開拓地」の貿易基地ケーニッヒスベルクに蝟集《いしゅう》していた。この都市出身のカントは自分の祖父がスコットランドからの移民であったと生涯確信していたし、親友の一人にはイギリス実業家がいた。この哲学者はまたアダム・スミスに深い関心を寄せ、アメリカ独立戦争ではアメリカ移住民に同情的であった。これらはカントの「批判哲学」の理論的帰結というよりも、むしろ同時代の「バルト海のアメリカ」に固有であった開かれた国際的感覚から由来していたのかもしれない。

次に他の一つの事実は、「兵隊王」の金貨集積と巨人兵団編成という余りにも素朴ないし粗野な「趣味」が実は一つの大理想を達成するための手段だったことである。この王は、三十年戦争の痕跡がなお残存して民族的にも文化的にも四分五裂の状態にあるドイツの地に、王の表現に従えば「真のトイツ民族」(das echt *teutsche* Volk)の統一を実現したいという念願を生涯抱き続けていた。王が、この悲願を全く理解せず、もっぱら優雅・軟弱なフランス文芸、フランス趣向――「女とお喋りするための言語」の文化――に耽溺し続ける皇太子フリードリッヒに対して、繰り返し手荒い懲罰を加え、心の底から激怒し、ついにはその廃嫡ないし処刑まで覚悟したのには、必ずしも理由なしとしない。

しかし、優男《やさおとこ》皇太子殿下も国外逃亡計画の失敗、共謀した学友カッテの見せしめ的死刑、キュストリン城塞での監禁生活という一種のショック療法の結果、卑俗に表現すれば性格に「焼《や》き」を入れられた。事件の翌一七三一年十一月末フリードリッヒの心からの理解者、優しい庇護者であった実姉ウィルヘルミーネの結婚式が挙行された。フリードリッヒはなお謹慎中の身であったが特に許されて儀式に出席した。事件後初めて弟に再会して、かねて確《しっか》り者の姉は驚愕し、そして落胆した。「弟は驚くほど肥満し、首は太く、その顔付きも一変しており、以前のように美しくはなかった。」「それに加えて、彼は氷のように冷たく、ぽつりぽつりとしか返答してくれなかった。」（傍点筆者）――"Mémoires de Frédérique Sophie Wilhelmine," cités, pp. 294-5. ――フリードリッヒ大王の誕生である！　ネロの先例に照らすまでもなく、暴君の暴行とは神経質な小心者の代償的行動である。「兵隊王」も長生きできなかった。変身したフリードリッヒは父「兵隊王」の最期が近いと見抜くや、既に即位二年前からプロシア王国の実質的統治権を掌握し、当時の書簡によれば、父王の理想の実現に献身する決意をひそかに側近に洩らしている。

ではあるが、財力と武力、それらを活用してのドイツ民族の統一――これだけに留まっていたとすれば、のちのフリードリッヒの真の偉業は達成されなかったことであろう。若き日のフリードリッヒにはフランスのルイ十四世、太陽王の治世が常に念頭にあった。それは同時に、古い表現をあえて用いれば、文武兼備の一大君主として、ヨーロッパの地に古代ローマ、さらに遡《さかのぼ》っ

てギリシア最盛期の輝かしい時代を再現したい、という大野心と不可分に一体化していた。註

註——この点に関して、最近のフリードリッヒ解釈には、非歴史的独断論が多い。十八世紀の国際戦争は、ヴォルテールが随所で指摘している如く、親戚・姻戚関係が何世代も複雑にからみ合った諸君侯国家間の一種の「内戦」が中核を成していた。そして、それらの君侯国の基底にはキリスト教各派の教義が「習俗」として深く根付いている民衆が存在していた。その周辺には、トルコが代表している如きイスラーム諸国、西欧化過程にあったロシア帝国等が存在し、西欧内部ではユダヤ民族ないし財閥の巨大な財力が一種の闇資源として威力を振るっていた。本解説ではこれらの本格的な歴史的視点は一応度外視して、「文人」と「武人」の相剋と関連の一端を示唆するに留める。

さて、この大理想の実現のためにフリードリッヒが用いた方法はフランス文化、学芸を典型として徹底的に活用することであった（フランス式の「一般〔国家〕収税請負制度」（la ferme générale）の全面的採用その他についてはここでは触れない。近著では、C.B.A. Behrens : "Society, Government and the Enlightenment : The experience of eighteenth-century France and Prussia, 1985." を参照）。まず父王の「悲願」達成のため、すなわち「真のドイツ民族」の統一的文化建設のためにこそ、フランス文化の精神と精髄の完全な摂取が政治的にも文化的にも絶対不可欠の大前提であると、フリードリッヒは一生を通じて確信していた。

プロシア王はこの理想を公私に亙って率先実行した。王は公式には生涯フランス語しか使用し

なかった。ドイツ語はほとんど通常の会話にも用いなかった。十九世紀中葉に完結した『フリードリッヒ大王著作集』"Œuvres de Frédéric Le Grand, 1846–56" は全三十巻、大型版で各巻がそれぞれ数百頁に及ぶ。それには何千通にのぼる公私の往復書簡（ヴォルテール往復書簡だけでも合計五七〇通）、王の多方面な論文、演説、歴史書、詩作等々がすべて収載されているが、青少年時代父王その他との約二、三百通の私信以外は全作品がフランス語で書かれている。しかも、フリードリッヒの仏文は見事な古典的名文であり、何百という長編詩、書簡詩《エピートル》、小説《オード》、オペラ等々はフランス古典主義詩文の伝統を厳格に守って、立派に韻を踏んでいる。ここにこそフリードリッヒとヴォルテールの師弟としての交際の原点があり、その成果も存していた。

この二人の「王」の間に遂に実現した共同生活は、ヴォルテール側の人間的卑俗性と策謀癖、フリードリッヒ側の神経症的心情不安定とかなりの吝嗇、両者の余りにも人間的、俗物的半面の繰り返しての衝突から、二年余りで破綻した。あまつさえ、この「二人の恋人」の別離は、双方の一種の甘え合いと側近者の不器用さから、「フランクフルト事件」という悲喜劇を伴った。これを機会にヴォルテールはフランスをもプロシアをも離れて、初めスイスの地に、さらに付近の仏領フェルネーに安住の地を見出し、彼の最終的文筆活動を開始する。

ヴォルテールの基本的理念――『百科全書《アンシクロペディー》』と『習俗試論』

ベルリン退去から本『回想録』の完結（？）までの七カ年は、ヴォルテールにとって一種の思想的一契機であった。それは長くも短い最終的一転機であった。プロシア王『御製集《ごせい》』の王側からの強引な回収策がフランクフルト事件を惹起した（一七五三年）。その危険な御製『守護神《パラディオム》』(Le Paradium) が、今やヴォルテール自身が驚いたほど、堂々（?）と公刊されるに至った（一七六〇年）。二人の「恋人」間の不和の原因は一応消滅した。リスボン大地震（一七五五年十一月一日）という衝撃的大災害を一前兆として、時代は既にここまで進んだ。かくして、この二人の王の衷心からの協力により、全ヨーロッパ的啓蒙運動が開始される。

では、この期間に醸成された理念は何であったのか？　その成果の実態は何か？　それはフリードリッヒを介してナポレオンにまで及んでいる。しかし、その詳細な内容についてはここでは立入りえない（たとえば旧著『ヴォルテール——生涯と思想』を参照）。以下では、同期間に醸成され、それに続く時期においてヴォルテールの手により成就された、最も象徴的な若干の思想史的「事件」を略述し、その理念を示すに留めるほかはない。

その第一は「哲学者たち《レ・フィロゾーフ》」(Les philosophes) による『百科全書《アンシクロペディー》』の刊行である。その全表題は、『百科全書・副題、諸科学、諸技芸、諸職業についての合理的〔理論的に説明された〕辞典』“Encyclopédie ou Dictionnaire raisonnée des sciences, des arts et des métiers” である。公刊の経過を次に略記する。

一七四六年一月、ディドロー、『百科全書』を立案、計画し、出版認可獲得。

一七五〇年十月、ディドロー執筆の俗称「趣意書」(Prospectus)(日付は一七五一年)公表。これは『百科全書』宣伝パンフレットで、『全書』公刊の趣旨等を紹介、最後に「人間知識体系」と題された科学分類論記載。

一七五一年七月、『百科全書』第一巻刊行。巻頭に有名なダランベール「序論」'Discours préliminaire' あり。

一七五一年十一月より翌五二年三月、イエズイタ派からの猛攻撃。

一七五二年一月、第二巻刊行。同年二月既刊第一、第二巻発売禁止さる。

一七五三年十一月、第三巻刊行。

一七五四年末、第四巻刊行。

一七五五年九月、第五巻刊行。

一七五六年初頭、第六巻刊行。

一七五七年十一月、第七巻刊行。

一七五八年初頭、ダランベール、『百科全書』への関与を放棄す。

一七五九年三月、『百科全書』出版認可取り消さる。同年九月、ローマ教皇『百科全書』を禁書とす。

その直後同年九月、『百科全書』「図版」の出版認可さる。

一七六二年、「図版」第一巻発刊。

一七六五年、第八―第十七巻まで合計全十巻、「図版」第二―第五巻まで合計全四巻発刊。『百科全書』本文全十七巻はこれで完結。

一七六七―七二年、「図版」残余七巻を逐次に発刊。一七七二年、「図版」全十一巻完結。――その後公刊された「補遺」にはディドローは関与せず。

『百科全書』は以上の如く、その企画の発端から全十七巻の完結まで計二十一年、「図版」計十一巻の完成をも合算すれば、実に合計二十八年を費やして遂行された、近世出版史上画期的な一大事業であった（本文「訳者註」、追記I―2、⑫参照）。

「百科全書」（encyclopédie）とはもともと「一般的教育」（l'éducation générale ; ἡ ἐγκύκλιος παιδεία）を意味し、具体的、記述的事実による基礎教育のことであった（プリニウス『自然史〔誌〕』「序文」参照。Gaius Plinius Secundus（A.D. 23–79）: "Naturalis Historia," 'Praefactio'）。この原意に即して、『百科全書』とは平易、明快な項目別の解説全書であり、上は宗教、哲学、思想用語から、下っては諸技芸、さらには卑近な職人的技術の入門に至るまでの参考手引き書であった。そして、さらにそれらが「合理的」、つまり「理論的、体系的に解明されている」「辞典」（Dictionnaire raisonnée）であった。ヴォルテールが「哲学者たち」の「長老《パトリアルシュ》」（le patriarche）として、この大事業を長期に亙り支援し、指導し、鞭撻して完成させたことは、以下で要約する如く、彼の啓蒙理念の一基本的実践形態を明示している。

同じ理念の現実的、具体的、社会的一表現が、有名な標語《モットー》「恥ずべきものを叩き潰せ！」(Écrasez l'infâme!) という雄叫《おたけ》びであった。「文人」ヴォルテールは生来徹底的な平和主義者であったればこそ、このように叫ばざるをえなかった。もちろんヴォルテールの透徹した現実主義は、単なる口舌上の平和主義の念仏だけでは、十八世紀という国際的決闘の時代において、一国の維持さえ不可能なことを見抜いていた。しかし、この国際的死闘が全ヨーロッパはもとより、さらに植民地にまで波及し、全世界に戦禍がますます拡大して止《とど》まる所を知らないのはなぜか？十六世紀の反宗教改革時代以降、欧州の主要国家間に対立、抗争を、次々と惹起してきたものは何か？　内には教義《ドグマ》の名において、それへの背反者たちを、人間的憎悪からではなく、不敬・瀆神的な「罪人《つみびと》」たち本人の「魂」の「来世」での「永遠の救済《すくい》」のために、「愛の神」の名において、「平然」ないし「欣然」と「処刑」させ、「虐殺」させてきたものは何か？　それは外には宗教的、教義的独善と、それに踊らされてきた諸君主、国家指導者ではないか？　内には狂信か迷信に愚昧化され、振り回され、利用されてきた「小羊たち」、大衆ではないか？　この文明の時代において、この慨嘆すべき精神的遅滞を打破する方法は何か？　国家的には一切の宗教団体の政治権力への直接的介入の禁止である。国民大衆的には宗教の名における処刑の非道と残虐を具体的実例により衆目に曝し、「信仰」の名における殺人行為の根絶を期さなければならない。

ヴォルテールは、しかし、宗教や教義それ自体がすべて悪であると断言しているのではない。何を信じようと、それは個人の、またそれぞれの国家でさえもの自由であり、それはそれでよい。問題はある個人、あるいはある国家が自分たちの信仰以外はすべて誤りであり、許されないとする独善性にある。換言すれば、一見「敬虔」に似て、実質的にはこの余りにも人間的な「思い上がり」にある。ここより宗教的「寛容」の大原理が成立する。

さらに一歩を進めて、すべての人間が「死」という絶体絶命の「宿命」ないし「命運」を背負って生きなければならない弱い存在である限りにおいて、つまり人間は何らかの心的、情的な支えを必要とする以上、パスカルのように「信仰」に賭けた方が「得」であるとか、「奇蹟」だ、「お守り」だと、まことに「人間」的な大騒ぎをするまでもなく、まず「人間」とは何かを真剣に問い直さなければならない。「神学」に代わって、ないし、せめて「神学」と並行して、「人間の学」が成立しなければならない。この学問の基本原理が「人間性」(l'Humanité)であり、実践的には「人道」と呼ばれる。

他方フリードリッヒは、若くして既に父王の逆鱗《げきりん》に触れたため死の淵に立たされ、即位後も武人として終始生死の境を乗り越えてきていた。それだけに彼は単なる「武」の脆弱《ぜいじゃく》さ、人間の魂にとっての頼りなさを十二分に実感していた。現に彼は勝敗のいかんにかかわらず、上は身近な将軍たちから下はその名も知らない無数の兵士たちに至るまでを、自分の命令一下死なせてきた。大勝利の栄光さえ敵兵の大殺戮によってのみわが身の上に輝いた。文芸を愛し、哲学に通じていたこの天才的武人が、幾たびとなく自己の死の危機や自殺の覚悟を陣中で長編詩に歌ったのは、一種の芸術的カタルシス（心情の浄化）であったかもしれない。ともあれ、フリードリッヒは、いわゆる文学者的な柔弱さからではなく、鋭い芸術的感性と深い思想的洞察から、「武」の限界を悟っていたと思われる。

ヴォルテールの哲学のうち、なお一つ見落とされてはならないのは彼の歴史観である。彼は『カルル十二世の歴史』（一七三一年）以来多数の歴史書を著したが、それらを貫いている経験主義（方法）と人間中心主義（原理）が世界史に適用されたのが、晩年の大著『諸国民の習俗と精神に関する試論』（一七六九年決定版）である。この決定版には「序論」として、「歴史哲学」と名付けられた有名な一論文が付されている。その内容はボスュエ流のユダヤ民族中心、旧約聖書に依拠した「世界史」観の徹底的反駁である。周知の如く、ヴォルテールはこの「序論」により「歴史哲学」（la philosophie de l'histoire）という哲学領域——その方法論と真の意味での原理——の創始者となった。

さて、以上の「序論」を受けて、続く「前書き」には、その冒頭で、本書の主題は「諸国民の精神、習俗、慣習」であり、それらは「無視することを許されない諸事実に裏付けられている」と言明されている。すなわち、それは従来の如き君侯の年代記でも、戦争や条約の記録でも、地球上の一小地域の伝説的啓示を盲信した自称世界史でもない。この大著の主題は、それぞれの時代、それぞれの風土の中で集団を形成して生活してきた諸国民の風俗、習慣であり、それら相互間の商業や技芸の交流、発展、変遷であり、そのようにして形成されてきた各国民固有の「精神」とその発展である。さらには、全世界に見出される、これら一切の変動を貫いて、次第に「顕現」され始めた「人間性」、より具体的には「人道」の客観的な歴史である。

しかし、ヴォルテールはこの壮大な歴史書を貫く史観が「体系」（système）として一挙に完成できるとは夢にも考えていなかった。そもそも「体系」という考え方は、「哲学者たち《レ・フィロゾーフ》」の間では当時一般的に独断的な空論を意味していた。このような経験主義的見地からヴォルテールは、かねて心酔していたイギリス哲学者ジョン・ロック、「賢者ロック」（le sage Locke）に倣って、この歴史書を「試論」（Essai）、つまり体系的には不十分であるが、一応まとめて世間に問う著作、と名付けたのであろう。

冷徹な知性と鋭敏な感性、広大な視野と的確な実践、この種の卓絶した天稟《てんぴん》に恵まれた人物の一人として、ヴォルテールは古代ギリシアの哲人たちと同様に、彼らの言う「増上慢《ヒュブリス》」（hubris；ὕβρις）を何よりも嫌悪し、自分自身も生涯それを持たなかった。個人的な「自惚れ」（l'amour-propre）はまだ許される。それはすべての人間が持って生まれた一種の「業《ごう》」であり、殊に庶民にとっては技芸の源泉、生活の活力、「道徳の源泉」である。しかし、権力者、思想家、宗教家等が何らかの名目のもとに抱く、超人間的な「増上慢《ヒュブリス》」は国を滅ぼし、学問を錯乱し、宗教を堕落させる。それらはいずれも一種の狂信であり、それ自体反人間的である。彼らは真の「栄誉」を後世の「歴史」に問うべきである。これが人間性に関するヴォルテールの最終的理念であり、この一点において、この策謀的で多弁、多分に皮肉で、時には軽薄でさえある一文人がフリードリッヒという不世出の大王を心服させた。(cf. Frédéric Le Grand : “Essai sur l'amour-propre envisagé comme principe de morale, 1770,” op. cit., Tome IX, pp. 85–98 ; “Discours sur les satirique, 1759”; “Discours sur les libelles, 1759,” ibid., pp. 41–50 ; pp. 51–8)

では、この高邁《こうまい》な理念は上述の『習俗試論』の中で、どのように具現されているであろうか？以下大綱だけを述べよう。まず「序論・歴史哲学」では、

他の諸国民は寓意的な作り話《ファーブル》を考え出した。ところが支那人は彼らの歴史を書いた。(「序論」第一八章「支那について」)

と明言される。続く「前書き」で、著者は読者に語りかける。「地球〔全世界〕に関する哲学者として知識を得るためには、貴君の視点をまず東洋《オリヤン》〔ヴォルテールにとっては近東から極東までを含む〕に向けなさい。この地はすべての技芸の揺籃《ようらん》であり、また一切を西洋《オクシダン》に与えたのです」。

かくして、いよいよ「本文」全一九七章に及ぶ「世界史」が展開され始めるが、それは、

第一章「支那と、その古代、その強力さ、その法律、その諸慣習、およびその諸科学」

で始まり、

第一九五章「十七および十八世紀初頭の支那について」
第一九六章「十七世紀の日本と同国におけるキリスト教の消滅について」

をもって全「本文」が完結する。

この最終二章の内容は、このアジア二国における勤勉で現実的、寛容で礼儀正しい――要するに「孔子」(Confucius)の「王道」が実現されている――国民の絶讃である。ヴォルテールは支那帝国、当時の「清朝」でなお実施されていた「科挙」制度〔高級官吏登用試験。当時は「進士」科目だけ行なわれており、儒教古典経典〈四書五経〉・詩文が試験科目〕の成果に注目し、フランスにおける「官職売買制度」(la vénalité de charges)という悪弊を暗に批判しつつ述べている。

これまでに、人々の生命、名誉および財産が法律によって保護されていた国がかつてあったとすれば、それは〔現在の〕支那帝国である。〔第一九五章〕

では、最終章の日本論には何が述べられているか? それはマルコ・ポーロ以来の幻想の国「ジパング」ではない。それは当時入手できる限りの信頼に値する文献に基づいた日本論である。

ヴォルテールは彼の「人道」と「寛容」の理念に即して問題を宗教に集約する。日本では、人口四〇万人の「都《ミヤコ》」に「十二の宗教」が平和に共存している。第十三番目――不吉な数字「十三」をあえて用いたのはヴォルテール一流の作為らしいが――の宗教として日本に入ったキリスト教(いわゆる天主教)は日本の宗教界の壟断《ろうだん》(ひとり占め)を謀《はか》ったが、その結果はどうなったか?

日本人は寛大で、気安く、誇りの高い、そして、その決断に関しては極端な一民族である。彼らは最初異国人たちを好意をもって受け入れた。ところが、〔彼ら異国人たちの押し付けがましい宣教により〕自分たちが侮辱されたと信ずるや、彼らときっぱり縁を切った。(第一九六章)

以上の如きヴォルテールの解釈には若干の行きすぎが見られるかもしれない。しかし、彼が当時として最善の資料・文献に依拠して上述のように結論していることは間違いない。この点に関してはフランスその他で過去約十年以来行なわれ始めているヤソ会神父たちその他の多くの文献の再検討の結果もほぼ一致している。ヴォルテールがその当時ヨーロッパで流行した「支那ブーム」に便乗して、反キリスト教的世界史を執筆した、という従来の批判は伝説にすぎない。それにしても、現在の世界のいわゆる発展国の中で、新旧教を問わずキリスト教徒の合計数が総人口の〇・五%(六〇―七〇万人と推定されている)しか存在しない奇蹟の国、キリスト教「消滅」の国、日本をもって、この大著『習俗試論』が終わっているのは、驚くべき預言ではあるまいか?

そればかりではない。現代日本の到る所に見られる新旧キリスト教の諸教会、あらゆる教派の大学その他の多くの教育施設、各種各様の宣教活動の共存・共栄、大ホテル、大料理会館に簇生《そうせい》し始めた「出張キリスト教会」等々は、キリスト教の日本的「習俗」化を実証しており、この一神教の根本的変容の必要性と可能性を暗示しているのではあるまいか。

さて、以上一九六章に亙って展開された「地球的」(global)人類文明史は第一九七章「要約」をもって完結する。この「要約」の最終結論を成している最後の一文章は次の通りである。

どの国民にせよ、その国民が技芸を識っているときには、その国民が異国民によって屈服させられ、さらに移住させられないときには、その国民は自国の廃墟から容易に抜け出し、常に立ち直るものである。(第一九七章)

今日、ヴォルテールのこの大著を繙《ひもと》く人は日本人はもとより、西欧の学者にも稀であろう。しかし、アジア(古代支那)に始まりアジア(現代、すなわち著者の同時代の支那と日本)に終わる『習俗試論』は、その最終的結論をも含めて、現代世界を恐ろしいほど見事に予言してはいないであろうか?「技芸」(les arts)とは当時の用語で「職人」(artisans)や「芸術家」(artistes)——この両語はその当時往々混用されていた——の体得した「技術」と、さらに「技術」を生み出す「創造力」の総括概念であった。それは現代流に表現すれば「技術」に関する「ソフト」と

「ハード」、それらを開発、運用する創造的「ノウハウ」(技能)の総体を意味すると理解されてよいであろう。従って、ヴォルテールの意味する「技芸」とは、勤勉・刻苦による訓練を伴って初めて体得される一種の「芸術」である。それは古典主義芸術論の大原理「克服された困難さ」(la difficulté surmontée)に通じる。それればかりではない。真の「技芸」は「武力」よりも強い。それは「生産」的である。「技芸」さえあれば、そして、その「技芸」が固有の「習俗」、すなわち祖国の土地に根付いている限り、敗れた国家でも必ず再建される。「神託《オラークル》」ヴォルテールが、「技芸」(les arts)と「職業」ないし「生業」(métiers)の指針と、その理論付けと開発の「科学」(les sciences)の集大成『百科全書』の完成に全力を尽くした理由である。

両者の理想「精神的革命」――そのドイツ的成果

十九世紀末葉において、「カントに帰れ!」(Zurück zu Kant!)の掛け声とともに、新カント学派その他が成立し、問題を歴史学に限れば、現代的「歴史学」、「歴史哲学」の諸学派を成立させてきた。彼らは果たしてヘーゲルを克服できたのか? 今や、ヴォルテールに帰る必要がありはしまいか。この古典的『試論』を再読せよと言うのではない。地球上の全人類に関して、当時の限られた情報の中にありながら、何らの先入見も、まして、いわゆる「先進国」的な「増上慢《ヒュブリス》」を全く持たずに、エホバであれ、イエス・キリストであれ、マホメットであれ、一神であれ、神々であれ、「神」の名を一切借りも騙《かた》りもせずに、「人間」の名において、「人間精神」「人道」

の名において、ヴォルテールは世界史を「試み」に『試論』にまとめた。これに比較すれば、ヘーゲル流のヨーロッパ中心の「歴史哲学」に源泉を持つ多くの「史学」は、畢竟「絶対精神」の亜流《エピゴーネン》にすぎず、その地上楽園《エデン》約束的な、もろもろの擬似科学《イデオロギー》もろとも、ボスュエ史学のヨーロッパ版にすぎないのではあるまいか。キリスト教西欧諸国の産業革命後の技術的大成果は、さらにこの種のヨーロッパ文化中心的思考パラダイム（範例）に拍車をかけ、肯定的にせよ、否定的にせよ、人類文化が最終段階に達しつつある、という「余りにも人間的な」「宗教」、「迷信」、ないし「増上慢《ヒュブリス》」を一般化してしまったのではあるまいか。これは、ヴォルテールの教訓、フリードリッヒの理想であった「精神の革命」への一種の逆行ではあるまいか。

　ヴォルテールが、人間精神の中で十八世紀に行なわれたこの革命の主唱者であったことを、諸国民は彼らの年代記の中に書き止《とど》めることでしょう。（一七六七年五月五日付フリードリッヒ発ヴォルテール宛書簡）

この書簡で言及されているように、ヴォルテールは一七六〇年代の終わりごろより、「人間精神の革命」を主唱し始める。「恥ずべきものを叩き潰す」だけでは足りない。「恥ずべきもの」を生み出す根源である「人間精神」そのものの「革命」、真の「人道」への個々の人間の「自覚」が今や目的とされる。

ヴォルテールの著作や書簡にはこの時期から俄然「革命」(révolution)という用語が頻発し始める。しかし、既に多くの研究により裏付けられている如く、それはいわゆる「政治的革命」を意味しているのではない。のちのフランス革命という大惨事は、「革命」(自然の周期)という原語の本来の意味内容を一変させたので誤解されやすいが、ヴォルテールの真意はむしろ逆であった。彼によれば、むしろ国の内外を問わず流血の悲惨事の勃発を阻止するためにこそ、人々の「精神の革命」が要請される。さればこそ、ヴォルテールはプラトンの先例に倣って、自ら「哲学者たち《レ・フィロゾーフ》」を糾合し、フリードリッヒの如き「啓蒙君主」による「精神の革命」に望みを託した。そして、プラトンの先例なみに、この理想の完全な実現には失敗した。その意味では、文武兼備の一世の英雄王も、その死(一七八六年)に際して、人口総数五四三万人、全領土面積一九五、〇〇〇平方キロメートル――一七四〇年即位当時に較べて人口は一・九倍強、領土は一・七倍強――の、今や君侯同盟(der Fürstenbund)(一七八五年)の盟主としてドイツ民族間における一大強国「プロシア王国」を残したが、王の「理想」には遠かった。

※ ※ ※ ※ ※

ヴォルテールとフリードリッヒの真の遺産は、この「二人の王」の晩年に、二人が予想もしなかった形態で開花しつつあった。ヴォルテールのパリ帰還、フランス座での「戴冠式」、急死(一七七八年五月三十日)等々についてはここでは触れない。フランス革命のイデオロギーとしてのヴォルテール思想についても、既にあらゆる解釈が出されているので、ここで繰り返さない。まだ存命中のプロシア王に対象を限れば、王はヴォルテールの死去を知るや――フランス政府に代わって――故人に「頌辞」を捧げた（参考文献Ⅱ参照）。

王はそれから間もなく、一七八〇年末一論文を公刊した。

『ドイツ文学論。この文学に対して向けられることができる諸欠陥について、その原因はどのようであり、いかなる手段によってそれらを矯正できるかについて』"De la littérature allemande, des défauts qu'on peut lui reprocher, quelles en sont les causes, et par quels moyens on peut les corriger"

この表題が既に明示している如く、この論文は、ドイツ文学およびドイツ学芸界全般の立後《たちおく》れに対する、フランス古典主義、より正しくは擬古典主義――この変遷については、フランス演劇に関する限り、ブリュヌティエールの名著が今なお明快（F. Brunetière : "L'Evolution des genres dans l'histoire de la littérature française, 1890"；"Les Epoques du théâtre française, 1892"）――の見地からの非難であった。当然そこにはヘルダー（Johann Gottfried Herder, 1744–1803）、ハーマン（Johann Georg Hamann, 1730–88）はもとより、レッシング（Gotthold Ephraim Lessing, 1729–81）さえ跡形もなく、「現代」ドイツ文学についてはほとんど言及されていない。

一七八〇年は、十八世紀ドイツ文学史でいう「シュトゥルム・ウント・ドラング」(Sturm und Drang)時代——頭韻だけ踏んだ「疾風怒濤時代」という旧訳語は客観的すぎる——の末期である。対象を同時期の演劇に限れば、クリンガー(Friedrich Maximilian〔von〕Klinger, 1752-1831)の『てんやわんや』("Der Wirrwar, 1776")——のち「熱狂《くらめき》と苦悶《もだえ》」(Sturm und Drang)と一友人により改題され、これがのちに至って、この時代の呼称となった——、レンツ(Jakob Michael Reinhold Lenz, 1751-92)の「喜劇」と称する代表的二作品、『お雇い家庭教師』("Der Hofmeister, 1774")と『兵隊連中』("Die Soldaten, 1776")等に先立ってゲーテの問題作『鉄隻手のゲッツ・フォン・ベルリヒンゲン』("Götz von Berlichingen mit der eisernen Hand, 1773")が既に世に出て、ドイツ文学界、演劇界に新時代を画しつつあった。現に、「ドイツのシェイクスピア」ゲーテの『ゲッツ』は、早くも公刊の翌一七七四年四月十三日ベルリンにおいて一巡回劇団により初演され、大喝采を博した。

フリードリッヒは過去十余年来のこれらのドイツ文芸界の諸動向を一切度外視した。殊に、これらの革新的演劇には我慢がならなかった。王の言葉を借りれば、古典主義の鉄則、三統一(行為〔関心〕、場所、時間の統一ないし一致)に対する、

「奇妙な諸背反も、シェイクスピアにならまだ許せます。ところが、ここにまた、あろうことか、『ベルリヒンゲンのゲッツ』とかが〔ベルリンで〕舞台に出現するのです。これは例のイギ

リスの不出来な〔シェイクスピアの〕戯曲の嫌悪すべき一模倣であります。しかも、平土間〔一般観衆〕はこれに拍手喝采し、熱狂をもって、この種の胸が悪くなる愚作の再演を要求しています。」

『ドイツ文学論』を王から寄贈され、批判を求められたダランベールは、論文中の王の一誤記を指摘しただけで特に意見は述べていない（一七八一年一月六日付国王発書簡、同年二月九日付ダランベール発国王宛書簡）。他方、当時パリ文壇で活躍中の亡命ドイツ人グリム（Frédéric Melchior, baron de Grimm, 1723–1807）はドイツ語、ドイツ文学に関して特に王から意見を求められた。彼は率直に答えている。王の概嘆の的である「旧チュートン民族方言」（l'ancien jargon tudesque）など「既にどこにも見当たりません」、むしろ、〔王の預言している〕「ドイツにおける人間精神の中の一大革命は既に到来しております」（三月十九日付王宛書簡）。事実、フリードリッヒは、次の如く論文を結んでいた。

……磨かれ、完成されたわれわれの言語〔ドイツ語〕が、われわれの優れた作家たちのお蔭で、ヨーロッパの隅から隅にまで広がることは可能でありましょう。われわれの文学のこの素晴らしい日はまだ来ておりません。しかし、その日は近付いております。……私はモーゼの如く、〔目下のところでは〕かの約束の地を遠くから見ております。しかし、私は〔モーゼとは異なり」そこには入らないことでしょう。

かねて尊崇していたプロシア王から罵倒されたゲーテは黙っていられなかった。彼が「フランクフルト〔・アム・マイン〕の一料亭の常連客用テーブル」で、フリードリッヒの『ドイツ文学論』に関して、一ドイツ人とフランス人が交わす対話編を一気に書き上げ、これを仏訳させて、「当局から押さえられそうもないどこかで出版させたい」とヘルダーに相談した逸話は余り知られていない（一七八一年五月二十一日付ヘルダー発ハーマン宛書簡、J. G. Hamann : "Briefwechsel," 4, S. 273）。この『対話編』がその後どうなったかは分からない。これは、生粋のフランクフルト市民、若きゲーテの一挿話、「料亭フランクフルト事件」であった。

グリムの王への返答を待つまでもなく、「フレデリック大王」（Frédéric Le Grand）の格調高いフランス語で書かれた『ドイツ文学論』は、王のドイツ語やドイツ文学に対する評価能力のいかんではなく、むしろ王自身の時流への「立後《たちおく》れ」の反証でしかなかった。「老フリッツ」（der alte Fritz）には、既に十余年以前よりドイツの各地に澎湃《ほうはい》として湧き起こったゲルマン的文化再評価の動向が正当に評価できなかった。この動向は、具体的には、文学の領域ではシェイクスピアやオシアン――マクファーソン（James Macpherson, 1736–96）が一七六〇年現代英語に訳して公刊した三世紀ケルト詩人オシアン（Ossian）の長編叙事詩（現在では、偽作説は打破された）――の絶讃、建築ではゴシック様式の再評価として次第に全ヨーロッパに波及して行ったが、フリードリッヒにはこれが一種の頑迷・固陋で下賤な、反動的流行としか映《うつ》らなかった。さらに皮肉にも、「人間精神」の中における単なる「知性」ばかりでなく、「情感」(sentiment) ないし「情念」(passion) の、このような土着的、風土的、「習俗」的、かつ「伝統」的側面への開眼と、それらへの傾倒が、一種の「精神的革命」であることが王には納得できなかった。しかも、この斬新な動向が主として市民《ブルジョワジー》階級の青年層の自覚を伴って爆発したことが、正にフリードリッヒが実現しつつあったドイツ民族精神の統一と復興の偉大な一標識であることを、王自身はついに理解できなかった。要するに、大王が父「兵隊王」から継承した「悲願」は、誰にも予想できなかった形態をなして、まず文芸、すなわち「精神」の勝れて「情念」的半面から、のちゲーテが名付けた「かのドイツの文学的革命」(jene deutsche literarische Revolution) を完成しつつあった。

フリードリッヒ大王とナポレオン

「老フリッツ」がゲーテの戯曲『ゲッツ』を一例としてドイツ文学の後進性を慨嘆していたころ(一七八〇年)、同じゲーテの書簡体小説『若きウェールターの悩み』("Die Leiden des jungen Werthers[sic], 1774") は、既に全ヨーロッパにその影響を及ぼしつつあった。翌一七七五年早々には前年秋に出た『ウェールター』は既に仏訳が刊行され、次々と訳本が続いた。主人公ウェールターに感激の余り、「青い燕尾服と黄色いチョッキ」を身に帯びて自殺する青年が、ドイツはもとより、ヨーロッパ各地で後を絶たなかったと伝えられている。「老フリッツ」は『ウェールター』の流行を耳にしていたかどうか。老プロシア王にとって、演劇はともあれ、小説などはまともに取り上げるのに値しなかったであろう。

一七八六年、全プロシア国民の哀悼と一種の「解放感」のうちに、フリードリッヒ二世は崩御した（ミラボー Honoré Gabriel Riqueti, comte de Mirabeau, 1749–91 の証言）。そのころ、動乱と「マキ」（maquis）（雑木林潜伏地下運動者）の島コルシカ、ルソーに依頼した独立用憲法も空しかったこの島に生まれた一青年は、オシアンに感激し、『ウェールター』に心を奪われ、この小説を「七回読み返した」。それよりさらに十余年、一七八九年フランス革命の勃発を契機に、コルシカ生まれの青年ボナパルトはたちまちにして皇帝ナポレオンに昇進する。

大革命勃発後約二十年！ 皇帝ナポレオンは、敗戦ドイツの一封建的小国の宰相ゲーテと会見した。皇帝はゲーテを「注意深く見詰めて」、「これは人物だ！」（Voila un homme!）と叫んだ（ゲーテ自身は 'Vous êtes un homme' と書いているが聞き間違いであろう）。次いで、ゲーテがヴォルテールの『マホメット』を独訳した話では、あれは「愚作だ」と一蹴した。それから『ウェールター』論が二人の間ではずみ、ナポレオンは非常に穿った一批判を行なったという。ゲーテはなぜかその内容を明らかにしていない。しかし、二人の対話の中でも、ウェールターの「悩み」の発端には、この身分の余り高くない青年が貴族社交界で感じ取った一種の疎外感が作用している（『ウェールター』、第二巻、三月十五日付書簡）という非常に鋭い解釈を皇帝が述べた、とその場に立ち合った一大臣が書き残している（一八〇八年十月二日）―― Goethe : "Autobiographische

Einzelheiten, (erst herausgeg. 1895)," Unterredung mit Napoleon, 1808 September.——。

プロシア王フリードリッヒとヴォルテールの関係の、一種の完全な逆転がここに見られる。ではあるが、ゲーテはヴォルテールではなく、ナポレオンはフリードリッヒではなかった。それに、ウェールターの「愛」とは——身分的差別のテーマも混在しているにせよ——所詮青年期の性愛の「結晶作用」(cristalisation) より生まれた、一過性の、その限りにおいて深刻な愛《リーベ》(Liebe) にすぎなかった。

プロシア王の死去よりフランス大革命を経て約三十年の歳月は、ヨーロッパの勢力均衡を武力的にも文化的にも一変させていた。かつての「身分社会」(la société d'ordres ; Standegesellschaft) は崩壊するか変容してしまっていた。そもそもフリードリッヒ大王時代にはなお基本的に残存していた「礼儀正しい戦争」(la guerre courtoise) は既に消滅していた。ナポレオンは国民総力戦、徴兵制による対外国戦争の——最初は国内情況に強制されての——創始者とされている。彼自身もそれを誇りとしていた。それかあらぬか、彼は決して古典的な文武兼備の名将ではなかった。若き司令官ナポレオンはエジプト遠征(一七九八—九九年)の陣中携帯文庫の中に『ウェールター』を秘めていた、とゲーテは証言している(エッカーマン『ゲーテ対話編』——Johann Peter Eckermann : "Gespräch mit Goethe, 1835," 'Gespräche 1828–1830,' den 7. April 1829)。それはナポレオンがなお若かったからであろう。

皇帝ナポレオンは結局「武」に敗れて、南海の孤島セント＝ヘレナに流され(一八一五年)、約五年にして死去した(一八二一年)。元皇帝はこの時期ゲーテについて何一つ言い残していない。もとよりナポレオンも最期まで文芸を愛好し、古典劇の上演も好んだ。中でもスタール夫人(Germanie Necker baronne Staël-Holstein, 1766-1817)との交友は周知である。夫人は、旧体制フランスで大蔵大臣、また最後の実質的首相であった財政家ネッケル(Jacques Necker, 1732-1804)の娘で、スイスの出身ながらパリで育ち、西欧における最初の近代ドイツ文化、ドイツ文学の紹介者であり、「ホメロス型」対「オシアン型」の文学類型対比論をもって現代比較文学の創始者であり、その上、優れた小説家でもあった。この情熱的女性とナポレオンとの、愛憎が錯綜した生涯の友人関係も、フリードリッヒとヴォルテールの交友とは異質的であった。「余は世界の帝国を欲していたのだ」と断言してはばからない元皇帝にとって、スタール夫人との文芸論争や政治的文書戦も畢竟「率直に言って、余と彼女の二人は小さな戦争をし合っていた。それだけの事にすぎない」。「余は彼ら〔多数の文筆家たち〕の犠牲になることなどほとんど懼《おそ》れていない」。「しかし」と元皇帝は付言している。

……しかし、仮に偉大なフリードリッヒ、ないしはこの大王の資質の誰にもせよが、余に反対して筆を執り始めたとしたならば、話は全く別であろう。そうなれば、恐らく余を感動させるのに成功するかもしれない。(ラス・カーズ『セント゠ヘレナ回想記』——Comte de Las Cases : "La Mémorial de Sainte-Hélène, 1823," 10-12 mars 1816 ; 21 octobre 1816)

フリードリッヒ大王愛用の「佩剣」と「大型目覚まし時計」が、セント＝ヘレナでは常時ナポレオンの座右に置かれていた。この二品をナポレオンは、ドイツ占領当時ポッダム宮殿に侵入するや、「これは余だけの戦利品である！」と叫んで入手してきた、とのち折に触れては吹聴している。また、このときナポレオンはフリードリッヒの墓前で「長い、沈黙の瞑想」に耽っていたと言われている。だが、晩年の元皇帝はこの先輩武人については、作戦や用兵についての二、三の絶讃や、ドイツ国民に対する「全く特別な尊敬」の念とでもいうような片言隻語以外にはほとんど触れていない（**Las Cases : op. cit., 28 août 1816, 13–19 novembre 1816 etc.**）。

ナポレオンの言う「偉大なフレデリック」（**Le Grand Frédéric**）の「偉大さ」とは、また、その「資質」（**sa trempe**）とは何であったのか？　それが単なる「武人」の才能でないことは確実である。フリードリッヒ大王愛用の「大型目覚まし時計」は、過去の偉業に最期まで呪縛されていた元皇帝に「人類」のどのような「未来」を日夜告げていたのであろうか？

結語

フランス革命を喚起したヴォルテールの思想ないし理想は、このようにして、祖国フランスばかりではなく、むしろプロシア王フリードリッヒという「弟子」を介して、その後のヨーロッパに広範で強烈な影響を及ぼしている。ヴォルテールの名付けた「北国のソロモン」の「武」的、「文」的抬頭の結果として、この名君の治世四十六年間に、「北方野蛮人《ヴァンダール》」は、王自身には予想も及ばなかった様相によってではあったが、「精神的革命」をほぼ達成して、次代の市民階級の青年たちの「人間精神」に新しい領域を開発した。晩年のヴォルテールは、時として抑えようもない悲観主義《ペシミズム》に陥り、祖国フランスの旧弊人士を「南方蛮人《ヴェルシュ》」(velche ; Welsch) と罵倒しているが、ヴォルテール自身にせよ、フリードリッヒにせよ、最晩年には己れの時代に追い越されてしまった。この事実は、彼らの主張が余りにも急激に一般化し、普遍化し、さらに「大衆化」ないし「民衆化」したことの反証にほかならない。

フランス革命後二百年！「自由」(liberté)、「平等」(égalité)、「友愛」(fraternité)！ 革命当時に全ヨーロッパの国民たちを肯定的にせよ、否定的にせよ襲った衝撃的思想や理念は、第二次世界大戦以降の世界における、政治的、社会的、思想的大変動と、現代科学の前古未曽有の発達のために、二十世紀末期の現在では、ほとんどそれらのすべてが——少なくとも発展諸国では——既に常識化し、日常化してしまった。しかし、米ソ両超大国を含めて西欧諸国はもとより、アジアの諸国民が、ヴォルテールが主唱し、フリードリッヒが心酔した「人道」の理念を既に必ずしも正当に理解し、実践してきたとは決して断定できない。ヴォルテールの極めて平明かつ平凡な教えの意義を、われわれは改めて反省してみるべきではあるまいか。それは次の二つに要約できよう。

1、「なるほど立派なお言葉だ。しかし、われわれはわれわれの庭〔畑〕を耕さなければならない。」（『カンディード』）。（立派な文句も結構だが、具体的には、各人は仲好く、勤勉に自分の生業に努め、技芸を磨かなければならない。）

2、諸国民は、それぞれがそれぞれの伝統と習俗の中で生活している。そこから各国民固有の精神も生ずる。特定の国民の特定の思想、理念、まして信仰を他国民に強制することほど「人道」に反することはない。また、それを無批判に信奉することほど愚かな空論はない。それに、諸国民の栄枯盛衰は畢竟世の習いである。しかし、「習俗」に根付いた真の「技芸」があれば、その国民は必ず立ち直れる。真の技術は芸術に通じ、技術は生産と創造の源泉だからである。

あとがき

本『回想録』は旧訳著『ヴォルテール自叙伝』(「民族教養新書」元々社、昭和二十九年刊)の増補改訳である。今回再刊に当たり、本文、訳註を全面的に訂正、補筆し、表題も原題に即して『回想録』に改訂した。

本訳書公刊の契機は昨一九八八年秋東京で開催された第五回日仏学術シンポジウムである。これに際し、日仏社会学会主催シンポジウムのテーマ「情報社会と教育」は、日仏社会科学者たちの公私の対談を通じて、折からフランス革命二百年記念年次を目前に、『百科全書《アンシクロペディー》』とヴォルテールに遡《さかのぼ》らずにはいなかった。また、ヴォルテールの紹介については、日仏会館元フランス学長、レオン・ヴァンデルメールシュ、フランス高等研究院教授から数年来さまざまな提案を受けていた。このような公刊事情から、本『回想録』には二種類の参考文献を付加し、「訳者解説」に大幅な補足を加えた。ヴォルテールとフリードリッヒ大王の共通理念や、その「ドイツ的成果」のナポレオンへの影響という、従来見逃されていたフランス革命関係史の一端が理解されれば幸いである。

最後に、本訳書の刊行を積極的に推進された大修館書店の鈴木荘夫社長並びに中村忍次取締役、なかんずく、本訳書の構成、註記、解説等に関して長い間協力を惜しまれなかった同社情報企画部課長玉木輝一氏に改めて心から感謝の意を表明する。

一九八九年十月三日

日仏社会学会会長・情報社会学研究所所長
福鎌忠恕

マ　行

ヤ　行

ラ　行

ナ　行

ハ　行

タ　行

カ 行

サ 行

人名索引

ア　行

編集付記

一、本書は、一九八九年に大修館書店から刊行された『ヴォルテール回想録』を底本とし、新たな解説を作品の前に付した。
二、今日の人権意識に照らして不適切な語句や表現があるが、訳者が故人であり、本書が発表された当時のままにした。

中公
クラシックス
W90

ヴォルテール回想録《かいそうろく》

ヴォルテール

2016年10月10日発行

訳　者　　福鎌忠恕

発行者　　大橋善光

印刷　凸版印刷
製本　凸版印刷

発行所　中央公論新社
〒100-8152
東京都千代田区大手町 1-7-1
電話　販売 03-5299-1730
　　　編集 03-5299-1840
URL http://www.chuko.co.jp/

訳者紹介

福鎌忠恕（ふくかま・ただひろ）
1916（大正５）年、東京都出身。41（昭和16）年、上智大学文学部独文学科卒業。東洋大学社会学部教授、62（昭和37）年「モンテスキューの社会学思想」で東洋大学文学博士。87（昭和62）年名誉教授。89（平成元）年、『ヴォルテール回想録』で日本翻訳出版文化賞受賞。91（平成3）年、逝去。著書に『モンテスキュー 生涯と思想』（全3巻）、共訳書にヒューム『宗教論集』（全３巻）、ステュアート『アダム・スミスの生涯と著作』、ヴィーコ『ヴィーコ自叙伝』など。

Published by CHUOKORON-SHINSHA, INC.
Printed in Japan　ISBN978-4-12-160169-8　C1210

■「終焉」からの始まり

――『中公クラシックス』刊行にあたって

二十一世紀は、いくつかのめざましい「終焉」とともに始まった。工業化が国家の最大の標語であった時代が終わり、イデオロギーの対立が人びとの考えかたを枠づけていた世紀が去った。歴史の「進歩」を謳歌し、「近代」を人類史のなかで特権的な地位に置いてきた思想風潮が、過去のものとなった。

人びとの思考は百年の呪縛から解放されたが、そのあとに得たものは必ずしも自由ではなかった。固定観念の崩壊のあとには価値観の動揺が広がり、ものごとの意味を考えようとする気力に衰えがめだつ。おりから社会は爆発的な情報の氾濫に洗われ、人びとは視野を拡散させ、その日暮らしの狂騒に追われている。株価から醜聞の報道まで、刺戟的だが移ろいやすい「情報」に埋没している。応接に疲れた現代人はそれらを脈絡づけ、体系化をめざす「知識」の作業を怠りがちになろうとしている。

だが皮肉なことに、ものごとの意味づけと新しい価値観の構築が、今ほど強く人類に迫られている時代も稀だといえる。自由と平等の関係、愛と家族の姿、教育や職業の理想、科学技術のひき起こす倫理の問題など、文明の森羅万象が歴史的な考えなおしを要求している。今をどう生きるかを知るために、あらためて問題を脈絡づけ、思考の透視図を手づくりにすることが焦眉の急なのである。

ふり返ればすべての古典は混迷の時代に、それぞれの時代の価値観の考えなおしとして創造された。それは現代人に思索の模範を授けるだけでなく、かつて同様の混迷に苦しみ、それに耐えた強靭な心の先例として勇気を与えるだろう。そして幸い進歩思想の傲慢さを捨てた現代人は、すべての古典に寛く開かれた感受性を用意しているはずなのである。

（二〇〇一年四月）

中公クラシックス既刊より

コーランⅠⅡ

藤本勝次ほか訳
解説・池田修

コーランは、アッラーが預言者ムハンマドに下した啓示を集録したイスラムの聖典。神の言葉そのものとして、ムスリムにとって正邪善悪に関する判断の究極的な拠り所とされている。

わが半生

W・チャーチル
中村祐吉訳
解説・君塚直隆

英国20世紀最大の政治家はいかに誕生したか？劣等生だった生いたちや従軍体験が育んだ政治信条とたゆまぬ闘志の意味を自らが述べる。歴史的英傑の半生の記。

冷戦の起源
戦後アジアの国際環境ⅠⅡ

永井陽之助
解説・中山俊宏

東アジアの国際環境はいかにかくあるのか。米ソの暗闘が世界分割を産みだし、それ故に再統合や世界秩序形成が遅れた歴史の皮肉を各種史資料から徹底的に分析する。

古典外交の成熟と崩壊ⅠⅡ

高坂正堯
解説・中西寛

メッテルニヒ、カールスレイ、ビスマルクらが探究した外交術は「勢力均衡」原則の維持だった。緊張緩和と戦争抑止に英断を下すに至った彼らの思索と方法を解明する。

中公クラシックス既刊より

法の哲学ⅠⅡ

ヘーゲル
藤野渉ほか訳
解説・長谷川宏

「理性的なものは現実的であり、現実的なものは理性的である」という有名なことばは、本書の序文に出てくる。主観的な正しさより客観的な理法、正義を重んじたヘーゲル最後の主著。

イタリア・ルネサンスの文化ⅠⅡ

ブルクハルト
柴田治三郎訳
解説・樺山紘一

近代ヨーロッパの母胎はルネサンスを担った人びとであろう。そのルネサンス人を透徹した史眼と流動感溢れる文体で、独創的個性を発揮する人間類型として描いた文化史学最高の名著。

精神分析学入門ⅠⅡ

フロイト
懸田克躬訳
解説・新宮一成

人間にとっての最後の謎であった「無意識」。その扉をあけて、そこに首尾一貫した説明をほどこそうとしたフロイト。本書こそ、人間の心に関する現代の見解すべての根源となった。

大衆の反逆

オルテガ
寺田和夫訳
解説・佐々木孝

近代化の行きつく先に、必ずや「大衆人」の社会が到来することを予言したスペインの哲学者の代表作。「大衆人」の恐るべき無道徳性を鋭く分析し、人間の生の全体的建て直しを説く。

中公クラシックス既刊より

宗教改革時代のドイツ史 I II

ランケ
渡辺茂訳
解説・佐藤真一

15〜16世紀のドイツ激動期の史資料を駆使し、歴史を「啓蒙主義」から解放、厳正な史料批判と綿密な検証によって科学的実証主義に昇華。近代歴史学の父による代表的著作。

法の精神

モンテスキュー
井上尭裕訳
解説・安武真隆

絶対主義専制への批判と告発、危機意識を表白し法支配の原理を説き、観念論的法思想を超えた法社会学の先駆となった。合衆国憲法やフランス革命に影響を与えた歴史的名著。

ユートピアの終焉 過剰・抑圧・暴力

マルクーゼ
清水多吉訳
解説・清水多吉

「ユートピアから科学へ」を乗り越えて「科学からユートピア」「美的＝エロス生活」を目指し、管理社会における人間疎外を批判した哲人による過剰社会における状況論・暴力論・革命論。

近代史における国家理性の理念 I II

マイネッケ
岸田達也訳
解説・佐藤真一

人は道義と権力、理想と現実の背理を克服できるのか。第一次大戦を体験した著者が、マキアヴェリやフリードリヒ大王を通して国家理性と現実政治の背理をどう克服すべきか追究する。